家族企业传承与创新丛书

唐英凯◎主编

家族企业代际传承与战略变革

唐英凯　刘德宇◎著

感谢国家自然科学基金（项目编号71072066）、
四川大学杰出青年基金（项目编号SKJC201007）、
四川省青城计划金融领军人才项目（项目编号A0102892）资助

INTERGENERATIONAL SUCCESSION AND STRATEGIC
TRANSFORMATION IN FAMILY BUSINESSES

经济管理出版社
ECONOMY & MANAGEMENT PUBLISHING HOUSE

图书在版编目（CIP）数据

家族企业代际传承与战略变革 / 唐英凯，刘德宇著.

北京：经济管理出版社，2024. -- ISBN 978-7-5243

-0016-8

Ⅰ. F279.245

中国国家版本馆 CIP 数据核字第 2024GM9040 号

组稿编辑：王光艳

责任编辑：王光艳

责任印制：张莉琼

出版发行：经济管理出版社

　　　　　（北京市海淀区北蜂窝 8 号中雅大厦 A 座 11 层　　100038）

网　　　址：www. E-mp. com. cn

电　　话：（010）51915602

印　　刷：北京市海淀区唐家岭福利印刷厂

经　　销：新华书店

开　　本：710mm×1000mm /16

印　　张：15

字　　数：256 千字

版　　次：2024 年 12 月第 1 版　　2024 年 12 月第 1 次印刷

书　　号：ISBN 978-7-5243-0016-8

定　　价：68.00 元

前　言

　　家族企业作为一种特色鲜明的经济组织形式，在全球范围内占据重要地位。习近平总书记多次指出，民营经济是我国社会主义市场经济发展的重要组成部分，也是推进供给侧结构性改革、推动高质量发展、建设现代化经济体系的重要主体。我国民营企业中的80%以上为家族企业，而家族企业中有50%以上正在或即将步入代际传承阶段，家族企业代际传承与战略变革能否成功实现，将直接影响民营经济的可持续发展及中国经济的转型升级。

　　战略变革是企业为适应环境变化而对现有战略进行的非连续性调整。随着中国经济发展进入新常态，家族企业发展迎来新的机遇与挑战。在以基业长青为导向的代际传承过程中，战略变革不仅是家族企业维持竞争优势的重要决策，也是保持可持续发展的关键选择。

　　对家族企业战略变革的研究，以往是以企业六个维度的财务指标为基础，通过比较这些指标的变化水平来衡量战略变革的程度。该战略变革指标体系本质上是企业资源在六个关键领域的配置决策。本书认为，对战略变革的考察不仅应该针对企业已付诸实施的战略，还应该反映战略制定的出发点，即决策层的理念和计划，尤其是，它不仅应该表达为企业抽象的财务数据指标，还应该体现为企业具体的战略变革行为。基于此，本书首先考察了更加具象的三个企业战略变革行为：数字化转型、创新效率决策及绿色治理行为；其次建立了一个以新质生产力为核心的战略变革度量体系，再次以上述"3+1"的分析框架为基础，通过四个实证研究，更加系统地考察了这些重要战略变革的影响因素与经济后果；最后从家族化方式、家族控制权、二代海外背景、二代教育背景、二代专业技能、二代金融背景、股权制衡度、企业声誉、金融发展环境、知识产权保护、环境规制等众多影响。

　　本书开展了家族企业代际传承的四个战略变革行为的系统研究：一是数字化转型，二是创新效率变革，三是绿色治理变革，四是生产力变革。

它们分别代表决策模式变革（从传统型决策到数字化决策）、效率目标变革（从生产效率最优到研发效率最优）、产出理念变革（从企业利润最大到社会福利平衡），以及价值创造动力变革（从传统生产力到新质生产力）。其中，本书建立的新质生产力考核体系，在增加了对区块链、人工智能、云计算、大数据等新兴数字技术要素的考察的同时，还涵盖了研发人员、知识积累等企业人力资本方面的信息。这一研究创新弥补了传统六指标体系侧重于从广告投入、资本投入、财务杠杆等财务表现测度企业战略变革的片面性不足，还将这一系列指标构建为更适合中国经济发展特殊阶段的新质生产力的结构性表达。因此，研究成果将更加有利于中国语境下家族企业战略变革的良性导向。

本书的理论价值：一是构建了战略变革"3+1"考核体系，对特定战略变革方式选取不同的分析角度，并进行多样化、复杂化、差异化的详细分析，改善了过往研究的局部性不足，尤其是建立的新质生产力考核体系，对家族企业战略变革的科学评价和良性导向均具有重要价值。二是将社会情感财富理论、代理成本理论、长期导向理论、烙印理论、利益相关者理论与内生增长理论等相结合，将数字化转型、创新效率、绿色治理尤其是新质生产力发展等融为一体，完善了家族企业代际传承与战略变革研究的理论框架。三是将市场化水平和产权保护等正式制度与传统文化和个人特征等非正式制度一并嵌入代际传承与战略变革理论框架，为理解家族企业战略变革的影响因素提供了全面且崭新的思路。

本书的实践价值：一是对于推动家族企业可持续发展的政策制定及实践引领意义重大。各级政府、工商业联合会等一直非常重视家族企业二代接班问题，本书研究成果能够指导政府制定区域产业、税收和人才等政策，能够指导工商业联合会等机构更加有效地组织培训和交流等社会活动。二是对于指导一代创业者如何培养二代接班人意义重大。成功代际传承的特点之一就是一代创业者的长期规划，研究成果有利于创业家全面了解如何培养二代接班人、环境如何影响的科学规律，并在此基础上制定后代的教育、生活、实习等长期安排。三是对于二代企业家顺利接班并完成战略变革意义重大。本书研究成果能够让二代接班人更具前瞻性地理解家族企业代际传承的复杂性和艰巨性，在面临"守成有危机，转型有风险"的两难选择时，更加坚定地开展"难而正确"的战略变革。

CONTENTS

目录

第 1 章

绪论

1.1 研究背景

改革开放以来，中国创造了举世瞩目的经济"增长奇迹"。有研究指出，除高储蓄率和投资率外，中国经济发展的另一优势正是家族企业的普遍存在。改革开放后，中国家族企业发展开始融入市场经济的浪潮，经历了从无到有、从小到大的飞速发展，为中国经济高速发展发挥了举足轻重的作用。

据统计，家族企业数量占全球企业数量的 65%～80%，并且世界 500 强企业中，超过 1/3 为家族企业，其中包括沃尔玛、松下电器和福特等知名的家族企业。麦肯锡曾预测，到 2025 年，在新兴市场中年销售额超过 10 亿美元的企业中，家族企业的比例超过 37%。此外，家族企业为经济社会贡献了大量的 GDP 和就业岗位。在美国，家族企业贡献了 64% 的 GDP，提供了约 62% 的工作岗位（Astrachan & Shanker,2010）；在加拿大，家族企业贡献了 26% 的 GDP（Canada，2011）；在马来西亚，家族企业贡献了约 96% 的 GDP（赵瑞君，2015）。因此，在全球范围内，家族企业不仅广泛存在并且在国民经济的贡献中占有非常重要的地位。

自 1978 年改革开放以来，我国民营企业得到了飞速发展并取得了耀眼的成绩，在我国经济发展中发挥着巨大作用。民营经济为我国贡献了超过 60% 的 GDP，超过 50% 的税收，超过 80% 的城镇就业岗位以及超过 90% 的企业数量。根据中华全国工商业联合会 2022 年 9 月发布的《2022 研发投入前 1000 家民营企业创新状况报告》，我国研发投入前 1000 家民营企业的研发费用总额达 1.08 万亿元，占全国研发经费支出的 38.58%，同比增长 23.14%；占全国企业研发经费支出的 50.16%，其增速较全国高 8.5 个百分点，比全国企业高 7.9 个百分点。其中，54.7% 的企业具备高技术、高成长和高价值属性。从创新情况来看，研发投入前 1000 家民营企业中，共申请国内专利 22.2 万件，授权国内专利 18.6 万件，拥有国内有效专利 79.8 万件。其中，共申请发明专利 10.8 万件，占全国企业发明专利申请量的 11.3%；共授权发明专利 5.2 万件，占全国企业的 25.0%；拥有有效发明专利 25.1 万件，占全国企业的 13.2%。此外，根据中华全国工商业联合会 2023 年 10 月发布的《2023 民营企业研发投入、发明专利榜单和 2023 研发投入前 1000 家民营企业创新状况报告》，2023 民营企业研发投入 500 家入围的门槛为 4.28 亿元，较 2022 年增加了 1.91 亿元；平均研发投入强度为 3.54%，较 2022 年提高了 1.48 个百分点，并且比全社会的 R&D 经费投入强度高出 1 个百分点。以上数据表明，我国民营企业总体研发和创新潜力巨大，并且增长明显，已成为引领我国创新发展和实现科技进步的中坚力量。

民营经济中最主要的组成部分是大量创业于改革开放初期的家族企业。根据国家统计局发布的《中国统计年鉴 2018》，超过 80% 的民营企业是由家族企业构成。特别是，创业板和中小板市场的推出，吸引了越来越多的家族企业上市，这为家族企业发展提供了有利的平台，在一定程度上解决了家族企业融资难的问题，推动了家族企业的健康发展。随着我国经济转型的进一步深入，家族企业必然还需要继续充当着保持我国经济发展的主要力量，因此家族企业的健康发展维系着我国经济的平稳发展。

从历史发展角度来看，我国家族企业不断发展壮大并成为创新的主体，离不开改革开放这片沃土，从乡镇企业的异军突起，到以比亚迪等为代表的当代中国高新技术企业的崛起，表明家族企业蕴藏着巨大创新潜力和增长动能。家族企业不断发展壮大，成为创新和技术进步的引领者，也是党和政府不断解放思想、破除传统观念束缚、消除各种阻碍创新的体制机制障碍的结果。特别是 2019 年中共中央、国务院印发《关于营造更好发展环境支持民营企业改革发展的意见》以来，各地区各部门严格执行市场准入负面清单，按照"非禁即入""非限即入"原则，打破各种各样的隐性壁垒，为民营企业、家族企业发展创造了充足的市场空间，而竞争的加剧又为家族企业重视研发和加快技术进步创造了有利的环境和条件。国务院办公厅发布了《关于进一步优化营商环境降低市场主体制度性交易成本的意见》（以下简称《意见》），《意见》提出全面实施市场准入负面清单管理等措施，为进一步降低隐性门槛，推动降低民营企业和市场主体准入成本指明了方向与路径。科学技术部、财政部联合印发的《企业技术创新能力提升行动方案（2022—2023年）》则进一步突出问题导向，强化精准施策，大力鼓励、支持和引导企业，特别是民营企业成为科技创新决策的主体、集聚科技人才的主体、提升创新能力的主体、获得创新资源的主体和构建创新生态的主体，为我国高科技家族企业加快成长插上了腾飞的翅膀。习近平总书记在党的二十大报告中明确提出，"营造有利于科技型中小微企业成长的良好环境，推动创新链产业链资金链人才链深度融合"。"必须坚持科技是第一生产力、人才是第一资源、创新是第一动力，深入实施科教兴国战略、人才强国战略、创新驱动发展战略，开辟发展新领域新赛道，不断塑造发展新动能新优势。"[①] 可以预见，随着国家创新驱动战略、科教兴国战略和人才强国战略的大力推进和实施，家族企业在我国实现高水平科技自立自强、促进创新引领及经济稳定增长和高质量发展上必将发挥更加重要的作用，并提供有力支撑。市场的不断放开，极大提升了家族企业投资的信心和积极性，有效稳定了企业投资的盈利预期。中华全国工商业联合会数据显示，我国近70%的500强民营企业表示，经济下行压力下仍继续保持积极投资（曾诗阳，2022）。因此，党和政府充分发挥制度优势，为家族企业的发展创造了必要的外部条件，而家族企业的发展又为我国经济的高质量发展不断注入活力与动力，所以充分了解、认识、探讨家族企业具有重要的理论意义与现实意义。

时至今日，借助改革开放的政策红利成长起来的"创一代"企业家，在年龄、精力、知识结构及对市场的灵敏度等方面开始逐步退化，随着创始人步入暮年，这些家族企业进入代际传承的高峰期（祝振铎等，2021），中国家族企业将集中面临"交接班"的代际传承问题。然而，家族企业在进行代际传承时，往往面临巨大的阻力，现实中大量优质的家族企业因为无法顺利传承而衰落，民营经济的发展也因此面临严峻的挑战（王扬眉

---

① 参见《习近平：高举中国特色社会主义伟大旗帜 为全面建设社会主义现代化国家而团结奋斗——在中国共产党第二十次全国代表大会上的报告》。

等，2021）。据统计，第一代企业家到第二代企业家接班的平均成功率为30%，第二代企业家传到第三代企业家还在持续经营的企业平均只有12%（Birley，1986），根据普华永道的《2021年全球家族企业调研——中国报告》，49%的家族企业（不包括香港、澳门、台湾地区）一代创始人无二代继承人参与到企业运营中。因此，"创一代"企业家如何为"交班"做准备、二代继承人能否接棒、家族企业如何顺利完成代际传承、打破"富不过三代"的怪圈、实现"基业长青"（窦军生和贾生华，2008；刘星等，2021）成为两代人之间亟待解决的问题，也是当下家族企业领域的研究者和实践者共同关注的话题。同时，代际的理念冲突和碰撞又应该如何加以调和，如何在传承与转型中拥抱自己的创业时代，都是事关家族企业兴衰不可回避的问题。

当下，世界经济复苏乏力，全球问题加剧，世界进入新的动荡变革期。一方面，经历了新冠疫情的冲击后，中国经济在逐步复苏，消费和制造业活动有所回暖，但复苏的速度和力度因区域差异而不同。另一方面，全球经济形势正面临日益加剧的不确定性，给各国的贸易活动带来了诸多挑战，尤其是地缘政治的紧张局势和频繁的贸易摩擦，不仅对中国的出口造成了直接冲击，还对外资的流入产生了显著影响，甚至对经济的增长动力造成了一定障碍。中国经济正面临严峻的内外部挑战，迫切需要积极探索经济高质量发展的新路径，从而对家族企业的长期发展提出了新的要求。在此背景下，面对恶劣且复杂的外部环境，家族企业应当如何顺利完成代际传承？如何实现可持续发展？与此同时，随着数字技术的不断进步、环境问题的日益加剧及经济全球化所带来的市场竞争更为激烈，这对家族企业生存和发展提出了更高的要求，企业有必要通过战略变革来实现自身的长期发展（李思飞等，2023）。因此，代际传承与战略变革是家族企业现阶段必须要面对的问题，可以说，家族企业处于多种变革的叠加期。

综上所述，基于上述背景，本书试图解决以下问题：①代际传承是家族企业必然要面对的问题，那么，在此阶段家族企业是否存在转型动机与能力？家族企业在保证顺利传承的同时，如何兼顾转型发展？②家族企业代际传承对家族企业绿色治理、创新、生产力、数字化发展等不同战略变革途径产生何种影响？③处于代际传承不同阶段的家族企业，战略变革又是如何？④在不同的外部环境、不同的内部环境、不同的企业治理和不同的二代企业家特征条件下，代际传承与企业战略变革的关系如何变化？过去 40 多年，第一代企业家创造了中国的商业奇迹，成为全球经济的跟随者；未来几十年，第二代企业家传承家族梦想，传承突破、转型升级、创新超越，将成为新一代企业管理的引领者。回答好上述有关代际传承的一系列问题，对家族企业如何规避传承风险、顺利完成"交接班"，实现家族企业"基业长青"，助力中国国民经济发展意义重大。

1.2 研究意义

家族企业是经济格局中占主导地位的企业组织形式（DeMassis et al.，2018）。自 1960 年以来，国外学者开始对家族企业开展研究（苏启林和欧晓明，2002），Gómez-Mejía 等（2007）、Miller 和 Le Breton-Miller（2011）、Santiago（2011）等对家族企业这种组织形式展开了各种各样的研究。与此同时，自改革开放以来，我国家族企业也如同雨后春笋般在我国大量出现，并成为我国民营经济的重要组成部分，国内陈凌（1998）、储小平（2002）、吴炯（2016）等大量学者也对我国的家族企业展开了多样化的研究。关于家族企业研究的范围主要包括代际传承、组织结构、公司治理和财务管理，而在这些领域中，代际传承相关研究占比最高。这说明作为家族企业生命周期中关键的事件之一的代际传承（Calabrò et al.，2018；Campopiano et al.，2020；Ahrens et al.，2019），是家族企业领域研究最多的话题。

家族企业的代际传承，是家族对企业的所有权和 / 或管理权从一个家族成员到另一个家族成员的代际过渡（Williams & Mullane，2019），对家族企业的绩效、生存、发展和作为家族企业持续存在至关重要（Royer et al.，2018）。遗憾的是，在家族企业对整体经济的至关重要的背景下，仅有大约 1/3 的家族企业传至第二代，不到 15% 的家族企业传到第三代（Gagné et al.，2021）。在传承影响方面，已有文献主要从两个方面展开：一是个人特征方面，即家族企业创始人的个人特征及经历对家族企业代际传承的影响（Handler，1990；余向前等，2013）；二是企业层面，家族成员之间的信任程度、家族股东数量及家族成员拥有的权益等都会对家族企业代际传承的决策产生影响（Morris et al.，1997；何晓斌等，2014）。在代际传承的经济行为方面，现有文献主要探究了代际传承对慈善捐赠（李新春等，2020）、企业创新（宋丽红等，2024）和经营业绩（何理和唐艺桐，2022）等方面的影响。其中，关于代际传承对家族企业绩效的影响较为丰富，并且得到了较为一致的结果，即代际传承会负向影响家族企业绩效（Cucculelli & Micucci，2008；孙秀峰等，2017），产生这个结果的原因是有一些无形资产无法在企业权利交接时传承下来，从而影响了企业的绩效。

可以看出，国内外学者对代际传承及经济后果的研究非常丰富，并且取得了可观的理论成果。然而，较少关于代际传承对企业战略变革的影响。对此，本书在已有研究的基础上，分析了代际传承对家族企业投资、创新等多种不同战略变革的影响，并基于传承阶段、传承方式、二代特征和内外部环境等视角，从多维度考察这种影响的变化，具有如下理论意义和现实意义。

1.2.1　理论意义

第一，丰富了家族企业代际传承对战略变革影响研究的理论框架。目前，学术界对代际传承的关注更多集中在对风险承担、实业投资、经营绩效等企业财务和治理层面影响的研究，而对于有助于推动经济和家族企业未来持续发展的战略变革的研究相对不足。部分学者对并购、数字化转型和创新等单一层面进行了考察，但尚未有将数字化转型、创新效率、绿色治理和新质生产力多因素纳入同一战略变革框架进行分析。基于此，本书基于社会情感财富理论、代理成本理论、权威理论、高阶梯队理论、制度经济学理论、利益相关者理论与内生增长理论，依次分析代际传承对家族企业数字化转型、创新效率、绿色治理和新质生产力的影响，从而丰富和完善了家族企业代际传承对战略变革影响研究的理论框架。

第二，完善了家族企业代际传承多模式和多特征的过程模型。家族企业代际传承发展过程模型是家族企业发展模型的重要内容，本书对特定战略变革方式选取不同的分析角度，并进行多样化、复杂化、差异化的详细分析。在代际传承与治理绿色化部分，引入了高管环保意识和社会责任承担；在代际传承与创新效率化部分，分别基于创新意愿与成果转化能力，考察了代际传承对创新投入、创新产出和创新效率的影响；在代际传承与生产力新质化部分，基于新质生产力的内涵与定义，构建了家族企业层面的新质生产力指标体系，并引入了企业融资约束和企业空心化；在代际传承与数字化转型部分，引入了风险承担和研发支出。此外，本书基于家族特征、人物特征、内部环境和外部环境等多维度，分析了家族化方式、家族控制权、家族企业规模、二代海外背景、二代教育背景、二代专业技能、二代金融背景、薪酬差距、企业声誉、金融发展环境、知识产权保护、环境规制等多种因素在代际传承影响企业战略变革中如何发挥作用，从而丰富和完善了家族企业代际传承发展过程理论模型。

第三，嵌入了正式制度和非正式制度要素，从外部环境视角拓宽家族企业代际传承与战略变革的理论框架。企业的发展离不开重要的外部环境，市场环境会影响企业的行为和决策，因此正式制度的差异性会促使家族企业在代际传承中进行不同的战略性选择。同时，家族企业与非家族企业的区别在于家族参与企业治理，家族所有者最基本的特征是嵌入家族成员身上特有的文化观念，这是家族企业异质性特征的重要来源。基于此，本书分别将市场化水平和产权保护等正式制度与儒家文化和个人特征等非正式制度嵌入代际传承与战略变革理论框架，实证分析代际传承与战略变革的关系变化，为理解家族企业战略变革的影响因素提供了全面且崭新的思路。

1.2.2　现实意义

第一，对家族企业如何完成交接班、实现家族企业基业长青具有实际应用价值。随着我国经济体制改革的不断深化，民营企业的重要性愈加彰显。家族企业作为民营企业的重要组成部分，已成为推动我国经济快速发展的重要力量。改革开放以来，多数家族企业已经或即将触发代际传承。因此，如何传承、如何培养二代接班人、如何应对外部环境的变化，是当下代际传承中亟待面对和解决的问题。本书关于代际传承和战略变革的研究对家族企业如何顺利度过传承阶段、顺利完成交接班并最终实现家族企业基业长青具有实际应用价值。

第二，对家族企业传承过程中如何进行战略变革具有参考作用。面对科技发展迅速、环境问题日益凸显、市场竞争加剧等外部环境的变化，当下正是家族企业更新换代和战略变革的关键节点。处于代际传承阶段的家族企业面临绿色变革、创新变革、生产力变革和数字化变革等问题的艰难决策。本书从数字化转型、创新效率、绿色治理和新质生产力四个维度，对代际传承与战略变革的关系进行理论分析和实证检验。本书为正在经历或即将面临代际传承的家族企业应如何进行战略变革、代际传承是否对企业战略变革产生影响及产生何种影响提供理论指导和经验参考。

第三，为家族企业相关顾问团队提供建议和参考。家族企业管理者经常依赖外部专家提供的专业建议来指导他们目标的实现。由于代际传承会导致家族企业战略发生重大的变革，因此在向家族企业提供最有效的建议时，专业顾问必须知道战略变革对家族企业发展有何影响，以及不同的传承模式、二代培养、内部资源配置等对企业战略变革有何差异性影响，从而可以为家族企业决策者制定关于如何开展传承、如何培养二代继承人、如何配置内部资源、如何进行转型与发展的详细策略方案。本书的研究结论为家族企业顾问团队向家族所有者提供继任决策等相关咨询建议时提供参考。

1.3　研究内容

1.3.1　内容安排

家族企业的成长、创新与可持续发展至关重要。习近平总书记多次指出，民营经济是社会主义市场经济发展的重要成果，是推动社会主义市场经济发展的重要力量，是推进供给侧结构性改革、推动高质量发展、建设现代化经济体系的重要主体，它贡献了 60% 的 GDP、70% 的专利、80% 的新增就业，占我国公司总数的 90%。统计数据表明，这些民营企业中的

80% 将演化为家族企业，而当下的家族企业有 70% 面临代际传承问题。大部分家族企业已经进入了换代的关键时期，代际传承成为现阶段我国家族企业面临的巨大考验。因此，家族企业如何顺利完成代际传承、打破"富不过三代"的怪圈、实现"基业长青"，是当下家族企业领域的研究者和实践者共同关注的话题。与此同时，伴随数字技术的不断进步、环境问题的日益加剧、生产力形式的转变及经济全球化所带来的市场竞争更为激烈，这对家族企业生存和发展提出了更高的要求，家族企业有必要通过战略变革来实现自身的长期发展。然而，家族企业的转型升级必然会使大批企业面临阵痛，甚至破产。因此，中国家族企业正面临着代际变革与战略变革的双重变革压力，而这两种变革间还可能存在一定的内在联系。

本书聚焦当下中国家族企业面临的最迫切话题：接班与创新，以"代际传承与战略变革"为研究内容。首先，对家族企业代际传承与战略变革的相关文献进行梳理和评述，提出研究背景和研究目的，并对相关概念与理论进行界定与探讨。其次，一方面考察了更加具象的三个企业战略变革行为：数字化转型、投资效率决策及绿色治理行为，另一方面建立了一个以新质生产力为核心的战略变革度量体系，然后以上述"3+1"的分析框架为基础，通过四个实证研究，更加系统地考察了这些重要战略变革的影响因素与经济后果。再次，结合家族化方式、家族控制权、二代海外背景、二代教育背景、二代专业技能、二代金融背景、薪酬差距、企业声誉、金融发展环境、知识产权保护、环境规制等多个方面提出推动家族企业变革发展的方案。最后，本书对上述研究进行总结，并提出相应建议。

本书开展了三个具体战略变革行为的研究：一是数字化转型，二是创新效率变革，三是绿色治理变革。它们分别代表决策模式变革（从传统型决策到数字化决策）、效率目标变革（从生产效率最优到研发效率最优）及产出理念变革（从企业利润最大到社会福利平衡）。在此基础上，本书建立的新质生产力考核体系，弥补了传统六指标体系侧重从广告投入、资本投入、财务杠杆等财务表现测度企业战略变革的片面性不足，不仅增加了区块链、人工智能、云计算、大数据等新兴数字技术要素的考察，还涵盖了研发人员、知识积累等企业人力资本方面的信息，同时将这一系列指标构建为更适合中国经济发展特殊阶段的新质生产力的结构性表达。本书以新质生产力发展水平为评价家族企业战略变革的程度，不仅更加科学全面，而且有利于中国语境下家族企业战略变革的良性导向。

本书具体内容安排如下：

第1章绪论。首先介绍家族企业代际传承与战略变革的研究背景，提出研究问题，并分析研究问题的理论意义与现实意义；其次介绍本书的研究内容、结构安排和研究方法；最后总结和概括本书的主要创新点。

第2章理论基础与文献综述。首先，围绕研究主题，对涉及的家族企业、代际传承、绿色治理、企业创新、新质生产力、战略变革和数字化转型等概念进行界定。其次，通过对国内外文献的大量收集与整理，对本书所需的理论进行总结。从经济学、管理学和社会学的角度出发，分别介绍了社会情感财富理论、代理成本理论、权威理论、高阶梯队理论、制度经济学理论、利益相关者理论与内生增长理论，为本书的研究提供理论支撑。最后，围绕家族企业代际传承和企业战略变革的相关文献进行梳理和评述，讨论现有研究的不足和本书可能的突破点。

第3章数字变革：家族企业代际传承与数字化转型。本章聚焦家族企业代际传承中的决策模式变革，主要探讨了家族企业代际传承对企业数字化转型的影响及内在机制，并从家族企业的外部环境和内部环境出发，分别考察了金融发展环境、信息化水平、商业信任环境、薪酬差距、家族化方式和企业声誉在代际传承影响企业数字化转型中如何发挥作用。研究发现，相较于未发生代际传承的家族企业，发生代际传承的家族企业的数字化转型水平显著下降。此外，风险承担和研发支出是代际传承影响企业数字化转型重要的内在机制。家族企业代际传承通过降低企业风险承担水平和减少企业研发支出，从而抑制企业数字化转型。本章进一步分析发现，家族企业代际传承对企业数字化转型的抑制作用受外部环境和内部环境的影响。一方面，较高的金融发展环境、较高的信息化水平和较高的商业信任环境有利于缓解代际传承对企业数字化转型的负面影响，而较低的金融发展环境、较低的信息化水平和较低的商业信任环境加强了家族企业代际传承对企业数字化转型的抑制作用。另一方面，较大的薪酬差距、间接创办的家族企业和较高的企业声誉有利于缓解代际传承对企业数字化转型的负面影响，而较小的薪酬差距、直接创办的家族企业和较低的企业声誉则加强了代际传承对企业数字化转型的抑制作用。

第4章效率变革：家族企业代际传承与创新效率。本章聚焦家族企业代际传承中的效率目标变革，从创新投入、创新产出和创新效率三个方面，实证分析家族企业代际传承对企业创新的影响，并探讨二代继承人特征和制度环境在这一作用中分别扮演何种角色。研究发现，家族企业处于代际传承阶段时，其创新投入、创新产出和创新效率均在一定程度上有所降低。而二代继承人的海外背景、教育背景和专业技能可以有效缓解代际传承对企业创新活动的负面影响。本章进一步分析发现，知识产权保护和市场化程度为家族企业创新提供了良好的制度环境，有助于提升代际传承阶段的家族企业创新意愿。

第5章绿色变革：家族企业代际传承与绿色治理。本章聚焦家族企业代际传承中的产出理念变革，基于中国上市家族企业数据，实证分析家族企业代际传承对企业绿色治理的影响及内在机制，并考察正式制度和非正式制度如何调节代际传承对绿色治理的影响。本章研究发现，相较于未发生代际传承的家族企业，发生代际传承的家族企业的绿色治理水平显著提升。此外，高管环保意识和社会责任承担是代际传承影响企业绿色治理的重要内在机制。家族企业代际传承通过提升高管环保意识和企业社会责任承担水平促进企业绿色治理水平。本章进一步分析发现，代际传承对绿色治理的促进效果受正式制度和非正式制度的影响。一方面，较低的环境规制程度和较低的行业竞争程度，有利于发挥家族企业代际传承的积极作用。另一方面，浓厚的儒家文化和较高的媒体关注程度，有助于推动代际传承对企业绿色治理的促进作用。

第6章生产力变革：家族企业代际传承与新质生产力。本章以新质生产力发展水平为评价家族企业战略变革的程度，首先，回顾了新质生产力的相关研究，并基于微观企业层面构建了新质生产力指标。其次，实证分析了家族企业代际传承对企业新质生产力的影响及内在机制。最后，基于家族企业特征和二代继承人特征，分别考察了家族企业规模、家族控制权、家族化方式、二代学历背景、二代专业技能、二代海外背景和二代金融背景如何影响代际传承与新质生产力发展的关系。研究发现，家族企业处于代际传承阶段时，其新质生产力水平在一定程度上有所降低。而加剧融资约束和企业空心化问题是产生上述效应的两个渠道。本章进一步分析发现，当家族企业规模较大、家族控制权较弱、家族化方式为直接创办及二代继承人具有金融背景时，代际传承对企业新质生产力的抑制作用更为明显，而二代继承人学历背景、专业技能和海外背景会弱化代际传承对企业新质生产力的负面影响。

第 7 章结语。本章详细总结了理论研究和实证研究的主要结论。同时，根据结论提出针对代际传承过程的家族企业战略变革的管理启示，并对这类企业给出相应的管理建议和政策建议。本章总结了本书存在的不足，并对有待深入研究的问题进行展望。

1.3.2 技术路线

本书研究技术路线如图 1–1 所示。

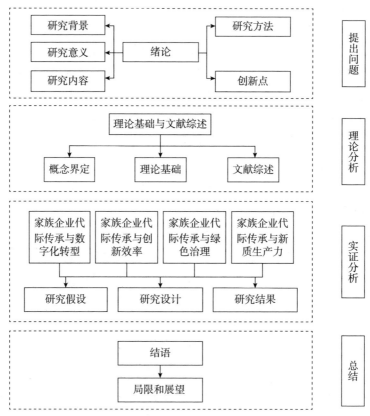

图 1–1 技术路线

1.4 研究方法

1.4.1 文献研究法

文献研究法是一种重要的研究方法，主要通过系统地收集和整理与研究主题相关的文献资料，旨在全面而深入地了解所要探讨的问题。这一方法不仅包括查找学术论文、书籍、期刊文章等各种文献资源，还涉及对这些资料进行分析和归纳，以提炼出有价值的信息和观点。通过文献研究建立起对研究对象的整体认识，识别已有的研究成果与不足，从而为进一步的实证研究或理论探讨奠定坚实的基础。本书在围绕家族企业代际传承和企业战略变革的相关文献进行收集、整理的基础上，展开代际传承和战略变革之间相关问题的研究。通过对国内外相关领域的研究成果及研究方法的总结，结合中国家族企业的实践和研究现状，确定研究的切入点与方向。

1.4.2 理论分析法

理论分析法是通过对已有理论的深入研究和系统分析，旨在形成相应的推理和判断。这一方法强调对理论框架的理解，需要对相关理论进行全面的梳理，探讨其内在逻辑、基本假设及其适用范围。通过比较不同理论之间的联系与差异，可以进行批判性思考，从而得出新的见解或结论。理论分析法不仅有助于揭示理论背后的深层次机制，还有助于为实践问题提供理论支持。本书以社会情感财富理论、代理成本理论、权威理论、高阶梯队理论、制度经济学理论、利益相关者理论和内生增长理论等相关理论为基础，从理论分析的角度来探究代际传承对家族企业战略变革的影响。在此基础上，综合经济学、管理学、会计学等跨学科知识，对代际传承与战略变革之间的联系进行多角度分析，为之后的实证分析提供理论支撑。

1.4.3 实证分析法

实证分析法是通过对研究对象进行广泛而细致的观察，旨在从中客观地识别和分析出潜在的规律。这一方法强调数据的收集与实证基础，通常会采用定量或定性的方式，对所研究的现象进行系统的记录和分析。通过对样本数据的深入挖掘，识别出变量之间的关系，发现趋势和模式，进而为理论构建或实际应用提供坚实的依据。实证分析方法不仅可以验证已有理论的有效性，还能够揭示新的现象和规律，为科学研究和决策提供重要的参考。本书依据计量经济学知识构建计量模型，实证分析家族企业代际传承对数字化转型、创新效率、绿色治理和新质生产力等不同战略变革方式的影响规律，验证本书的各项理论推理。结合理论分析推理与实证分析结果，有针对性地为处在或将要进入代际传承的家族企业提供参考。

1.4.4 回归分析法

回归分析法是一种统计学技术，依赖对大量观察数据的深入理解和处理。在掌握丰富的数据集后，运用数学和统计学的方法来构建因变量与自变量之间的回归关系模型。这一方法通常包括对数据的整理、分析和建模，最终形成一个能够反映变量间相互影响的函数表达式。通过回归分析，可以明确自变量对因变量的影响程度，识别出其中的趋势和模式。这不仅有助于预测未来的结果，还为政策制定、经济决策等提供了科学依据。回归分析法在社会科学、经济学、医学等多个领域得到了广泛应用，是理解复杂系统中变量关系的重要工具。简而言之，回归分析法是在掌握大量观察数据的基础上，利用数理统计方法建立因变量与自变量之间的回归关系函数表达式。本书分别对家族企业代际传承与数字化转型、家族企业代际传承与创新效率、家族企业代际传承与绿色治理、家族企业代际传承与新质生产力进行回归分析，以检验相应的影响。

1.4.5 多期双重差分法

多期双重差分法（DID）又称倍差法，用于计算自然实验中实验组与对照组在干预下增量的差距。具体地，将调查样本分为两组，一组为受到政策干预（或其他外部冲击）组，即实验组；另一组为未受到政策干预组，即对照组。根据实验组和对照组在政策实施或某些外部冲击前后的差异，可以计算实验组的某个指标的变化。本书在家族企业传承与创新效率这一章应用了这一模型，代际传承这一事件可以看作一特定外部冲击，本书首先设置企业分组变量（Treat），若家族企业发生代际传承取值为 1，否则为 0；其次设置时间分组变量（Post），家族企业发生代际传承的当年及之后年份取值为 1，否则为 0。Treat×Post 为多期双重差分模型的目标交乘项，其系数反映与未发生代际传承的家族企业相比，发生代际传承的家族企业在传承后的经济影响。

1.4.6　倾向得分匹配法

倾向得分匹配法（PSM）是一种将研究数据处理成"随机对照实验数据"的方法，目的在于减少数据偏差和混杂因素的干扰。首先，本书在"效率变革：家族企业代际传承与创新效率"和"生产力变革：家族企业代际传承与新质生产力"章节中将研究因素作为因变量，将家族特征、企业特征和治理结构等干扰因素作为自变量进行二元 Logit 模型构建，并得到预测值即 PScore 值，PScore 值代表了干扰因素的整体水平情况。PScore 值越接近，说明两个家族企业样本的特征越接近。其次，本书依据 PScore 值进行 Match 匹配，并对 PSM 匹配效果进行判断，判断 PSM 匹配效果情况。最后，对匹配后的样本进行多元回归。

1.4.7　文本分析法

文本分析法是指对文本数据进行系统性研究的过程，主要涉及文本的表示方法及特征项的选取与提取。通过文本分析，能够深入理解文本内容的结构、主题和所要考察关键特征的其他方面。文本分析是文本挖掘、信息检索的过程，把从文本中抽取出的特征词进行量化来表示文本信息。本书在"绿色治理：家族企业代际传承与绿色治理"章节中对上市公司年报进行文本分析，选取节能减排、环保战略、环保理念、环保教育、环保培训、环境技术开发、环境审计、节能环保、环保政策、环保督查、低碳环保、环保工作、环保治理、环保和环境治理、环保设施及环保治污16个关键词，在上市公司年报中进行匹配并统计各关键词的词频数，从而构建高管环保意识指标。此外，本书的"数字变革：家族企业代际传承与数字化转型"章节，分别从区块链技术、大数据技术、人工智能技术和云计算技术等"底层技术"和"实践应用"两个层面构建数字化转型特征词库，并根据上市公司的年报文本对特征词进行搜索和匹配，最终形成企业数字化转型的综合指标体系。

1.4.8 熵值法

熵值法是一种用于评估和判断特定指标离散程度的数学工具，广泛应用于统计学与信息论领域，通过量化信息的不确定性和随机性来分析数据的分布情况，从而揭示出指标之间的差异性和变异性。离散程度越大，该指标对综合评价的影响越大。具体地，若一个指标的数据相差不大，几乎没什么区别，那么其数据包含的信息量是很少的，从而赋予该指标一个小的权重；若一个指标的数据相差较大，离散程度较高，则其包含较多的信息，从而赋予该指标一个大的权重。本书在"家族企业代际传承与新质生产力"章节运用熵值法对企业新质生产力的各项指标进行打分并计算权重，并测算总指标的数值大小，用于家族企业代际传承与新质生产力部分的实证研究。

1.5 创新点

第一，本书基于多理论基础，从数字化转型、创新效率、绿色治理、新质生产力角度综合考察了家族企业代际传承与战略变革的关系，丰富了家族企业代际传承对战略变革影响研究的理论框架。目前，学术界对于有助于推动经济和家族企业未来持续发展的战略变革的研究相对不足。部分学者对并购、数字化转型和创新等单一层面进行了考察，但尚未将绿色、创新、新质生产力和数字化转型多因素纳入同一战略变革框架进行分析。基于此，本书基于社会情感财富理论、代理成本理论、权威理论、高阶梯队理论、制度经济学理论、利益相关者理论与内生增长理论，依次分析代际传承对家族企业绿色治理、创新效率、新质生产力、数字化转型的影响，从而丰富和完善了家族企业代际传承对战略变革影响研究的理论框架。

第二，完善了家族企业代际传承多阶段、多模式和多特征的过程模型。家族企业代际传承发展过程模型是家族企业发展模型的重要内容，本书对特定战略变革方式选取不同的分析角度，并进行多样化、复杂化、差异化的详细分析。在家族企业代际传承与绿色治理部分，引入了高管环保意识和社会责任承担；在家族企业代际传承与创新效率部分，分别基于创新意愿与成果转化能力，考察了代际传承对创新投入、创新产出和创新效率的影响；在家族企业代际传承与新质生产力部分，基于新质生产力的内涵与定义，构建了家族企业层面的新质生产力指标体系，并引入了企业融资约束和企业空心化；在家族企业代际传承与数字化转型部分，引入了风险承担和研发支出。此外，本书基于家族特征、人物特征、内部环境和外部环境等多维度，分析了家族化方式、家族控制权、家族企业规模、二代海外背景、二代教育背景、二代专业技能、二代金融背景、薪酬差距、企业声誉、金融发展环境、知识产权保护、环境规制等多种因素在代际传承影响企业战略变革中如何发挥作用，从而丰富和完善了家族企业代际传承发展过程理论模型。

第三，嵌入了正式制度和非正式制度要素，从外部环境视角拓宽家族企业代际传承与战略变革的理论框架。企业的发展离不开重要的外部环境，市场环境会影响企业的行为和决策，因此正式制度的差异性会促使家族企业在代际传承中进行不同的战略性选择。同时，家族企业与非家族企业的区别在于家族参与企业治理，家族所有者最基本的特征是嵌入家族成员身上特有的文化观念，这是家族企业异质性特征的重要来源。基于此，本书分别将市场化水平和产权保护等正式制度与儒家文化和个人特征等非正式制度嵌入家族企业代际传承与战略变革理论框架，实证分析代际传承与战略变革的关系变化，为理解家族企业战略变革的影响因素提供了全面且崭新的思路。

第四，对家族企业如何完成交接班、实现家族企业"基业长青"提供了充分的经验证据。随着我国经济体制改革的不断深化，民营企业的重要性愈加彰显。家族企业作为民营企业的重要组成部分，已成为推动我国经济快速发展的重要力量。改革开放以来，多数家族企业已经或即将触发代际传承。因此，如何传承、如何培养二代接班人、如何应对外部环境的变化，是当下代际传承中亟待面对和解决的问题。本书基于家族企业代际传承与战略变革的关系做出了分析，并对家族企业如何顺利度过传承阶段、顺利完成交接班、实现家族企业"基业长青"给出了丰富且全面的回答。

第 2 章

理论基础与文献综述

2.1 概念界定

2.1.1 家族企业

家族企业作为一种传统的公司组织形式，其在全球范围内广泛存在。早在 20 世纪末期，学者就认识到了家族企业可以作为独立的领域进行研究，国内外学者对家族企业展开了丰富的探讨，并希望可以对家族企业这一概念作出确切的定义。然而，由于研究视角、理论学派和地域性等多种差异的存在，对家族企业的定义至今尚未得到一致的答案。克林·盖尔西克（1998）指出，家族企业的界定应基于家庭所持有的所有权份额。金祥荣和余立智（2002）则认为，家族企业的特征在于家族对企业的控制权及其掌握程度。尽管目前尚无统一的家族企业定义，但学术界普遍认为，家族的所有权和控制权是区分家族企业与非家族企业的关键特征（Chrisman & Patel，2012；Gómez–Mejía et al.，2007）。Beckhard 和 Dyer（1983）指出，家族企业的一个关键特征是至少有一名家族成员负责管理。Astrachan 等（2002）则将家族企业定义为家族成员持有超过 50% 的股份，或者企业的管理团队主要由家族成员组成。Upton 等（1993）提出，只有当两代人共同参与企业治理时，才能称其为家族企业。Dumas 等（1995）则认为，家族企业应由多位家族成员共同参与管理。Davis 和 Harveston（1998）将家族企业定义为由一位或两位家族成员负责管理和拥有的企业。徐郑锋（2008）提出了家族企业需满足的五个条件：一是家族成员需同时拥有企业的所有权和经营权，二是家族成员与企业应共享相同的愿景，三是家族成员与企业应具备一致的价值观，四是家族成员与企业之间应存在重叠的关系网络，五是企业的接班人应来自家庭成员。许静静和吕长江（2011）对家族企业的界定认为，家族企业的最终控制者应为自然人或家族，企业的第一大股东应是最终控制人，并且家族应对企业的经营管理拥有实际控制权。

在我国，家庭经营的第一次浪潮始于 20 世纪 70 年代末至 80 年代初。随着对私营经济在国民经济中重要性认识的加深，家族企业作为私营经济的主要组成部分，得到了显著的发展。我国家族企业的成长与创新离不开改革开放这片沃土。从乡镇企业崛起，到比亚迪等高新技术企业涌现，展现了家族企业的创新潜力和增长动能。其发展既是党和政府破除观念束缚、消除体制障碍的结果，也是党和政府积极改善营商环境、激发市场活力的结果。随着国家创新驱动、科教兴国等战略的推进，家族企业将在科技自立自强、经济高质量发展中发挥更大作用。市场开放增强了企业投资信心、稳定了盈利预期。党和政府的制度优势为家族企业创造了发展条件，而家族企业又为经济持续注入活力，形成良性循环。

与非家族企业不同，家族企业由于存在家族和企业两套系统，其内部的经营管理呈现出较为复杂的局面，表现出与非家族企业差异较大的管理特点。另外，受到儒家传统文化的影响，我国的家族企业也不可避免地表现出与西方家族企业不同的特性。在我国，家族企业深受传统文化的影响。中国传统的儒家文化将"家"置于核心地位，倡导亲缘关系按照近疏程度进行差序排列。在家庭中，血亲、姻亲、盟亲及亲信和朋友等关系，都是以这种差序方式逐层扩展。在家族企业中，这种亲缘网络仍然延续着由近及远的结构。在家族企业的发展过程中，亲缘关系会逐渐向外延伸，直至将非家族成员纳入更广泛的家族网络（马丽波和付文京，2006）。传统儒家文化推崇家族的权威，强调"君为臣纲，父为子纲，夫为妻纲"，这意味着在家庭内部必须遵循男性的主导地位。为避免冲突，家族成员往往以妥协的方式处理问题，付出而不求回报。因此，家族企业的管理在很大程度上根植于亲缘关系。对于非家族成员来说，除非他们能够融入更广泛的家族网络，否则很难赢得家族成员的信任（王林川，2022）。此外，家族企业的治理模式可分为关系治理与契约治理两种。关系治理是一种非正式的管理方式，依赖社会规范与社会过程来进行管理，这些社会规范包括信任、和谐与团结，而社会过程涵盖了语言交流、社交互动和信息共享等方面（李前兵等，2006）。家族企业通常倾向采用这种关系治理模式来处理家族成员之间的事务。而契约治理是一种正式的管理制度，涉及企业内部的董事会、监事会等机构，以及对员工的激励与惩罚机制（Williamson，1985）。这种正式制度与关系治理相辅相成，能够有效地促进交易过程的顺畅并降低交易成本。然而，不同的家族企业在这两种治理模式上的依赖程度各不相同。

综上所述，我国家族企业与外国家族企业存在一定的差异，同时学术界对家族企业的定义存在多种视角，包括基于企业所有权的定义、基于企业经营权的定义、结合所有权与经营权的定义，以及更深入的代际传承视角。鉴于本书的主要研究内容和数据可获取性，本书对同时满足以下要求的企业定义为家族企业，一方面，实际控制人为一个家族或自然人的民营企业；另一方面，除实际控制人外，至少有一位家族成员在企业中持股或参与管理。本书后面的研究部分，均基于这一家族企业定义展开。

2.1.2 代际传承

要阐明代际传承的概念及其内涵，需要分析"代"的基本定义。从自然和社会两个方面来探讨这一概念是必要的。在自然范畴中，代的划分是基于年龄的差异，同代人是指年龄相近或相似的一群个体。从这个角度来看，"代"的定义遵循自然规律，这是划分代际的最基本前提。同一代的个体在年龄上相仿，并且他们在社会历史进程中处于相似的阶段。在社会范畴中，"代"的划分则是基于所处的社会或时代背景。在这种情况下，同代的定义更为复杂，涉及不同代际之间的关系研究，如父代与子代之间的互动，这一视角也已被引入企业治理的研究中。例如，前任领导与现任领导之间的关系就是一个重要的研究领域。在家族企业中，代际关系同时涵盖了家族内部的父子亲缘关系及企业内部前任与后任领导的交替关系。

与企业管理中的 CEO 继任相似，家族企业的代际传承是指实际控制人将领导权转交给继承人（Barach & Ganitsky，1995），而这些继承人与控制人之间必须存在血缘或姻缘关系。因此，家族企业的代际传承通常被称为内部传承，与之相对的是将企业控制权交给职业经理人的外部传承。许多学者认为，相较于外部传承，家族企业的内部传承具有更多优势，因为内部传承能够最大限度地保留家族特有的资源（Drozdow，1998）、隐性知识（Cabrera-Suárez et al.，2011）、社会网络关系（Steier，2001）及企业家精神（程晨，2018）等关键要素，这些研究进一步丰富了家族企业代际传承的内涵。家族企业代际传承可以理解为家族第一代创始人将权力和财富转移给二代继承人的过程。本书以黄海杰等（2018）、严若森和赵亚莉（2022）、李思飞等（2023）的研究为基础，当家族企业实际控制人的儿子、女儿、儿媳和女婿担任公司的董事长、其他董事、总经理或其他高管时，则定义为家族企业发生了代际传承。

2.1.3 战略变革

企业战略变革是指在预期或实际发生重大变化的外部环境和内部条件下，企业为了实现生存与发展，对其传统业务界定和管理运营方式进行的方向性调整和创新，以满足未来长期的发展要求。姜勇和修国义（2007）认为，企业战略变革的概念可以从广义和狭义两个方面进行理解。从广义上看，战略变革是一个较为宽泛的术语，包括转型、转制、转轨、转行、战略转换等多个词汇，用于描述企业的变革行为。从字面上理解，这些词汇均可归纳为战略变革。从狭义上看，企业进行战略变革的决定通常源于自身竞争力的下降及所处行业的衰退，迫使企业提升在产业内的能力或采取产业转移的策略，以寻求新的经济增长点，从而重新焕发活力。沈灏（2017）指出，随着市场环境日益复杂多变，企业必须实施战略变革，以适应这种不断变化的经济市场，进而加速对产品、技术和服务的创新与改进。因此，企业战略变革可以归纳为，企业面临外部环境变化，谋求长期与未来的发展，通过调整、转换、创新等途径，使组织战略内容或形态发生状态上的根本变革的过程。

战略变革这一动态过程通常可以分为三个层次。第一个层次是总体层战略，也称总体战略板块，企业通过重新配置关键领域的资源来实现战略目标。第二个层次是业务层战略变革，也称业务单元战略板块，这一层次主要关注特定业务单元，致力于提升其竞争优势。第三个层次是职能层战略，也称职能战略板块，这一层次针对各个职能部门的战略决策进行调整，主要通过生产和研发等领域的变革来增强企业的竞争优势，从而支持企业的总体战略（蒋丹阳，2023）。鉴于战略变革是一个综合且多样的企业概念，单一考察战略变革容易忽视其他层面的变化。目前，对于家族企业战略变革的研究，多以企业六个维度的财务指标为基础，通过计算总指标得分情况来衡量战略变革的程度，该指标体系更侧重企业资源配置层面。然而，家族企业战略变革不仅应体现企业已付诸实施的战略，还应涵盖决策层的理念和计划，尤其是，它既应表达为企业抽象的财务数据指标，还应体现为企业具体的战略变革行为。基于此，本书一方面考察了更加具象的三个企业战略变革行为：数字化转型、创新效率决策及绿色治理行为，另一方面建立了一个以新质生产力为核心的战略变革度量体系，然后以上述"3+1"的分析框架为基础，通过四个实证研究，更加系统地考察了这些重要战略变革的影响因素与经济后果。

本书开展的三个具体战略变革行为的研究：一是数字化转型，二是创新效率变革，三是绿色治理变革，它们分别代表决策模式变革（从传统型决策到数字化决策）、效率目标变革（从生产效率最优到研发效率最优）及产出理念变革（从企业利润最大到社会福利平衡）。本书建立的新质生产力考核体系，弥补了传统六指标体系侧重从广告投入、资本投入、财务杠杆等财务表现测度企业战略变革的片面性不足，不仅增加了对人力资本、数字技术等新型要素的考察，还将这一系列指标构建为更适用中国经济发展特殊阶段的新质生产力的结构性表达。本书以新质生产力发展水平评价家族企业战略变革的程度，不仅更加科学全面，而且有利于中国语境下家族企业战略变革的良性导向。

2.1.4　数字化转型

虽然国内外学者对数字化转型的研究较丰富，但目前对于数字化转型的定义尚未形成统一的界定。Fitzgerald 等（2014）认为，数字化转型是通过数字技术对企业业务模式进行重塑的过程。这些技术可以被运用于企业生产与运营的各个环节，旨在提升用户体验、创新商业模式、简化运营体系，从而推动行业的数字化进程。Li 等（2018）指出，在信息化与数字化的背景下，数字化转型是企业为应对机遇与挑战而进行的变革，主要体现在组织结构、能力和业务流程等方面的调整。Warner 和 Wäger（2019）强调，利用人工智能、大数据、区块链等数字技术实现业务和运营模式的改进是数字化转型的主要内涵，同时为企业开辟新的发展道路。Vial（2019）则认为，数字化转型有效连接了信息、通信与技术等领域，促使实体属性发生变化，从而完善实体本身的功能。吕铁（2019）研究了传统产业的数字化转型，指出这一转型是数字技术在传统行业中的深入应用，能够全方位重塑企业，有助于激发传统产业的发展动力，提升在新模式下企业产品和服务的质量与效率。戚聿东和蔡呈伟（2020）则将制造业企业的数字化程度与企业绩效进行了关联研究，指出数字化涵盖的范围广泛，企业实现数字化实际上是一种应对市场环境的战略行为，通过在各个环节应用数字技术，创新商业模式，以此影响企业绩效。

党的二十届三中全会提出，加快构建促进数字经济发展体制机制，完善促进数字产业化和产业数字化政策体系。政府部门对数字经济发展给予了高度关注，并从多方面制定了加快数字经济发展的相应政策，积极推动经济社会数字化变革创新进程。数字化转型已然成为企业获得竞争优势、应对多元危机和高质量发展的必由之路（吴非等，2021；杨涵和锁箭，2023）。对于企业而言，数字化转型不仅是时代发展的要求，也是企业持续发展的关键。通过数字化转型，企业能够提升运营效率、优化业务流程、实现商业模式的创新和突破（陈剑等，2020），也为企业带来了更多的商业机会和竞争优势，助推企业可持续高质量发展（赵宸宇等，2021）。可以发现，一方面，数字化转型被视为企业在生产和经营过程中创新性地运用大数据、人工智能、云计算等数字技术；另一方面，数字化转型伴随数字技术的广泛应用引起企业商业模式、企业战略、运营方式等的变动，从而促进企业竞争力的提升。

本书参考吴非等（2021）、李思飞等（2023）、牛彪等（2024）的研究，使用上市公司年报中关于数字化转型的特征词来构建企业数字化转型指标。具体来说，首先，将数字化转型分为技术基础和技术应用，其中技术基础包括区块链技术、大数据技术、云计算技术和人工智能技术四个层面的主要底层技术，技术应用是数字技术在具体实践场景中的实际应用。其次，基于技术基础和技术应用两个维度，分别构造与区块链技术、大数据技术、云计算技术、人工智能技术和技术应用层面相关的特征词词库。最后，对上市公司年报进行文本分析，计算出各特征词的词频数量，并加总求和形成企业数字化转型的综合指标。

2.1.5 企业创新

创新是指在产品、服务、流程或商业模式等方面引入新颖的理念或方法，以应对市场需求或解决现实问题。它不仅涉及技术的突破，还包括管理、设计和市场策略等各个领域的改进。创新是体现一国竞争力的核心要素，也是推进经济高质量发展的重要支点。党的十九届五中全会明确提出，"坚持创新在我国现代化建设全局中的核心地位""要强化国家战略科技力量，提升企业技术创新能力，激发人才创新活力，完善科技创新体制机制"。党的二十大更是提出，必须坚持科技是第一生产力、人才是第一资源、创新是第一动力。随后，党的二十届三中全会通过的《中共中央关于进一步全面深化改革 推进中国式现代化的决定》提出，在新的起点上推进理论创新、实践创新、制度创新、文化创新以及其他各方面创新；并强调，必须深入实施科教兴国战略、人才强国战略、创新驱动发展战略，统筹推进教育科技人才体制机制一体改革，健全新型举国体制，提升国家创新体系整体效能。毫无疑问，创新是一国国力的综合体现，坚持创新驱动发展战略已成为我国贯彻新发展理念，建设科技强国的重要方略。内生增长理论认为，技术创新是推动经济长期持续增长的决定因素（Zhu et al.，2020）。

企业是创新的主体，创新是企业的核心，在当下竞争激烈的环境下，企业若没有创新则将失去核心竞争力，进而将被淘汰。企业创新是指企业在产品、服务、流程或商业模式等领域引入新思想、新技术或新方法，以增强竞争力、满足客户需求并适应市场变化的过程。这一过程不仅涵盖技术研发，还包括管理创新、市场营销策略、组织结构及运营流程的优化。根据内在动机，企业创新可分为象征性企业创新和实质性企业创新，通常由发明专利数量和实用新型专利数量来体现（Bronzini & Piselli, 2016; Lian et al., 2022）。前者更类似于企业的战略行为，而后者更关注创新的质量。此外，在专利的审查过程中，两种创新也存在一定的差距，实用新型专利只需要简化的审查程序，而发明专利通常面临更严格的审查程序。但无论是何种形式的创新，其对企业增强竞争力、适应市场变化和实现长期可持续发展均具有重要的意义。

衡量企业创新层面，目前研究主要集中在创新投入和创新产出。现有研究对创新投入的度量主要分为创新投入总量和创新投入强度，前者通常直接由研发投入金额来衡量，后者通常由研发投入金额占营业收入的比例来衡量。考虑到营业收入因受到企业内外部因素影响而存在一定的差异性，因此借鉴达潭枫和刘德宇（2023）的研究，本书使用研发投入金额来衡量。创新产出是指企业在创新活动中获得的具体成果或效益。这些成果可能包括新产品、新服务、优化的生产流程、新的商业模式、技术专利、市场份额的增加，以及客户满意度的提升等。创新产出体现了企业或组织在创新过程中的实际成就，换言之，创新产出是企业在创新活动中的成果转化情况，通常用于评估创新活动的成功，企业专利数量是衡量企业创新产出水平的常用指标。本书在家族企业代际传承与创新效率部分，沿用专利数量来构造企业创新产出指标，并考虑到专利从申请到授权存在一定的时滞性，选取企业专利的申请数量来度量企业创新产出水平。此外，衡量企业创新活动的另一角度是企业创新效率。企业创新效率是指单位创新投入所产生的创新产出，体现了企业在创新活动中的成果转化能力。因此，本书使用创新产出与创新投入之比来衡量。

2.1.6 绿色治理

绿色治理是由政府、企业等多个参与方共同构成的体系，以绿色发展为核心理念，倡导互信与资源共享作为基本行为准则，通过合作管理公共事务，以实现经济繁荣、文化发展、社会稳定和生态和谐的目标。随着我国经济的持续快速发展，能耗加增、资源短缺、环境污染、气候变化和生态恶化等一系列问题日益凸显，从而迫切需求对环境的治理和改善。近年来，我国政府对环境的保护和治理给予了高度关注，出台了相关文件强调要加强环境技术、工艺、设施建设，构建高效、清洁、低碳、循环的绿色制造体系。党的十九大报告指出，构建市场导向的绿色技术创新体系。党的二十大报告提出，加快节能降碳先进技术研发和推广应用，倡导绿色消费，推动形成绿色低碳的生产方式和生活方式。随后，党的二十届三中全会审议通过的《中共中央关于进一步全面深化改革 推进中国式现代化的决定》明确指出，中国式现代化是人与自然和谐共生的现代化，并从完善生态文明基础体制、健全生态环境治理体系、健全绿色低碳发展机制三个方面对深化生态文明体制改革作出部署。由此可知，政府部门切实落实了对生态环境的治理与改善，积极推动全社会对环境问题的关注和环境污染的治理。从企业的角度来看，绿色治理是一种新型的管理方式，它统筹管理影响经济和环境的内外部因素，以实现企业的经济效益，同时承担社会责任、展现企业的文化形象。

绿色治理不仅是一个环保概念，更是一种实践，旨在支持各类社会组织、企业和政府实现可持续的生态发展。其目标是通过减少污染、提升资源利用效率和改善环境质量，推动经济、社会与环境之间的和谐与可持续发展。本质上，绿色治理代表了一场全民行动，它将环保的责任从政府的单一管理转变为社会各界和个人的积极参与，治理目标不仅限于基础的环境保护，而是提升至环境的可持续发展。这一转变使治理从被动应对变为主动作为，从消极态度转向积极参与。然而，从绿色治理的视角来看，目前我国多数企业在生产经营管理上仍显滞后，管理理念和模式亟待进一步提升与更新。企业需要依据科技进步和时代发展，构建完善的绿色治理体系，从而培育独特的企业绿色文化，实现经济效益与社会价值的双重提升。

对于企业绿色治理的衡量，企业的污染物排放量常用于考察企业的环境治理成效（毛捷等，2022；金祥义和张文菲，2024）。企业污染物主要分为工业废水和工业废气，其中工业废水包含化学需氧量和氨氮排放量，工业废气包含二氧化硫和氮氧化物。基于毛捷等（2022）、李鹏升和陈艳莹（2019）的研究思路，本书首先根据《排污费征收标准管理办法》确定各污染物的当量值，将四种污染物排放量折算成统一的污染当量数。其次根据《排污费征收标准管理办法》规定的排污费征收标准，每一当量废水为 0.7 元，每一当量废气为 0.6 元，因此本书将各自的排污费征收标准作为权重调整标准，通过计算四种污染物的当量数和，最终确定了本书的绿色治理指标。

2.1.7 新质生产力

新质生产力是指在创新的主导下，超越传统的经济增长方式和生产力发展路径，具有高科技、高效能和高质量的特征，符合新发展理念的先进生产力质态。2023 年 9 月，习近平总书记在黑龙江考察调研期间首次提出"新质生产力"，并强调整合科技创新资源，引领发展战略性新兴产业和未来产业，加快形成新质生产力。同年 12 月，中央经济工作会议强调，要以科技创新推动产业创新，特别是以颠覆性技术和前沿技术催生新产业、新模式、新动能，发展新质生产力。随后，党的二十届三中全会通过的《中共中央关于进一步全面深化改革 推进中国式现代化的决定》提到，健全相关规则和政策，加快形成同新质生产力更相适应的生产关系，促进各类先进生产要素向发展新质生产力集聚，大幅提升全要素生产率。新质生产力是具有高科技、高效能、高质量特征的先进生产力形式（姚树洁和张小倩，2024），通过科学技术革命性突破、生产要素创新性配置、产业体系深度转型升级，从而能够推动经济高质量发展、支撑中国式现代化建设、满足人民美好生活需要（贾若祥等，2024；张林，2024）。

鉴于新质生产力这一概念首次出现于 2023 年，目前对其内涵和定义仍处于探索和发展阶段。李政和崔慧永（2024）基于历史唯物主义认为，新质生产力是生产力构成要素的质的提升，从而呈现更先进的生产力形式。姚树洁和张小倩（2024）认为，区别于仅依赖能源与资源的大量投入与严重消耗的生产力发展模式，新质生产力是摆脱了传统增长路径、符合经济高质量发展要求的生产力，具有科技创新驱动发展、产业高效低耗绿色发展、基础设施公共服务能力提升、推动数字赋能和国家治理能力现代化等特征。周文和许凌云（2023）、张林和蒲清平（2023）均指出，新质生产力是以技术创新为主导，以经济高质量发展为目标，超越传统生产力的理论创新。彭绪庶（2024）指出，新质生产力是科技创新驱动形成的先进生产力，新质生产力的形成基础和前提源于高水平的创新能力，发展新质生产力需要加快实现高水平科技自立自强、促进创新创业融合、推动"数实"深度融合和增强资源优化配置。

新质生产力的指标构建层面，目前主要分为三大类。第一类基于劳动者、劳动资料、劳动对象三个维度对区域新质生产力指标进行构建（朱富显等，2024；任宇新等，2024）；第二类基于科技、数字和绿色等内涵特征视角构造区域新质生产力指标（卢江等，2024；焦方义和杜瑄，2024）；第三类依据生产力二要素理论对微观企业新质生产力指标进行构建（宋佳等，2024；刘德宇和王珂凡，2024）。本书借鉴宋佳等（2024）、王珏和王荣基（2024）、韩文龙等（2024）的研究，基于目前学界对新质生产力的定义，尝试从新劳动者、新劳动对象和新劳动资料三个维度构建企业新质生产力综合评价指标体系。

2.2 理论基础

2.2.1 社会情感财富理论

家族企业追求非经济目标的特征，使其与其他类型的企业有显著区别。早期学者主要通过公司治理理论来解释这一现象，如代理理论、利益相关者理论和管家理论等。然而，这些理论的基础都是围绕企业对经济利益的追求且假设了理性人行为，这些在家族企业中可能并不适用。因此，将这些理论应用于家族企业研究时，得出的结论往往不够令人信服。学术界期待能够出现一套专门针对家族企业的理论，许多学者也开始探索与家族企业特点相符的理论。在这些研究中，Gómez–Mejía 等（2007）提出的社会情感财富理论得到了学术界的广泛认可。

社会情感财富理论认为，家族企业决策者追求以家庭为中心的情感需求作为非经济目标（Gómez–Mejía et al.，2007）。社会情感财富理论在一定程度上与代理理论存在差距，以往企业通常追求更佳的经营绩效和更高的收益，不同于非家族企业，当家族企业在经营活动中获得了更高的绩效和盈利时，很可能出于维系社会情感财富而选择放弃这些利益。对于家族企业而言，家族对企业的控制、对家族成员的保护、对家族二代继承人的关注成为更重要的目的，特别是对于二代继承人的关注，家族企业不仅关注对二代继承人的成长与培养，还在意二代继承人是否有能力接班、能否顺利地完成接班。Berrone 等（2012）将社会情感财富归纳为家族对企业的控制和影响、家族成员对企业的认同、以家族为核心的紧密社会关系、对企业的情感依附和通过代际传承实现家族对企业控制的延续五个维度。Miller 和 Le Breton-Miller（2014）将社会情感财富划分为约束型社会情感财富和延伸型社会情感财富两类。约束型社会情感财富倾向短期目标，主要关注维持家族对企业的控制。而延伸型社会情感财富更侧重长期发展，关注维护企业声誉和与外部合作伙伴利益的协调，从而引导企业重视可持续发展。

追求社会情感财富的内在动力源于家族独特的亲情思维、共同的价值观和利他主义。首先，家族网络关系通过"情感"来维系，使家族企业更加注重可持续发展。在情感思维的影响下，他们往往将社会关系网络的联结程度视为决策的首要因素（沈艺峰和陈述，2020）。其次，家族成员在意识形态上保持一致的使命与价值观，彼此尊重和信任所经营的企业文化（王奇和吴秋明，2020）。此外，家族体系内部的相互支持与帮助所形成的利他主义（Fang et al.，2021）将进一步增强企业的亲缘感。家族企业主所建立的"差序格局"（陈凌和应丽芬，2003）为家族创造了良好的社会生态系统。在这种体系中，各家族成员之间建立了紧密的关系网络，并向外扩展。因此，在决策时，家族成员通常会从宗族的角度出发，以维护家族整体的利益（方雨婷，2023）。同时，代际传承作为家族企业的关键，是维持家族对企业控制、影响家族企业基业长青的重要因素。而家族成员对企业的认同感及情感依附意味着家族成员更倾向把企业形象与自身形象建立身份联结（陈煜文和万幼清，2023）。因此，家族企业在代际传承阶段所采取的不同战略变革决策往往与维系社会情感财富的初衷密切相关。

2.2.2　代理成本理论

代理成本理论是现代企业管理理论的一个重要分支。Berle 和 Means（1932）发现，美国公司的所有权高度分散，这一现象促使学者深入研究，并提出所有权与控制权的分离是现代企业的一个显著特征。然而，缺乏大股东的监督，使企业管理者可能出于自身利益最大化的考虑，采取一些与公司价值最大化相悖的行为，如不必要的在职消费和无效投资等。因此，股权分散所引发的代理问题成为企业治理研究的一个重要方向。这一问题的根源在于，管理者和股东均以自身利益最大化为目标，但两者的目标存在一定的差异，从而产生代理冲突。而代理冲突的产生将直接引起代理成本的上升。为了有效降低代理成本，实现公司股东利益的最大化，代理理论的研究者们提出了多种解决方案，其中两种方法引起了学者的广泛关注。首先是管理层薪酬的设计，委托人通过奖励或惩罚机制来激励代理人，促使其在管理和经营中更加尽责。因此，代理人若希望提升个人收益并获得奖励，就必须按照委托人的战略规划来运营企业。其次是企业治理结构的设计，通过对代理人进行及时的监督和审查，向其传达股东的期望，从而利用监督手段降低代理成本。这类代理问题常被称为第一类代理问题。此外，代理问题不仅集中在股东与管理者之间，还存在于大股东与小股东之间、债权人与债务人之间等，这类问题往往是由于两者目标不一致，导致具有信息优势的一方可能为了自己的利益而牺牲其他方的利益。

家族企业与非家族企业在所有权结构上存在显著差异。相较于非家族企业，家族企业的所有权更加集中，这使委托人与代理人之间的第一类代理成本问题不那么突出。然而，这种高度集中的所有权也导致了家族企业面临严重的第二类代理成本问题，即大股东与小股东或家族股东与非家族股东之间的代理问题。这主要是因为两者的目标存在不一致。为了保护家族的社会情感财富，家族股东往往更倾向追求非经济目标（杨百里，2021）。在此背景下，外部的媒体、声誉可能更会发挥监督作用，以使家族企业不偏离小股东的利益。

2.2.3 权威理论

根据马克斯·韦伯（1997）对权威概念的经典理论，权威是指个人或机构在特定领域中所拥有的较高知识水平、丰富经验、专业技能或能引起他人自发信任的非理性因素，这种权威受到该领域其他成员的尊重与信任。权威角色的统治和支配力的建立需要合法性作为基础（Dyer & Handler，1994）。根据权威合法性的来源，权威可以分为源于制度规则体系的法理型权威，以及基于个人在信服者心中的崇敬所带来的传统型和魅力型权威。切斯特·巴纳德（2009）在其系统组织理论中强调，在组织内部信息交流的需求驱动下，建立正确的权威并有效发挥其作用对维持组织的有机运作至关重要。随着权威理论的不断发展，权威体系也变得愈加完善。学者将权威划分为强制性权威和非强制性权威，强制性权威属于正式权威，包括法定权威和职位权威，而非强制性权威属于非正式权威，主要包括个人权威和能力权威。值得注意的是，积极建设组织的非强制性权威能够增强成员对领导者强制性权威的信任与依赖。而当个人权威和能力权威失去认可，进而丧失可信度和可靠性时（何理和唐艺桐，2022），职位权威也将随之消失。

在"子承父业"的传承模式中，家族的二代继承人在管理和掌控家族事务方面拥有合法的继承权。然而，这种继承仅仅是对正式权威的延续，其有效性在很大程度上取决于二代继承人能否成功继承并巩固其职位权威和个人权威。第一代创始人作为"企业主"，在家族企业的决策和运营中拥有主导权，这使他们在家族和社会中更具影响力和控制力，他们的形象和声誉常常得到家族成员及社会的认可与尊重。同时，他们的创业者身份使他们在企业中占据更高的地位和权力，并与内部家族成员及外部相关者建立了持久的信任关系。由于这种形象和声誉等难以被直接继承，二代继承人往往在短期内面临一定的权威合法性压力。一方面，二代继承人缺乏对家族企业发展过程中形成的历史传统的认同，使其难以与老一辈成员建立信任关系和树立个人权威。另一方面，家族企业内外部相关利益者会理所当然地将对一代企业家的认知转移到对二代企业家的期望上（李健等，2023）。然而，二代继承人的成长环境、社会经历、价值取向和经验与一代企业家往往存在一定的差异，使其相对一代企业家在管理能力、领袖魅力与社会关系网络建立等方面存在较大不足，很难匹配和满足企业内外部相关利益者对二代继承人的领导能力的期望，从而难以快速地建立自身权威。因此，家族企业的二代继承人很可能采取与第一代创始人不同的战略决策，以寻求快速建立自身的权威。

2.2.4　高阶梯队理论

在高阶梯队理论提出之前，学者对企业高层管理者的研究主要集中于探讨高管的个人特征和管理风格如何影响企业的战略决策及其结果。Hambrick 和 Mason（1984）首次提出高阶梯队理论，该理论认为，管理者因面临复杂的内外部环境，无法认识和掌握所有信息，从而管理者的认知、感知能力和价值观决定了其行为决策和战略选择,即管理者特征会影响管理者的战略选择,进而影响企业行为。具体而言,高阶梯队理论认为,管理者的个人背景特征会影响他们对战略情境的分析,企业的战略决策实际上反映了高层管理者或企业家的价值观和认知,而这些决策最终会对企业的盈利能力产生重要影响。换言之,在企业的创建与运营过程中,高管的个人背景和特征会影响决策制定,同时,企业的行为选择也能反映出高管的一些特质。

与高阶梯队理论密切相关的理论是烙印理论。烙印理论属于社会科学和管理学的理论,旨在阐明组织和个体在早期阶段的经历如何深刻影响其后续发展。生物学中的烙印理论强调,在个体发展过程中,环境特征对个体的影响是显著的,这些特征促使个体形成与特定环境相适应的特质,并将持续影响其行为。在管理学中,该理论通常强调早期的经验、环境和决策如何在个体或组织的"烙印"中留下持久印记,从而影响其后来的行为、价值观和决策能力。

本书在分析家族企业代际传承与几种战略变革的关系时,基于高阶梯队理论,分析了二代继承人的背景和经历是如何影响家族企业的战略行为。例如,海外经历,具有海外经历的二代高管受外国文化的影响(Dai,2019),可能会将外国文化理念融入企业治理(Tan & Wang, 2023),进而做出更大胆的判断和决策。一方面,拥有海外经历的二代继承人具有广阔的国际化视野和专业技能,使他们对前沿知识、技术具有更深的了解和掌握,从而更有可能在企业内推行先进的管理实践方案和战略发展策略(黄海杰等,2018)。另一方面,二代继承人的海外经历使他们接受了相较一代创始人更系统的知识体系与管理理论,很大程度上决定了他们与一代创始人具有不同的判断和见解(蔡庆丰等,2019)。这种丰富的经历也意味着二代继承人具有相较一代创始人更加多样的偏好和信念,加之受到西方个人主义文化的影响(Dai,2019),二代继承人迫切希望展示自己的才华和价值,而不是仅依赖一代创始人的庇护,继续"循规蹈矩"地经营。此外,本书基于高阶梯队理论,还分析了学历背景、教育背景、专业技能、金融背景等二代继承人的背景与经历,丰富了家族企业进行战略变革的问题分析,也为如何培养二代继承人提供了充实的经验证据。

2.2.5　制度经济学理论

制度经济学是一门关注制度对经济行为及其结果影响的经济学分支。它强调社会、政治和经济结构及其规则在资源配置、交易成本、经济发展及社会与经济互动中的关键作用。制度经济学认为，经济活动不仅受市场力量的驱动，也受到法律、文化、习俗和组织结构等非市场因素的制约。DiMaggio 和 Powell（1983）提出，企业的行为具有社会性的特征，会受到股东、消费者等利益相关者的评价，所以企业的行为需要符合社会制度的约束。制度为经济发展保持相对稳定提供了保障，通过减少企业的不规范性，以达到降低交易成本的目的。North（1990）研究发现，制度是一系列规则、程序与伦理道德行为规范，构成了人们在经济秩序中的合作与竞争关系。在市场运作过程中，企业管理者为了使企业在竞争中不被淘汰，往往会学习先进技术，达到适应制度规则的安排。Scott（2013）指出，制度并非只有法律法规构成的正式体系，还应该存在非正式体系，并总结出制度分为正式制度和非正式制度。其中，正式制度是指由一个国家的宪法、法律、规则构成的体系，如本书中提到的环境规制、知识产权保护、市场化等。而非正式制度是通过隐含的规范和价值取向塑造个人或组织的决策偏好和行为模式（Williamson，2000），如本书中提到的儒家文化、媒体关注、二代继承人背景等。正式制度与非正式制度共同构成了制度经济学的组成部分，并影响着企业的行为与决策。

此外，制度经济学理论认为，制度是社会博弈的规则，其不仅限制了人们相互交往的方式，也为个人行为提供了一种指引。大量研究表明，有效的制度设计能够影响企业行为，并推动企业发展（Luo et al.，2021；李青原和肖泽华，2020；Dong & Li，2023）。正式制度是企业经营必不可少的外部因素（Lin & Ma，2022），但是，在采用了相似法律制度的国家，其经济发展仍面临巨大差异，这种差异或许是正式制度难以解释的（李俊成等，2023）。因此，仅依靠正式制度来规制企业的行为是不够的，还应当充分考虑非正式制度的作用。然而，目前关于正式制度和非正式制度的关系尚未有一致的结论。杨蓓蓓和李健（2023）的研究发现，非正式制度通常作为正式制度的补充，在正式制度缺失或不完善时，发挥重要的替代作用。而 Hou 等（2022）的研究发现，非正式制度与正式制度存在互补关系，正式制度可以强化非正式制度的积极作用。本书认为，无论是替代关系还是互补关系，非正式制度与正式制度对企业的发展都非常重要，因此本书在各章的分析中，多次引入正式制度或非正式制度因素，并具体问题具体分析。

2.2.6 利益相关者理论

利益相关者的概念最早出现在 20 世纪 30 年代关于企业社会责任的研究中。1963 年，斯坦福研究所首次对其进行了定义，指出企业的正常运作需要满足特定利益群体的需求，并获得他们的支持。1984 年弗里曼撰写的《战略管理：利益相关者方法》标志着利益相关者理论的正式形成，其提出企业目标的实现会受到利益相关者的影响，或者说利益相关者是指企业在实现目标过程中受到影响的个人或群体。根据弗里曼的定义，利益相关者的范围涵盖了政府机构、相关产业链企业、环境保护组织等。这一界定扩展了利益相关者的内涵，并得到了学术界的广泛认可。在弗里曼研究的基础上，后续学者对利益相关者理论进行了进一步的完善，并将其应用于其他研究领域，取得了显著的研究成效。在学者的持续研究和探索下，利益相关者理论逐渐形成了一套相对完善的学术体系。该理论的核心前提是企业的本质在于由不同利益相关者共同构成。其观点强调，企业存在的目的不仅是追求股东利益的最大化，更是致力于为所有利益相关者创造价值。这是因为企业所需的资源不仅依赖股东的投资，还包括来自其他利益相关者的支持。因此，企业的营业利润或剩余价值应当根据各利益相关者的贡献进行合理分配。换言之，利益相关者为企业的发展提供了必要的资源，同时承受了一定的风险。因此，在做出决策时，企业必须考虑利益相关者的需求，否则利益相关者可能会选择撤出，从而对企业的正常运作和发展造成负面影响。

因此，本书认为，家族企业必须认真考虑各方利益，并在其决策和行动中尽可能平衡各方利益的需求，从而建立长期稳定的合作关系。而处于代际传承阶段的家族企业，由于外部投资者对二代继承人的认知有限，很难快速地建立长期信任关系，从而要求企业提供更优质的抵押品、附加限制性条款来防范信用风险，短期内会对企业的发展产生一定的阻力

（Werner et al.，2021；李思飞等，2023）。家族企业通过采取一定的有利于信息传递的行为决策，可以表现出二代继承人对其他利益相关者的积极回应，从而便于二代继承人与其他利益相关者建立新的认知渠道，并加快重塑信任关系。同时，二代继承人也应当关注政府部门的要求，对政府部门做出积极回应，从而有利于突破家族企业代际传承阶段的资源限制，并得到利益相关者的支持。

2.2.7 内生增长理论

内生增长理论是 20 世纪 80 年代中期兴起的一个西方宏观经济学理论分支，其核心观点认为，经济可以在没有外部推动力的情况下实现持续增长，而内生的技术进步是确保经济持续增长的关键因素。自亚当·斯密以来，经济学界围绕驱动经济增长的因素进行了长达 200 多年的讨论，最终形成了相对一致的观点，即一国的经济增长主要依赖以下三个要素：一是随着时间的推移，生产性资源的积累；二是在既定的技术知识条件下，资源存量的使用效率；三是技术进步。然而，自 20 世纪 60 年代以来，新古典经济增长理论成为主流，该理论基于柯布—道格拉斯生产函数，使用劳动和物质资本投入量作为自变量，将技术进步视为外生因素来解释经济增长。这一理论得出的结论是，当要素收益出现递减时，长期经济增长将会停止。然而，20 世纪 80 年代出现的"新经济学"，即内生增长理论，认为长期增长率是由内生因素决定的。换言之，劳动投入中包含因正规教育、培训和在职学习等所形成的人力资本；而在物质资本积累的过程中，包含通过研究与开发、发明和创新等活动所带来的技术进步。因此，技术进步等要素被纳入内生化分析，得出因技术进步而带来的要素收益呈递增趋势，从而得出长期增长率为正的结论。

罗默是将技术直接引入内生增长模型的学者，他认为技术生产活动是有目的的经济行为，经济中存在一个专门的技术生产部门，并且该部门能够获得垄断利润。罗默将技术对经济的影响视为产品种类的多样化。在此基础上，阿洪—豪伊特经济学家提出了一个强调产品质量提升的技术内生增长模型，认为经济增长源于产品质量的改善。罗默的技术内生增长模型被称为垂直创新，而阿洪—豪伊特的模型被称为水平创新。这两种技术创新内生增长理论与规模报酬非递减的内生增长理论有本质的区别：前者认为知识是非竞争性的，而后者认为知识具有外溢性。

2.3 文献综述

2.3.1 家族企业代际传承的文献回顾

家族企业作为一种历史悠久且具有深厚文化根基的公司组织形式，在全球范围内得到了广泛的认可和普遍的存在。这类企业不仅在经济活动中占据了重要地位，而且在许多国家和地区的商业生态中发挥着不可或缺的作用。早在 20 世纪末期，学者就认识到了家族企业可以作为独立的领域进行研究，国内外学者对家族企业展开了丰富的探讨。由于我国的家族企业在改革开放后才逐步发展，因此关于家族企业及其代际传承的理论研究始于 20 世纪 90 年代，主要依托国外学者的成熟理论框架。随着我国家族企业代际传承"高潮"的临近，从 2010 年至今，实证研究进入了一个快速发展的新阶段。代际传承是家族企业最独特和具有战略意义的研究领域，其涉及两代人甚至多代人之间的关系治理，确定继承人选是家族企业的一项关键决策，对其发展前景意义重大（Chang & Shim，2015）。代际传承是家族企业实现持续发展的关键，也是家族企业区别于非家族企业的重要特征（李新春等，2015）。

2.3.1.1 家族企业代际传承影响因素的文献回顾

家族企业的代际传承是一个过程，该过程不仅是权利的转让，也是公司隐性资源和知识的传递（Jayantilal et al.，2019）。跨代创业作为一种有效的手段，促进了企业家隐性知识在不同代际间的传递，对这种知识的传承起到了促进和桥梁的作用（孙秀峰等，2017）。关于代际传承影响因素方面，已有研究发现，计划生育政策通过改变创一代对代际传承的预期，降低二代继承人进入家族企业的概率（Cao et al.，2015）。创一代政治关联强度影响着代际传承的概率（Xu et al.，2015），出现关联程度越高则传承概率越高的情况。在家族企业的代际传承过程中，培养第二代接班人也被认为是至关重要的影响因素（朱晓文和吕长江，2019）。同时，杨玉秀（2021）的研究表明，社会资本在代际传承的成功与否中也起着关键作用，然而在这一传承过程中，社会资本往往容易流失，这对企业的持续发展构成了挑战。家族企业的代际传承既受权威传递的影响，又因第一代创始人的内部权威结构难以被第二代继承，迫使其必须建立新的内部权威体系，因此这一过程实际上是内部权威转型的过程（李婵等，2021）。

除上述影响家族企业代际传承的因素外，意愿也是影响家族企业开展代际传承活动的极为重要的因素。已有学者研究发现，创一代的交班意愿对代际传承具有正面影响（余向前等，2013）。与此同时，二代继承人的接班意愿对家族企业代际传承也具有重要的影响（付萍，2021）。胡润百富调查显示，超过50%的二代继承人不愿意甚至拒绝接班，中国科学院对"不愿意、非主动接班"二代继承人的统计数据结果是82%。另一份来自普华永道的《2021年全球家族企业调研——中国报告》的数据显示，49%的家族企业一代创始人无二代继承人参与企业运营（不包括香港、澳门、台湾地区）。随着研究的不断深入，学者逐渐认识到家族企业在推动经济发展和促进社会就业等方面具有重要作用。然而，这些家族企业却常常面临"富不过三代"的困境，能够成功传承到第二代甚至第三代的家族企业屈指可数（余向前等，2013）。传承失败不仅阻碍了家族企业的发展和壮大，甚至还可能引发失业率攀升、地方经济受挫等社会问题。尤其是近年来，世界各地的家族企业迎来了"接班潮"，传承问题更是引发了业界和学界的广泛关注（Cesinger et al.，2016；王扬眉和叶仕峰，2018）。

2.3.1.2 家族企业代际传承模式的文献回顾

家族企业的代际传承通常有两种选择模式：一是内部培养，二是外部引入。内部培养是指将企业的所有权和经营权交给家族内部成员，而外部引入是指将经营权授予由创始人引入的职业经理人。对于代际传承模式的选择，各位学者持有不同观点。李新春等（2015）指出，我国家族企业在代际传承时，首要选择应是子承父业的模式，即内部培养，这主要是由于家族企业更看重自身未来的生存与发展，而非单纯追求企业的规模扩张。无论是在现在还是未来，"子承父业"模式始终是家族企业优先考虑的传承方式（何理和唐艺桐，2022），特别是在国内的家族企业中尤为明显。由于受到家族情感、道德伦理和传统文化等多重因素的影响，家族企业主通常更倾向选择家庭内部成员作为接班人（Gershoff & Frels，2015；丁志华等，2022）。窦军生等（2009）进一步指出，家族凝聚力较强的企业更容易实现内部代际传承。评估家族凝聚力的标准包括：传承人是否投入大量时间和精力与子女（继承人）沟通企业未来的规划；子女是否从传承人那里学习到企业管理的原则；传承人是否有意识地让子女参与家族聚会和会议，以了解家族企业的运营；传承人是否主动引导子女树立接班人的意识，以及子女在担任继承人之前是否具备接班人的认知。而学者李蕾（2003）提出了不同的观点，认为代际传承更应关注职位、管理权、所有权和控制权的转移，而不仅仅是传承对象本身，从而代际传承的对象不应被过于强调。

此外，大量学者认为，无论是亲属关系的传承方式还是职业经理人的传承方式，继承人的个人意愿和能力都应当作为家族企业主要的考量标准（毕立华等，2018；严若森等，2019）。如果家族成员没有接任的意愿或不具备相应的能力，企业主将会在职业经理人市场中寻找那些更具继任意愿和能力的非家族成员，以确保家族企业的成功传承（张俭和何爱玲，2020）。早在20世纪90年代，我国许多家族企业的企业主就意识到了家族经营模式的局限，因此逐渐减少了家族成员在企业中的比例，并大量引入职业经理人（谢佩君，2023）。职业经理人的引入为停滞不前的家族企业注入了新的活力，有效地帮助家族企业减少了过度投资（杨学儒等，2017），并提升了企业的自由现金流（Aiello et al.，2020）。然而，职业经理人的加入并不意味着家族企业就能稳如泰山，实际上，由于引入职业经理人而导致破产的案例屡见不鲜，这迫使家族企业主重新思考谁才是最合适的接班人。

2.3.1.3 家族企业代际传承过程的文献回顾

早期学者在研究代际传承时采用了"事件观"，因此忽视了创始人对继承人的培养及继承人准备的过程。实际上，家族企业的代际传承并不是一次短暂的突发事件，而是一个长期而复杂的过程。Longenecker 和 Schoen（1978）指出，代际传承并非一次性事件，而是一个持续的社会化过程，通过考察继任者的"行为—学习"经历，首次将继任者全职进入企业和完全接任领导岗位视为两个关键时刻，并将继任者为顺利接班所做的学习准备过程纳入考量，从而将家族企业的代际传承过程细分为七个阶段。此后，越来越多的学者开始尝试用动态过程视角取代静态事件视角，对家族企业的代际传承进行全新的解读。Churchill 和 Hatten（1987）将代际传承的过程分为四个阶段：所有者管理、子女的培养与发展、父子合伙及权力传递。汪祥耀和金一禾（2015）将代际传承的过程划分为三个阶段：参与管理、共同管理及接收管理。也有学者认为，家族企业的代际传承不仅仅涉及父子两个个体，许多家族企业中会有多个家庭成员参与其中，如丈夫、妻子、女婿、儿媳等。因此，代际传承的过程应基于"企业家庭的发展进程"而非单纯的"父子生命周期"进行划分，从而可以划分为年轻企业家庭、中年及管理的介入、共同经营以及放手与接收（Gkypali et al.，2018）。本书认为，家族企业代际传承的过程并不在于确切的阶段划分，而应当依据实际研究的问题进行合理的划分。

2.3.1.4 家族企业代际传承经济后果的文献回顾

目前对于家族企业代际传承经济后果的研究大致分为正和负两方面。一方面，在家族企业代际传承过程中，由于一代创始人卓越的管理才能和丰富的社会资源无法有效传承（Bennedsen et al.，2007），二代继承人相较于一代创始人表现出管理经验的匮乏和个人权威的缺失（Burkart et al.，2003），往往难以传承一代创始人的才能、社会资本和经营理念（Lee et al.，2003；Bennedsen et al.，2007；Fan et al.，2008）。加之，由于二代继承人与创始人的出生时期、生长环境不同，在态度、思想和行为上存在一定的代际差异（Mannheim，2005；祝振铎等，2018）。因此，二代继承人经验、权威和才能的缺失及代际冲突、利益冲突等问题的存在（Bertrand et al.，2008；房诗雨和肖贵蓉，2022），发生代际传承的家族企业通常面临较低的风险承担（许永斌和鲍树琛，2019）、较高的金融投资倾向（罗进辉等，2023）和潜在的代理冲突（程晨，2018）等问题，从而对企业的业绩和发展带来了一定的负面影响（朱晓文和昌长江，2019；李健等，2023；谢佩君等，2024）。另一方面，家族企业代际传承由于较少依赖基于关系型的契约（Fan et al.，2012），二代继承人出于维护社会情感财富的目的，会积极发挥外部监管机制的作用，从而有助于减少企业的掏空行为（Xu et al.，2015；黄海杰等，2018），进而对履行社会责任（Huang & Chen，2024）、推动国际化战略（余向前等，2023）和多元化经营（罗进辉等，2022）等战略决策产生积极的影响。此外，由于家族企业对社会情感财富的维护，家族控制、家族声誉、长期发展导向等非经济目标的追求构成了家族企业绿色发展行为的重要依据（Kellemanns et al.，2012）。企业的形象会影响家族的其他利益及社会地位，为了保护控股家族的社会资本，家族企业会更愿意履行环境责任（周志方等，2020），从而相较于短期的经济绩效，家族企业表现出对某些非经济效益的高度关注（Zellweger et al.，2013；Gómez-Mejía et al.，2011）。Campbell（2007）的研究指出，企业通过详尽的披露责任报告来向外界释放更多积极的信号，如环境责任信息和社会责任履行等。Miller 和 Le（2011）的研究也指出，家族企业为了避免损害企业的长期声誉和制度合法性，会布局长期战略实施。

2.3.2 企业战略变革的文献回顾

2.3.2.1 企业战略变革的内涵

Mintzberg（1978）将企业战略定义为一种决策模式，特别是关于重要资源分配的决策。无论是企业经营领域的调整，还是公司或业务层面的竞争战略变化，其核心都在于资源配置方式的转变。资源分配不仅能够体现企业的战略模式，还反映了企业已经实施的战略，而非仅停留在高层管理者的理念和计划层面（祝振铎等，2018）。此外，战略变革被视为提升企业竞争优势的重要战略工具（Ginsberg，1988），为了确保企业的可持续发展和快速成长，企业需要根据自身的资源、规模和能力，对原有战略进行重大调整，以实施战略变革（王国顺和唐健雄，2008）。朱俊和叶一军（2004）认为，企业战略变革是指在预期或实际发生重大变化的外部环境和内部条件下，企业为了实现生存与发展，对其业务界定和运营方式进行的方向性调整和创新。他们指出，经济转型与产业结构调整是推动企业战略变革的重要因素，同时决定了其方向和时机；而企业的战略变革又反过来促进经济转型和产业结构的升级。姜勇和修国义（2007）认为，企业战略变革的概念可以从广义和狭义两个方面进行理解。从广义来看，战略变革是一个较为宽泛的术语，包括转型、转制、转轨、转行、战略转换等多个词汇，这些可以用于描述企业的变革行为。从字面上理解，这些词汇均可归纳为战略变革。而从狭义来看，企业进行战略变革的决定通常源于自身竞争力的下降以及所处行业的衰退，迫使企业提升在产业内的能力或采取产业转移的策略，以寻求新的经济增长点，从而重新焕发活力。沈灏（2017）指出，随着市场环境日益复杂多变，企业必须实施战略变革，以适应这种不断变化的经济市场，进而加速对产品、技术和服务的创新与改进。因此，企业战略变革可以归纳为，企业在面临外部环境变化时，通过调整、转换、创新等途径，使组织战略内容或形态发生状态上的根本变革的过程，从而实现长期与未来的发展。

对于战略变革指标的构建上，冯海龙（2010）系统梳理了相关方法，并将其归纳为六大类：多业务、企业层面与业务层面战略、战略类型、战略定位、资源配置及战略集团。其中，多业务测量法从业务盈利结果的视角切入，资源配置测量法从资源投入的角度展开分析，而其余四种测量法多采用量表构建和赋权重计分的方式，需要结合访谈或问卷调查进行数据收集（黄福广等，2022）。资源配置测量法能够更全面地反映企业在多个关键战略维度上的资源配置变化模式（郭鑫，2023）。Carpenter（2000）提出了基于七个维度的战略变革测量方法，包括广告强度、研发强度、厂房和设备更新、非生产性管理费用、存货水平、财务杠杆及国际市场业务。同样地，Zhang（2006）、Zhang & Rajagopalan（2010）综合使用企业在广告强度、研发强度、厂房和设备更新、非生产性管理费用、存货水平及财务杠杆六个维度的资源配置变化，评估企业战略变革的幅度。资源配置测量法具有综合性和多维度特点，能够全面衡量战略变革的规模，从而被大量学者广泛使用（Huang & Zheng，2022；黄福广等，2022；张彩平等，2024）。

由于战略变革是企业为符合未来发展要求，而自发的采取管理模式、运营模式等向新模式的转变，我们认为战略变革的考察不仅应反映企业已付诸实施的战略，还应包括决策层的理念和计划，尤其是，它既应该表达为企业抽象的财务数据指标，还应该体现为企业具体的战略变革行为。基于此，本书一方面考察了更加具象的三个企业战略变革行为：数字化转型、创新效率决策及绿色治理行为，另一方面建立了一个以新质生产力为核心的战略变革度量体系，然后以上述"3+1"的分析框架为基础，通过四个实证研究，更加系统地考差了这些重要战略变革的影响因素与经济后果。

2.3.2.2 家族企业战略变革的动机

家族企业战略变革的内在驱动力主要源自企业家，尤其是企业家所具备的创新能力，发挥着至关重要的推动作用（金一禾，2015）。一些学者认为，这种变革是家族企业在创业导向下的必然选择。许爱玉（2010）指出，企业家的能力是动态发展的，这种能力能够推动企业实施创业转型、战略变革和管理转型。她认为，家族企业战略变革的核心在于企业家能力与市场发现、环境适应、资源利用和风险控制等方面从不匹配到匹配的转变。这一过程体现了企业与企业家在市场经济活动中从机会导向向战略变革的转变。家族企业通常源自家族的创业活动（郭萍和陈凌，2010），而创业不仅是家族企业生命周期中的一个阶段性战略，更是贯穿其整个成长过程（郭超，2013）。因此，创业不仅代表了企业家的个人行为，也反映了企业整体层面的战略变革。战略创业是创业与战略管理的有机结合，二者相辅相成，有助于实现企业绩效的最大化（何轩，2010）。李艳双等（2022）的研究表明，企业家精神通过推动转型战略的规划、执行和控制等各项活动，有效推动了家族企业区域转型战略的实施。此外，高管的家族认同也会显著提升家族企业的战略变革水平，家族认同不仅能够提高风险承担能力，还能增强家族企业的传承意愿，从而推动战略变革的实施（杜善重和李卓，2021）。从社会情感财富的角度来看，不同维度的社会情感财富对战略变革的影响各不相同，家族控制和情感依恋可能会对战略变革形成障碍，而政商关系和代际传承意愿有助于推动战略变革的进程（于树江等，2021）。

2.3.2.3 企业数字化转型的文献回顾

数字化转型是数字技术与企业战略的深度融合，意味着一场颠覆性的技术变革，通过利用区块链、大数据、人工智能和云计算等技术推动企业提升运营效率、优化业务流程、实现商业模式的创新和突破（陈剑等，2020），为企业带来更多的商业机会和竞争优势，助推企业可持续高质量发展（赵宸宇等，2021）。如今数字化转型已成为企业在激烈竞争中获取优势的重要途径，也是应对各种多元化危机和实现高质量发展的必经之路（吴非等，2021；杨涵和锁箭，2023）。在当今快速变化的市场环境中，数字化不仅提升了企业的运营效率，还为其提供了更灵活的应对策略，使其能够迅速适应外部挑战。通过引入先进的数字技术，企业能够优化内部流程、提升客户体验及增强数据驱动的决策能力，从而在竞争中占据有利地位。此外，数字化转型也为企业开辟了新的增长空间，使其在面对全球化、信息化和疫情等多重危机时，能够更好地保持韧性和适应性。因此，推动数字化转型不仅是企业生存和发展的要求，更是实现可持续和高质量发展的战略选择。近年来，数字化转型作用于微观企业的经济效果受到学术界的广泛关注。已有研究发现，数字化转型提高了企业的生产效率（赵宸宇等，2021）、专业化分工水平（袁淳等，2021）和信息透明度（吕静，2024），从而在提升企业业绩（易露霞等，2021）、企业价值（张颖慧和李思仪，2024）和创新绩效（朱丽娜，2024）等多方面发挥了重要的积极作用。

然而，实践过程中数字化转型因投入大、技术要求高、阵痛时期长，使大量的企业面临不敢转、不愿转和不会转等问题（刘淑春等，2021；李思飞等，2023）。先前研究表明，数字化转型是一种典型的冒险性决策，具有周期长、见效慢的特征，从软硬件配套设施的购入到人力的培训都需要持续投入大量的时间和资金（余典范等，2022），加之，数字化转型在价值创造方面伴随较大的复杂性和不确定性（李琦等，2021），使企业开展数字化转型尤为艰难（陈元等，2023）。对此，学者从企业内外两个方面出发，考察了企业数字化转型的影响因素。已有研究发现，产业政策（刘建江等，2024）、利率市场改革（顾芳睿和李清，2024）、政府补贴（石建中和何梦茹，2024）、营商环境（徐宁，2024）、政务服务信息化（韩国高和郭晓杰，2024）、儒家文化（林洲钰和陈超红，2024）等企业外部环境对企业数字化转型具有驱动作用。与此同时，企业规模（韩超和郭庆，2024）、薪酬差距（牛彪等，2024）、高管认知（郭晓川等，2024）、高管背景（宋建波和卢思诺，2024）、高管特征（张昆贤和陈晓蓉，2021）等企业内部治理结构对企业数字化转型产生了重要的影响。

2.3.2.4　企业创新效率的文献回顾

创新作为推动经济发展的核心动力，扮演着不可或缺的角色。它不仅能够提升企业的竞争力，还能显著提高人们的生活质量。内生增长理论认为，技术创新是推动经济长期持续增长的决定性因素（Zhu et al.，2020）。通过引入新技术、新产品和新服务，创新促使产业的不断升级，并为市场创造出更多的机会，使企业在全球竞争中脱颖而出，不断适应变化的环境和需求。此外，创新还具有激发个体创造力的潜力，帮助其应对快速变化的市场和社会需求，从而有效满足消费者的多样化期望。企业在当今经济环境中扮演着创新的主要角色，而创新是企业生存与发展的核心要素。在竞争日益激烈的市场中，企业如果缺乏持续的创新能力，将难以维持其核心竞争力，最终很可能面临被市场淘汰的风险。因此，创新不仅是企业提升自身竞争地位的必要手段，更是其在不断变化的市场中保持活力和适应力的关键所在。只有不断探索新思路、开发新产品和完善服务，企业才能在激烈的竞争中立于不败之地。

多数学者已对企业通过技术进步与产品升级实现稳固自己的竞争地位，从而提高自身的财务业绩进行了肯定（Klomp & Van，2001；Andriopoulos & Lewis，2009）。Acemoglu（2009）更是认为，新技术的产生源于企业和个体对利润的追求，为了追逐更高的利润驱使企业和个体不断研究、开发和发明最终实现新技术、新产品的创新。创新是企业存亡的关键，是国家发展的重要战略支撑，是国际地位和话语权的综合实力体现，因此如何激发企业创新活力是当下亟待关注的问题。一些研究发现，金融发展（达潭枫和刘德宇，2023）、财税政策（宁靓和李纪琛，2019）、知识产权保护（何丽敏和刘海波，2021）等外部制度环境是影响企业创新活动的重要因素，良好的制度环境有助于优化资源配置、降低信息不确定性和为企业进行创新活动提供必要的资源（毛建辉等，2022；马勇等，2022；程跃和段钰，2022），从而为企业开展创新活动保驾护航。此外，一些研究者认为，企业的创新能力在很大程度上依赖企业的内部因素，包括企业治理、战略决策和高管特征等方面（杨绮君，2022；赵杜悦等，2024；张广婷等，2023）。彭花等（2022）的研究发现，企业家精神因具备积极进取、敢冒风险和勇于创新等积极状态可以促成企业的创新，并大幅提高创新效率，这与熊彼特的创新理论一致。韩祥宗和杨泽宇（2022）从组合视角下出发，提出内部资源配置对企业创新具有积极作用。Hall（2002）研究发现，企业创新活动产生巨大的资金需求，也提升了不确定性。这种不确定性将带来道德风险和逆向选择（Berger & Udell，1990），从而使企业创新与融资约束密切相关（鞠晓生等，2013），这极大限制了企业的创新动力。余明桂等（2019）同样基于融资约束视角进一步发现，融资约束是抑制民营企业创新的主要原因，并提出应当加强金融对民营企业的支持，用来促进相应的创新活动。因此，创新活动对企业的持续发展至关重要，但受制于资金和决策的限制，企业的创新意愿和成果转化面临不同程度的约束。

对于家族企业创新的研究，学者分析了外资涉入（李倬和李元齐，2024）、子女情况（宋增基等，2024）、夫妻共同持股（陈元等，2023）、性别多样化（姜富伟等，2024）等对家族企业创新的影响。此外，代际传承是家族企业实现持续发展的关键，也是家族企业区别于非家族企业的重要特征（李新春等，2015）。随着创始人步入暮年，我国家族企业逐渐进入了代际传承的高峰期（祝振铎等，2018），大量家族企业研究者开始关注代际传承的经济后果。已有研究发现，由于二代继承人与创始人的出生时期、生长环境不同，在态度、思想和行为上存在一定的代际差异（Mannheim，2005；祝振铎等，2018），继承人往往难以传承创始人的才能、社会资本和经营理念（Lee et al.，2003；Bennedsen et al.，2007；Fan et al.，2008），从而对企业风险承担（许永斌和鲍树琛，2019）、财务融资（李思飞等，2023）和经营绩效（Chiang & Yu，2018）产生一定的负面影响。同时，二代继承人出于维护社会情感财富的目的，将会积极承担社会责任（Huang & Chen，2024）、加大并购力度（许宇鹏和徐龙炳，2023）和推动国际化战略（余向前等，2023）。然而，目前关于家族企业代际传承对企业创新影响的研究尚未有一致的结论。一些研究表明，家族企业代际传承可以发挥外部监管机制的作用，从而通过降低代理成本来促进企业创新（黄海杰等，2018；徐睿哲和马英杰，2020）。同时，父子共同创业的代际传承有助于家族权威的代际转移，并强化了二代继承人对家族企业的控制地位，从而做出有利于企业创新的行为（陈德球和徐婷，2023）。而其他一些研究者发现，与未发生代际传承的家族企业相比，发生代际传承的家族企业通常面临较低的风险承担（许永斌和鲍树琛，2019）、较高的金融投资倾向（罗进辉等，2022）和潜在的代理冲突（程晨，2018）等问题，从而不利于企业进行创新活动（黄珺和胡卫，2020；李健等，2023；谢佩君等，2024）。

2.3.2.5 企业绿色治理的文献回顾

家族企业进行绿色治理的动机主要分为内部动机与外部动机两个方面，外部动机源于政府环境管制压力与来自社会利益相关者的环保压力。根据外部性理论，家族企业生产经营过程中导致的环境污染会对整个社会产生负的外部性，而当市场机制无法解决这个问题时，就需要政府的环境规制来解决该问题（周雨婷，2022）。有研究表明环境规制通过惩罚企业不环保的行为，内化企业污染环境的成本，促使企业为了避免被处罚而进行绿色治理活动（崔秀梅等，2021）。波特假说也表明，当合理的环境规制使企业治理环境的效益高于承担环境责任所需的成本时，企业便会积极投入绿色治理活动中。另外，政府的各项环保优惠政策也激励了企业积极进行绿色治理活动，家族企业积极进行环境保护、绿色创新、环保投资等绿色治理可以优先获得金融机构的支持（苏冬蔚和连莉莉，2018）。除此之外，利益相关者的环保压力也会驱动企业进行绿色发展战略（Kassinis & Vafeas，2006），对于环保意识日益增强的消费者而言，环境友好型产品会更受到他们的青睐。当行业的竞争者积极投身于绿色治理活动时，出于"制度同行压力"，企业会效仿它们并开展绿色战略（DiMaggio & Powell，1983；Menguc et al.，2010），而率先进行绿色治理战略的企业会获得更多的先发优势。同时，家族企业通过表现出更加积极的环保态度与行为，其合法性能够得到显著提升（马骏等，2020）。因此，从外部动机角度来看，遵守环境规制要求、提高合法性、获取外部支持是驱动家族企业开展绿色治理活动的驱动因素。

家族企业绿色治理的内部动机主要源于对社会情感财富的重视和维护。具体来说，家族企业往往会将家族控制、家族声誉及长期发展导向等非经济目标视为重要的价值追求，这些因素共同构成了家族企业推动绿色发展行为的核心依据（Kellemanns et al.，2012）。家族企业不仅关注经济利益的最大化，更注重在社会责任和环境保护方面树立良好的家族形象，以确保其在市场中的地位持续稳固。企业的形象、声誉会影响家族的其他利益及社会地位，为了保护控股家族的社会资本，家族企业会更愿意履行环境责任（周志方等，2020），从而相较于短期的经济绩效，家族企业表现出对某些非经济效益的高度关注（Zellweger et al.，2013；Gómez-Mejía et al.，2011）。Campbell（2007）的研究指出，企业通过详尽地披露责任报告来向外界释放更多积极的信号，如环境责任信息和社会责任履行等。Miller 和 Le（2011）的研究也指出，家族企业为了避免损害企业的长期声誉和制度合法性，从而会布局长期战略实施，履行更多的环保行为。此外，一些研究发现，社会信任（Liu et al.，2024）、税收激励（江鑫和胡文涛，2024）、数字金融（钟廷勇等，2022）等外部制度环境和家族控制（朱丽娜等，2022）、社会责任披露（黄恒和齐保垒，2024）、并购行为（李鑫和魏姗，2024）等内部企业行为是影响企业绿色治理行为的重要因素，但是目前的研究更多集中在绿色创新方面，较少关注企业的环境治理对污染物减排的直接影响，特别是基于代际传承背景下，家族企业治理绿色化的分析并不充分。

2.3.2.6　企业新质生产力的文献回顾

新质生产力是指通过关键技术的颠覆性突破、创新性的生产要素配置及产业的深度升级与转型，所形成的一种全新生产力形态（贾若祥等，2024）。这种生产力的特点在于，它有效地摆脱了传统经济增长模式中对资本和劳动资源的大量依赖，不再单纯依靠这两种要素来推动经济发展，而是寻求更为多元化和可持续的增长路径（周文和许凌云，2023）。新质生产力还体现出高科技、高效能和高质量等显著特征，标志着生产力的提升和经济结构的优化，推动着社会经济的全面进步（姚树洁和张小倩，2024）。新质生产力的发展不仅是推动经济高质量发展的内在需求（贾若祥等，2024），而且是实现中国式现代化的关键驱动力（张林，2024）。在当今全球经济环境中，传统的生产方式和发展模式已难以满足日益增长的市场需求和可持续发展目标。因此，提升新质生产力显得尤为重要，它通过创新、技术进步和资源优化配置，帮助经济实现更高效、更绿色的增长。这种转型不仅能提高生产效率，促进产业升级，还能为中国式现代化注入强大的动力，确保经济在质量和效益上的双重提升。通过新质生产力的发展，中国将在实现经济高质量发展的同时，迈向更加全面和协调的现代化进程。"新质生产力"这一术语的出现，引起了学术界的广泛讨论，一些学者从什么是新质生产力及如何加快新质生产力的实现展开了一定的研究。

李政和崔慧永（2024）基于历史唯物主义认为，新质生产力是生产力构成要素的质的提升，从而呈现更先进的生产力形式。姚树洁和张小倩（2024）认为，区别于仅依赖能源与资源的大量投入与严重消耗的生产力发展模式，新质生产力是摆脱了传统增长路径、符合高质量发展要求的生产力，具有科技创新驱动发展、产业高效低耗绿色发展、基础设施公共服务能力提升、推动数字赋能和国家治理能力现代化等特征。周文和许凌云（2023）、张林和蒲清平（2023）均指出，新质生产力是以技术创新为主导、以经济高质量发展为目标，超越传统生产力的理论创新。Li 和 Liu（2024）、张林（2024）、蒲清平和向往（2024）指出，新质生产力对推动中国式现代化具有重要的意义。彭绪庶（2024）指出，新质生产力是科技创新驱动形成的先进生产力，新质生产力的形成基础和前提源于高水平的创新能力，发展新质生产力需要加快实现高水平科技自立自强、促进创新创业融合、推动数实深度融合和增强资源优化配置。此外，塑强科技创新整体能力、促进新要素迅速成长、推进核心技术研发应用和加快建设现代化产业体系，将有助于加快形成新质生产力（蒋永穆和乔张媛，2024）。新质生产力是科技创新在其中发挥主导作用的生产力（张林和蒲清平，2023；周文和许凌云，2023），已有研究发现，颠覆性创新（方晓霞和李晓华，2024）、数据要素（赵鹏等，2024）、数字产业（罗爽和肖韵，2024）、数字经济（张苏和朱媛，2024）等有助于新质生产力的发展。同时，驱动新质生产力发展离不开外部制度环境，营商环境（刘德宇和王珂凡，2024）、金融集聚（任宇新等，2024）等制度因素为发展新质生产力提供了重要的保障和外部条件。此外，宋佳等（2024）、张秀娥等（2024）从企业内部治理出发，研究发现企业社会责任的发展、企业数智化转型有效推动新质生产力的提升。

2.3.3 文献评述

代际传承是家族企业区别于非家族企业的重要特征，也是家族企业实现长期生存与发展的必要条件。同时，伴随数字技术的不断进步、环境问题的日益加剧、生产力形式的转变以及经济全球化所带来的市场竞争更为激烈，这对家族企业的生存和发展提出了更高的要求，家族企业有必要通过战略变革来实现自身的长期发展。然而，家族企业的变革过程中必然会使大批企业面临阵痛，甚至破产。因此，我国家族企业正面临代际变革与战略变革的双重变革压力，而这两种变革间还可能存在一定的内在联系。目前，学者分析了家族企业代际传承对代理问题、风险承担、实业投资、经营绩效、企业业绩、ESG 绩效、社会责任履行、推动国际化战略和多元化经营等方面的影响，为本书进一步探究家族企业代际传承与战略变革提供了一定的理论基础与基本思想，但目前学术界对代际传承的关注更多集中于对企业财务和治理层面影响的单独研究，而对有助于推动经济和家族企业未来持续发展的战略变革的研究相对不足。部分学者对并购、数字化转型和创新等单一层面进行了考察，但尚未有将数字化转型、创新、绿色发展和新质生产力多因素纳入同一战略变革框架进行分析。基于此，本书基于社会情感财富理论、代理成本理论、权威理论、高阶梯队理论、制度经济学理论、利益相关者理论与内生增长理论，依次分析代际传承对家族企业数字化转型、创新效率、绿色治理和新质生产力的影响，从而丰富和完善了家族企业代际传承对战略变革影响研究的理论框架。

对于数字化转型方面，学者分析了政府补贴（石建中和何梦茹，2024）、儒家文化（林洲钰和陈超红，2024）、营商环境（徐宁，2024）等外部环境和家族控制（陈元等，2023）、企业规模（韩超和郭庆，2024）、高管认知（郭晓川等，2024）等内部环境是影响企业数字化转型的重要因素。然而关于家族企业，特别是处于代际传承阶段家族企业数字化转型的研究较为少见，本书通过考察家族企业代际传承与数字化转型的关系对这一方面的文献有所补益。同时，目前学者关于家族企业代际传承中涉及数字化转型的研究相对少见，并且尚未得出一致结论。本书基于企业风险承担和企业研发支出两个核心内在机制，阐明了家族企业代际传承如何抑制企业数字化转型，但仅发现代际传承不利于数字化转型并非本书的最终目的。本书的重点在于如何为家族企业提供传承与转型发展的双重方案，因此本书进一步结合金融发展环境、信息化水平和商业信任环境等企业所面临的外部环境及薪酬差距、家族化方式和企业声誉等企业内部环境，综合分析家族企业在代际传承对数字化转型的异质性作用，为家族企业在代际传承阶段进行数字化转型提供充足的策略方案，也为政府制定转型发展政策提供一定的参考。

对于创新效率方面，现有研究认为，金融发展（达潭枫和刘德宇，

2023）、财税政策（宁靓和李纪琛，2019）、知识产权保护（何丽敏等，2021）等外部制度环境和企业金融资产配置（赵杜悦等，2024）、企业社会责任履行（曹栋等，2023）、并购行为（张广婷等，2023）等内部企业行为是影响企业创新行为的重要因素。然而，目前研究更多集中于创新投入或创新产出的单一层面的研究，较少将创新投入、创新产出及创新效率纳入同一框架进行分析。本书系统性梳理创新投入、创新产出和创新效率三者的内涵与关系，通过分别考察代际传承与创新投入的关系、代际传承与创新产出的关系和代际传承与创新效率的关系，从多种维度分析了家族企业创新活动的差异性，拓宽了已有关于企业创新问题的研究边界。同时，本书在考察家族企业代际传承与企业创新效率问题中，引入二代继承人的海外背景、教育背景、专业技能等二代特征和知识产权保护、市场化程度等制度环境因素，为家族企业如何培养继承人、如何创新提供了有益的参考。

对于绿色治理方面，现有研究认为，社会信任（Liu et al.，2024）、税收激励（江鑫和胡文涛，2024）、数字金融（钟廷勇等，2022）等外部制度环境和家族控制（朱丽娜等，2022）、社会责任披露（黄恒和齐保垒，2024）、并购行为（李鑫和魏姗，2024）等内部企业行为是影响企业绿色治理行为的重要因素，并且目前学者更多集中于绿色创新的研究，较少关注企业的环境治理对污染物减排的直接影响。本书基于污染物排放当量值构造企业治理绿色化指标，通过多种维度考察代际传承与治理绿色化的关系，拓宽了已有关于企业绿色发展问题的研究边界。同时，本书系统考察了代际传承对企业治理绿色化有助于推动经济未来持续发展的因素的影响，从而为家族企业代际传承影响经济高质量发展提供了新的经验证据支撑，也证实了家族企业代际传承并非对企业只有负面影响，反而在一定程度上使企业家做出了更多可能有利于长期发展的决策。因此，本书内容有助于加强社会界对家族企业代际传承的正确认识，从而推动家族企业代际传承的顺利落实，有助于家族企业的可持续发展。

对于新质生产力方面，鉴于新质生产力这一术语出现的时间较晚，本书借鉴已有文献对新质生产力的定义和内涵进行了一定的理论梳理，使读者清晰了解新质生产力的具体定义、内涵与意义。与此同时，目前学者认为，数字产业（罗爽和肖韵，2024）、金融集聚（任宇新等，2024）、营商环境（刘德宇和王珂凡，2024）等外部制度环境和企业社会责任（宋佳等，2024）、企业数智化转型（张秀娥等，2024）、数字化转型（赵国庆和李俊廷，2024）等企业战略决策是影响企业新质生产力发展的重要因素。本书在前人的基础上发现，对于家族企业来说，代际传承这一治理结构的重要变更也会显著影响企业新质生产力的发展，但目前立足企业层面新质生产力推动因素的相关研究较为少见，家族企业如何发展新质生产力的经验证据更是少之又少。因此，本书分析家族企业代际传承对新质生产力的影响，对家族企业长期、持续、高质量发展具有重要的意义。此外，本书进一步考察家族企业特征、二代继承人特征如何影响企业新质生产力的发展，对于我国家族企业合理制定新质生产力的发展决策，并且通过完善内部结构来推进新质生产力的形成具有一定的实践意义，同时为政府部门制定发展企业新质生产力的相关政策提供了参考。

2.4 本章小结

本章围绕研究主题，首先对家族企业、代际传承、战略变革、数字化转型、企业创新、绿色治理和新质生产力等本书涉及的主要概念进行了界定。同时，通过对国内外文献的大量搜集与整理，对本书所需的理论进行了总结。从经济学、管理学和社会学的角度出发，分别介绍了社会情感财富理论、代理成本理论、权威理论、高阶梯队理论、制度经济学理论、利益相关者理论与内生增长理论，为本书的研究提供理论支撑。其次围绕家族企业代际传承与企业战略变革的相关文献进行梳理，一方面，从家族企业代际传承影响因素、家族企业代际传承模式、家族企业代际传承过程和家族企业代际传承经济后果对家族企业代际传承的文献进行回顾；另一方面，从企业战略变革的内涵、家族企业战略变革的动机、数字化转型、创新效率、绿色治理和新质生产力对企业战略变革的文献进行回顾。最后本章对上述文献进行讨论与评述，并提出目前研究的不足及本书做出的改进。

第 3 章

数字变革：家族企业代际传承与数字化转型

在新发展格局下，家族企业面临传承与变革的双重考验。代际传承是家族企业实现持续发展的关键，而作为战略变革升级的重要方式，开展数字化转型活动是赋能家族企业高质量发展的重要战略决策。那么，处于代际传承阶段的家族企业是否有意愿实施数字化转型战略是当下亟待探讨的问题。在此背景下，本章聚焦家族企业代际传承中的决策模式变革，重点关注从传统模式决策向数字化决策的转变。对此，本章基于 2012~2022 年中国 A 股上市家族企业数据，利用多期 DID 模型实证分析家族企业代际传承对企业数字化转型的影响。研究发现，相较于未发生代际传承的家族企业，发生代际传承的家族企业的数字化转型水平显著下降。经过平行趋势检验、安慰剂检验、倾向得分匹配法、更换数字化转型的测度方式、更换家族企业代际传承的测度方式和其他多种稳健性检验方法检测后，结论依然成立。此外，风险承担和研发支出是代际传承影响企业数字化转型重要的内在机制。家族企业代际传承通过降低企业风险承担水平和减少企业研发支出，抑制企业数字化转型。进一步分析发现，家族企业代际传承对数字化转型的抑制作用受外部环境和内部环境的影响。一方面，较高的金融发展环境、较高的信息化水平和较高的商业信任环境有利于缓解代际传承对企业数字化转型的负面影响，而较低的金融发展环境、较低的信息化水平和较低的商业信任环境加深了家族企业代际传承对企业数字化转型的抑制作用。另一方面，较大的薪酬差距、间接创办的家族企业和较高的企业声誉有利于缓解代际传承对企业数字化转型的负面影响，而较小的薪酬差距、直接创办的家族企业和较低的企业声誉加深了代际传承对企业数字化转型的抑制作用。本章基于内外部环境评估了家族企业的代际传承与数字化转型两种重要变革间的内在联系，为代际传承下家族企业战略决策提供了经验证据，也为家族企业制定数字化转型决策及政府如何更好地驱动企业数字化转型提供了参考。

3.1 引言

随着区块链、大数据、人工智能和云计算等技术的不断发展与融合，数字经济在我国经济向高质量发展中扮演着尤为重要的角色。根据《中国数字经济发展报告（2022 年）》，截至 2021 年年底，中国数字经济规模达到 45.5 万亿元，占 GDP 比重的 39.8%。党的十九大明确指出，推动互联网、大数据、人工智能和实体经济深度融合。党的二十大对我国数字经济的发展指出了明确要求，提出要加快发展数字经济，促进数字经济和实体经济深度融合，打造具有国际竞争力的数字产业集群。随后，党的二十届三中全会提到，加快构建促进数字经济发展体制机制，完善促进数字产业化和产业数字化政策体系。政府部门对数字经济发展给予了高度关注，并从多方面制定了加快数字经济发展的相应政策，积极推动经济社会数字化变革创新进程。数字化转型已成为企业获得竞争优势、应对多元危机和向高质量发展的必由之路（吴非等，2021；杨涵和锁箭，2023）。对于企业而言，数字化转型不仅是时代发展的要求，也是企业持续发展的关键。通过数字化转型，企业能够提升运营效率、优化业务流程、实现商业模式的创新和突破（陈剑等，2020），也为企业带来了更多的商业机会和竞争优势，助推企业可持续高质量发展（赵宸宇等，2021）。

数字化转型不仅是企业对技术工具的应用，更是一种通过深度融合数字技术与企业核心运营来实现战略目标的有效途径（吴非等，2021；赵宸宇等，2021；杨涵和锁箭，2023；张颖慧和李思仪，2024）。它代表的不仅是技术层面的升级，还贯穿企业业务模式、组织管理、客户价值创造及战略执行的全方位变革。在这个过程中，数字化转型以技术为支撑，以战略为导向，推动企业从传统模式向高效、灵活和以价值为中心的方向迈进。因此，数字化转型不仅是一次技术的革新，更是企业实现战略变革的核心驱动力。它贯穿企业从战略制定到执行的全过程，不仅重新定义了企

业的发展方式，也赋予了企业在数字经济时代的全新竞争力。然而，实践
过程中数字化转型因投入大、技术要求高、阵痛时期长，使大量企业面临
不敢转、不愿转和不会转等问题（刘淑春等，2021；李思飞等，2023）。
因此，如何推动企业数字化转型是当下亟待探讨的问题。

已有研究发现，产业政策（刘建江等，2024）、利率市场改革（顾芳
睿和李清，2024）、政府补贴（石建中和何梦茹，2024）、营商环境（徐宁，
2024）、政务服务信息化（韩国高和郭晓杰，2024）、儒家文化（林洲钰和
陈超红，2024）等企业外部环境对企业数字化转型具有驱动作用。与此同
时，企业规模（韩超和郭庆，2024）、薪酬差距（牛彪等，2024）、高管认
知（郭晓川等，2024）、高管背景（宋建波和卢思诺，2024）、高管特征（张
昆贤和陈晓蓉，2021）等企业内部治理结构对企业数字化转型产生了重要
的影响。然而关于家族企业开展数字化转型的研究相对较少，特别是对于
代际传承这一家族企业必然发生的事件及其与数字化转型关系的研究更是
少之又少。

在我国，民营企业是企业重要的组成部分，也是国民经济体系中不可
或缺的一部分。民营企业为我国经济建设做出了重大贡献，截至 2021 年
年末，我国民营企业数量已达 4457.5 万家，占我国企业总数的 92.1%，创
造了 70% 以上的技术创新。家族企业是民营企业主要的组成部分，我国
约 80% 的民营企业是家族企业，我国家族企业在长期发展中不断克服资
源基础薄弱和组织脆弱性等先天不足，成为国民经济发展、增强经济韧
性和吸纳社会就业的中坚力量（杨涵和锁箭，2023）。作为民营企业的主
体，近年来家族企业的行为决策受到国内外学者广泛的关注。一些学者基
于延伸型社会情感财富理论，认为对家族控制、家族声誉、长期发展导
向等非经济目标的追求构成了家族企业决策行为的重要依据（Kellemanns
et al.，2012），从而对绿色创新（李欣等，2023）、吸引人才（陈家田和
周婉婉，2024）、技术创新（黄海杰等，2018）等行为决策做出积极的响
应。与此同时，根据约束型社会情感财富理论，为维护家族控制、家族声
誉和家族利益，家族企业表现出家族主导的领导模式和风险规避的战略保
守主义（陈元等，2023），从而遏制企业创新（Chrisman & Patel，2012）、
并购（Gómez-Mejía et al.，2018）和对外合作（贺小刚等，2016）等冒险
性战略决策。因此，考察家族企业的行为决策，对理解家族企业性质和

行为具有重要的理论意义，也对推动经济社会发展具有重要的现实意义与参考。

自改革开放以来，家族企业一直发挥着不可替代的作用，是推动经济发展的重要力量（李新春等，2020）。随着大量家族企业的一代创始人精力、认知已逐渐下降，一些家族企业的一代创始人已经开始逐渐退休，家族企业面临代际继承问题（祝振铎等，2018）。在我国根深蒂固的"子承父业"传统思想下，家族二代继承人逐渐进入家族企业担任重要角色，成为家族企业的续航者（杨美玲，2024）。然而，家族企业在进行代际传承时，往往面临巨大的阻力。据统计，第一代创始人到第二代继承人接班的平均成功率为30%，第二代继承人传到第三代继承人的企业还在持续经营的平均只有12%（Birley，1986），根据普华永道的《2021年全球家族企业调研——中国报告》，49%的家族企业一代创始人无二代继承人参与企业运营（不包括香港、澳门、台湾地区）。因此，家族企业如何顺利完成代际传承、打破"富不过三代"的怪圈、实现"基业长青"（窦军生和贾生华，2008；刘星等，2021），是当下家族企业领域的研究者和实践者共同关注的话题。同时，由于家族企业的二代继承人缺乏一代创始人的艰苦创业经历和奋斗精神，其在接管企业后能否顺利的经营和治理企业及企业整体的战略变革会如何变化是当下亟待探讨的问题。

已有研究发现，家族企业代际传承由于较少依赖基于关系型的契约（Fan et al.，2012），可发挥外部监管机制的作用，有助于减少企业的掏空行为（Xu et al.，2015；黄海杰等，2018），并积极推动企业履行社会责任（Huang & Chen，2024）。同时，二代继承人为了彰显自身能力和建立自身权威，相较于一代创始人会采取更具创新性的企业战略，从而推进企业国际化（余向前等，2023）、多元化经营（罗进辉等，2022）和技术创新（黄海杰等，2018）等战略的实施。但与此同时，在家族企业代际传承过程中，由于一代创始人卓越的管理才能和丰富的社会资源无法有效传承（Bennedsen et al.，2007），二代继承人相较于一代创始人表现出管理经验的匮乏和个人权威的缺失（Burkart et al.，2003），加之代际冲突和利益冲突等问题存在（Bertrand et al.，2008；房诗雨和肖贵蓉，2022），发生代际传承的家族企业通常面临较低的风险承担（许永斌和鲍树琛，2019）、较高的金融投资倾向（罗进辉等，2023）和潜在的代理冲突（程晨，2018）

等问题，从而对企业的业绩和发展带来了一定的负面影响（朱晓文和吕长江，2019；李健等，2023；谢佩君等，2024）。

基于上述研究背景，本章聚焦家族企业代际传承中的决策模式变革，重点关注从传统模式决策向数字化决策的转变，尝试考察家族企业代际传承对企业数字化转型的影响。本章基于 2012~2022 年中国 A 股上市家族企业数据，利用多期 DID 模型实证分析家族企业代际传承对企业数字化转型的影响。研究发现，相较于未发生代际传承的家族企业，发生代际传承的家族企业的数字化转型水平显著下降。这主要是因为，数字化转型是一项投入大、技术要求高、阵痛时期长的投资活动（李思飞等，2023），而进入家族企业的二代继承人面临权威和信任的构建问题，消耗了企业的大部分资源，加之二代继承人为在企业内"站稳脚跟"更倾向配置金融资产（罗进辉等，2023），从而挤占研发支出，抑制企业数字化转型。同时，二代继承人为保证代际传承的顺利完成会更偏向低风险项目，规避高风险项目，使家族企业的风险承担水平降低（许永斌和鲍树琛，2019），从而导致企业开展数字化转型的意愿降低。此外，风险承担和研发支出是代际传承影响企业数字化转型的重要内在机制。家族企业代际传承通过降低企业风险承担水平和减少企业研发支出，从而抑制企业数字化转型。进一步分析发现，家族企业代际传承对数字化转型的抑制作用受外部环境和内部环境的影响。一方面，较高的金融发展环境、较高的信息化水平和较高的商业信任环境有利于缓解代际传承对企业数字化转型的负面影响，而较低的金融发展环境、较低的信息化水平和较低的商业信任环境加深了家族企业代际传承对企业数字化转型的抑制作用。另一方面，较大的薪酬差距、间接创办的家族企业和较高的企业声誉有利于缓解代际传承对企业数字化转型的负面影响，而较小的薪酬差距、直接创办的家族企业和较低的企业声誉加深了代际传承对企业数字化转型的抑制作用。

本章的边际贡献如下：

第一，本章以家族企业为研究背景，实证考察代际传承下的企业数字化转型行为，丰富了关于家族企业战略决策行为的文献证据，为家族企业持续发展提供了有益的参考。现有研究认为，政府补贴（石建中和何梦茹，2024）、儒家文化（林洲钰和陈超红，2024）、营商环境（徐宁，2024）等外部制度环境和家族控制（陈元等，2023）、企业规模（韩超和郭庆，2024）、高管认知（郭晓川等，2024）等内部企业环境是影响企业数字化转型的重要因素。然而关于家族企业，特别是处于代际传承阶段家族企业数字化转型的研究较为少见，本章对这一方面的文献有所补益，拓宽了家族企业战略决策行为问题的研究边界。

第二，丰富了家族企业战略变革与治理结构调整的研究内容，为家族企业推动经济社会高质量发展提供了有益的参考。本章发现对于家族企业来说，代际传承这一治理结构的重要变更会显著影响企业数字化转型战略决策，从而拓展了企业层面数字化转型推动因素的相关研究，也为如何提升企业风险承担水平、加强研发支出力度提供了家族企业层面的经验证据。本章研究发现，家族企业代际传承通过降低企业风险承担水平和减少企业研发支出抑制企业数字化转型。同时，代际传承对企业数字化转型的作用受外部环境和内部环境的影响。较高的金融发展环境、较高的信息化水平、较高的商业信任环境、较大的薪酬差距、间接创办的家族企业和较高的企业声誉有利于缓解代际传承对企业数字化转型的负面影响。上述研究结论对我国家族企业合理规划数字化发展和传承决策具有一定的实践意义，同时也为政府部门制定数字经济发展政策、助推企业数字化转型的相关政策提供了参考。

第三，本章进一步拓宽了家族企业代际传承经济后果的研究边界，对我国家族企业构建完善的现代企业制度，实现高质量持续发展具有一定的参考价值。现有文献多关注家族企业代际传承对风险承担（许永斌和鲍树琛，2019）、实业投资（罗进辉等，2023）、经营绩效（Chiang & Yu，2018）等方面的影响，而对于有助于推动经济未来持续发展的数字化转型的研究相对不足。目前，李思飞等（2023）基于风险承担和融资约束角度考察了代际传承抑制企业数字化转型，但并未系统且详细地考察外部环境和内部环境发挥的作用。本章系统考察了代际传承对企业数字化转型的影响，为家族企业代际传承影响经济高质量发展提供了新的经验证据，也为家族企业如何开展数字化转型活动提供了新的建议。此外，本章内容有助于加强社会界对家族企业代际传承的正确认识，从而推动家族企业代际传承的顺利落实，有助于家族企业的可持续发展。

本章后续内容如下。3.2节对已有文献进行评述，并提出研究假设；3.3节介绍本章的研究设计，依次介绍了样本选取与处理、数据来源、变量构

造和模型设计；3.4 节为实证结果与分析，首先对各主要变量进行描述性
统计分析，其次检验了家族企业代际传承对企业数字化转型的直接影响，
并采用平行趋势检验、安慰剂检验、倾向得分匹配法、更换数字化转型的
测度方式、更换家族企业代际传承的测度方式和其他多种稳健性检验方法
进行了检验，最后检验了企业风险承担和企业研发支出的机制作用；3.5
节为代际传承、外部环境与数字化转型的实证分析部分，本章在金融发展
环境、信息化水平和商业信任环境差异化背景下，分析了家族企业代际传
承对企业数字化转型的差异性影响；3.6 节为代际传承、内部环境与数字
化转型的实证分析部分，本章基于薪酬差距、家族化方式和企业声誉差异
化背景下，分析了家族企业代际传承对企业数字化转型的差异性影响；3.7
节总结本章的研究，并提出启示。

本章框架结构如图 3-1 所示。

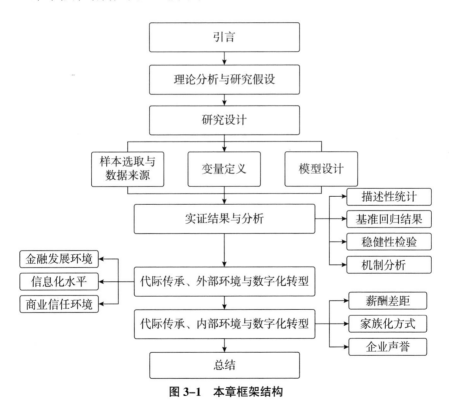

图 3-1　本章框架结构

3.2　理论分析与研究假设

数字化转型是数字技术与企业战略的深度融合，意味着一场颠覆性的技术变革，通过利用区块链、大数据、人工智能和云计算等技术推动企业提升运营效率、优化业务流程、实现商业模式的创新和突破（陈剑等，2020），为企业带来了更多的商业机会和竞争优势，助推企业可持续高质量发展（赵宸宇等，2021）。数字化转型已成为企业获得竞争优势、应对多元危机和向高质量发展的必由之路（吴非等，2021；杨涵和锁箭，2023）。近年来，数字化转型作用于微观企业的经济效果受到学术界的广泛关注。已有研究发现，数字化转型提高了企业的生产效率（赵宸宇等，2021）、专业化分工水平（袁淳等，2021）和信息透明度（吕静，2024），从而在提升企业业绩（易露霞等，2021）、企业价值（张颖慧和李思仪，2024）和创新绩效（朱丽娜，2024）等多方面发挥了重要的积极作用。然而，实践过程中数字化转型因投入大、技术要求高、阵痛时期长，使大量企业面临不敢转、不愿转和不会转等问题（刘淑春等，2021；李思飞等，2023）。先前研究表明，数字化转型是一种典型的冒险性决策，具有周期长、见效慢的特征，从软硬件配套设施的购入到人力的培训需要持续投入大量的时间和资金（余典范等，2022），加之，数字化转型在价值创造方面伴随较大的复杂性和不确定性（李琦等，2021），使企业开展数字化转型尤为艰难（陈元等，2023）。对此，学者从企业内外两个方面出发，考察了企业数字化转型的影响因素。

已有研究发现，产业政策（刘建江等，2024）、利率市场改革（顾芳睿和李清，2024）、政府补贴（石建中和何梦茹，2024）、营商环境（徐宁，2024）、政务服务信息化（韩国高和郭晓杰，2024）、儒家文化（林洲钰和陈超红，2024）等企业外部环境对企业数字化转型具有驱动作用。与此同时，企业规模（韩超和郭庆，2024）、薪酬差距（牛彪等，2024）、高管认知（郭晓川等，2024）、高管背景（宋建波和卢思诺，2024）、高管特征（张昆贤和陈晓蓉，2021）等企业内部治理结构对企业数字化转型产生了重要的影响。然而，关于家族企业开展数字化转型的研究相对较少，特别是对于代际传承这一家族企业必然要发生的事件及其与数字化转型关系的研究更是少之又少。

对于家族企业代际传承的研究，学者从投资效率（吴春天和钱爱民，2023）、股价崩盘（张涛和袁奋强，2023）、企业创新（李健等，2023）、并购行为（许宇鹏和徐龙炳，2023）、金融投资（罗进辉等，2023）等多方面对代际传承进行了评价。代际传承是家族企业实现持续发展的关键，也是家族企业区别于非家族企业的重要特征（李新春等，2015）。目前对于代际传承经济后果的研究大致分为正、负两个方面。一方面，在家族企业代际传承过程中，由于一代创始人卓越的管理才能和丰富的社会资源无法有效传承（Bennedsen et al.，2007），二代继承人相较于一代创始人表现出管理经验的匮乏和个人权威的缺失（Burkart et al.，2003），往往难以传承一代创始人的才能、社会资本和经营理念（Lee et al.，2003；Bennedsen et al.，2007；Fan et al.，2008）。加之，由于二代继承人与创始人的出生时期、生长环境不同，在态度、思想和行为上存在一定的代际差异（Mannheim，2005；祝振铎等，2018）。因此，二代继承人经验、权威和才能的缺失，以及代际冲突、利益冲突等问题的存在（Bertrand et al.，2008；房诗雨和肖贵蓉，2022），发生代际传承的家族企业通常面临较低的风险承担（许永斌和鲍树琛，2019）、较高的金融投资倾向（罗进辉等，2023）和潜在的代理冲突（程晨，2018）等问题，从而对企业的业绩和发展带来了一定的负面影响（朱晓文和吕长江，2019；李健等，2023；谢佩君等，2024）。另一方面，家族企业代际传承由于较少依赖基于关系型的契约（Fan et al.，2012），二代继承人出于维护社会情感财富的目的，会积极发挥外部监管机制的作用，从而有助于减少企业的掏空行为（Xu et al.，2015；黄海杰等，2018），进而对履行社会责任（Huang & Chen，2024）、推动国际化战略（余向前等，2023）和多元化经营（罗进辉等，2022）等战略决策产生积极的影响。

基于社会情感财富理论，家族企业决策者追求以家庭为中心的情感需求作为非经济目标（Gómez-Mejía et al.，2007）。Berrone 等（2012）将社会情感财富归纳为家族对企业的控制和影响、家族成员对企业的认同、以家族为核心的紧密社会关系、对企业的情感依附和通过代际传承实现家族对企业控制的延续五个维度。代际传承作为家族企业的关键，是维持家族对企业控制、影响家族企业基业长青的重要因素。在约束型社会情感财富主导的代际传承中，能否顺利实现一代创始人与二代继承人的交接是家族企业的主要参照点，家族企业会将资源优先投入小风险、快盈利的投资项目中，风险承担水平和研发支出水平随之降低，从而抑制企业数字化转型。

第一，家族企业代际传承会降低企业的风险承担水平，进而抑制企业数字化转型。数字化转型是一项研发周期长、资金成本高、不确定性强的投资活动（吴非等，2021），通过数字化转型，企业能够提升运营效率、优化业务流程、实现商业模式的创新和突破（陈剑等，2020），也为企业带来了更多的商业机会和竞争优势，助推企业可持续高质量发展（赵宸宇等，2021）。对于进入传承阶段的家族企业而言，二代继承人面临权威合法性的压力，迫切希望通过安全、可靠、平稳、快速的方式来顺利构建自身的权威和形象的树立，从而表现出强烈的风险规避倾向，使其减少对高风险项目的投资而转向低风险和常规项目当中（何理和唐艺桐，2022）。不仅如此，一旦数字化变革未能达到预期的回报率，二代继承人个人的权威就会受到阻碍，来自家族企业成员和其他利益相关者的信任会随之降低，家族成员内部的互信氛围也会随之消散，甚至诱发成员对控制权的争夺、代际延续断裂、企业核心竞争力下降等一系列问题的发生（李思飞等，2023）。此外，数字化转型的成败与二代继承人的决策和判断息息相关，当具有高风险的数字化转型未能达到预期进展时，二代继承人的能力将被质疑。因此，出于顺利完成接班的考虑，在代际传承的初期，二代继承人会选择规避风险，抑制企业数字化转型。

第二，家族企业代际传承会降低企业研发支出水平，进而抑制企业数字化转型。根据利益相关者理论，企业必须认真考虑各方利益，并在其决策和行动中尽可能平衡各方利益的需求，从而建立长期稳定的合作关系。由于外部投资者对二代继承人的认知有限，很难与其快速地建立长期信任关系，从而要求企业提供更优质的抵押品、附加限制性条款来防范信用风险（Werner et al.，2021；李思飞等，2023）。一方面，外部投资者会加强对二代继承人的监督和干预，防止因二代继承人的高风险决策行为带来利益的损失，从而限制企业将资金投入技术研发中，阻碍企业数字化转型。另一方面，更严格的贷款要求和限制性条款会加剧企业的外部融资压力，企业有限资金无法满足数字化转型的技术研发需求。此外，相较于周期长、不确定性高和风险高的数字技术投资，金融投资更易受到市场波动和宏观环境的影响，当取得良好的业绩时，可以将其归功于个人能力，当未达到相应的业绩时，可以将责任归咎于外部因素（杜勇等，2017），从而实现快速、安全展示个人能力和树立自身权威（Ye et al.，2022）。然而，企业的资源是有限的，大量配置金融资产势必挤占企业的研发支出，从而抑制企业数字化转型。

此外，李思飞等（2023）研究发现，家族企业代际传承会加剧企业融资约束问题的凸显，从而对企业数字化转型产生一定的抑制作用。对于家族企业而言，缺乏有效的接班计划成为一个突出的问题。许多家族企业未能制定系统化的接班策略，导致接班人在继承企业时缺乏必要的指导和支持，加之，继任者的职业历练往往不足，他们可能在企业管理、市场运营等方面缺乏实际经验，这使他们在接手后难以迅速适应并有效运营企业。更严重的是，企业在代际传承后，业绩往往出现明显下滑，这一现象不仅损害了企业的长期发展潜力，也给家族企业的稳定与传承带来了不小的冲击（程晨，2018）。在代际传承的过程中，外部投资者对新任继承者的认知相对有限，这种局限性源于新继任者在经验和能力上的不足，外部投资者对其掌控企业和应对市场挑战的信心难以建立。同时，创始人与外部投资者之间建立的长期信任关系，因无法有效转移到下一代而逐渐受到侵蚀。新继任者在缺乏足够的历史背景和人脉资源的情况下，无法自如地维系和延续这种信任，这导致了在企业运营和融资方面的困难，造成代际传承阶段家族企业的融资约束问题凸显。对数字技术的应用构成了数字化转型的基石，为了实现这一转型，企业需要广泛应用各种数字技术，并建设相应的数字化基础设施，如软硬件设施和运维系统。同时，组建专业的数字化团队也是不可或缺的，这些措施都需要巨额的资金支持（刘淑春等，2021）。然而，对于融资约束较为严重的家族企业而言，它们可能面临难以满足数字化转型所需的高成本和长周期资金需求的困境，这种财务压力使这些企业在追求数字化转型的过程中遭遇了重重障碍，限制了其创新和竞争力的提升。基于上述分析，本章提出如下假设：

假设 1：家族企业代际传承会抑制企业数字化转型。

3.3 研究设计

3.3.1 样本选取与数据来源

考虑到样本的可获得性，本章选取 2012~2022 年中国 A 股上市家族公司为原始样本。其中，同时满足以下要求的企业定义为家族企业：①实际控制人为一个家族或自然人的民营企业；②除了实际控制人，至少有一名家族成员在企业中持股或参与管理。家族企业代际传承数据来源于国泰安（CSMAR）数据库，并与中国研究数据服务平台（CNRDS）数据库进行匹配和手工筛选，其他数据主要来源于 CSMAR。

本章对原始样本进行如下处理：①考虑到财务状况异常或面临退市危险的企业相应财务信息与常规上市企业相差较大，从而对研究结果带来较高的误差，所以本章对 ST、*ST 和已退市的企业样本进行剔除处理；②考虑到金融公司与传统企业在经营活动中存在较高的差异性，因此我们依据《上市公司行业分类指引》（2012 年修订），对金融行业样本进行剔除；③考虑到补充缺失样本从技术层面上较为困难且容易造成数据的不准确性，所以对变量缺失的样本进行剔除；④尽管在以上三种方式的数据清洗下，样本数据较为准确，但仍有个别样本的数据值存在过大或过小的情况，因此为缓解其他可能的异常值影响，对所有连续变量进行上下 1% 分位的缩尾处理。经处理，最终得到 11813 个企业—年度样本观测值。

3.3.2 变量定义

被解释变量：数字化转型（Digital）。参考吴非等（2021）、李思飞等（2023）、牛彪等（2024）的研究，本章使用上市公司年报中关于数字化转型的特征词来构建企业数字化转型指标。具体来说，首先，将数字化转型分为技术基础和技术应用，其中技术基础包括区块链技术、大数据技术、云计算技术和人工智能技术四个层面的主要底层技术，技术应用是数字技术在具体实践场景中的实际应用。其次，基于技术基础和技术应用两个维度，分别构造与区块链技术、大数据技术、云计算技术、人工智能技术和技术应用层面相关的特征词词库。最后，对上市公司年报进行文本分析，计算出各特征词的词频数量，并加总求和形成企业数字化转型的综合指标。同时，为了保证回归结果的可靠性，本章对企业数字化转型的综合指标进行加 1 后取自然对数的无量纲处理，得到最终的数字化转型指标（Digital）。Digital 的数值越大，意味着企业数字化转型的水平越高。上述数字化转型指标构建及相应特征词如表 3-1 所示。

表 3-1 数字化转型指标构建

总指标	维度	层面	特征词库
企业数字化转型	技术基础	区块链技术	区块链、分布式计算、差分隐私技术、数字货币、智能金融合约
		大数据技术	大数据、数据可视化、文本挖掘、数据挖掘、异构数据、虚拟现实、混合现实、增强现实、征信
		云计算技术	云计算、物联网、内存计算、流计算、图计算、多方安全计算、EB 级存储、绿色计算、认知计算、融合架构、亿级并发、类脑计算、信息物理系统
		人工智能技术	人工智能、智能机器人、自动驾驶、商业智能、机器学习、人脸识别、生物识别技术、图像理解、智能数据分析、身份验证、投资决策辅助系统、自然语言处理、深度学习、语义搜索、语音识别
	技术应用	数字技术应用	金融科技、数字金融、FinTech、量化金融、移动互联、移动互联网、开放银行、智能医疗、互联网医疗、智能交通、工业互联网、第三方支付、网联、数字营销、电子商务、互联网金融、B2B、B2C、C2B、C2C、O2O、移动支付、智能能源、智能营销、智能穿戴、智能环保、智能电网、智慧农业、智能客服、智能家居、智能投顾、智能文旅、无人零售、NFC 支付

解释变量：家族企业代际传承（DID）。本章借鉴黄海杰等（2018）、严若森和赵亚莉（2022）、李思飞等（2023）的研究，当家族企业实际控制人的儿子、女儿、儿媳和女婿担任公司的董事长、其他董事、总经理或其他高管时，则定义为家族企业发生了代际传承。据此，若家族企业存在代际传承事件，则将代际传承发生当年及以后的年度取值为 1，其他均设置为 0，记为 DID。DID 为多期双重差分模型的目标项，其系数反映了相较于未发生代际传承的家族企业，发生代际传承的家族企业对目标指标存在的影响。

控制变量：本章借鉴李思飞等（2023）、刘建江等（2024）、牛彪等（2024）的研究，主要从家族企业治理结构、财务特征和盈利能力等层面依次控制家族成员高管占比（Member）、企业规模（Size）、企业年龄（Age）、企业成长性（Growth）、经营活动现金流量（CFO）、股权制衡度（EB）、两职合一（Duality）、总资产收益率（ROA）和资产负债率（LEV）。其中，家族成员高管占比（Member）为家族企业高管为家族成员的人数占家族企业高管总人数的比例；企业规模（Size）为企业总资产加 1 后取自然对数；企业年龄（Age）为企业观测年度与上市年度的差值加 1 后取自然对数；企业成长性（Growth）为营业收入年度增长率；经营活动现金流量（CFO）为企业经营活动产生的净现金流占企业总资产的比例；股权制衡度（EB）为第 2~5 大股东持股比例占第一大股东持股比例的比例；两职合一（Duality）为董事长与总经理是否为同一人，是则为 1，否则为 0；总资产收益率（ROA）为当期净利润占企业总资产的比例；资产负债率（LEV）为企业总负债占企业总资产的比例。此外，本章还控制了年度固定效应（Year）和行业固定效应（Industry）。各变量定义如表 3-2 所示。

表 3-2　变量定义

变量类型	变量名称	变量符号	说明
被解释变量	数字化转型	Digital	上市公司年报中关于数字化转型特征词的词频数量加 1 后取自然对数
解释变量	代际传承	DID	当实际控制人的二代继承人担任公司的董事长、其他董事、总经理或其他高管时，取值为 1，否则为 0
控制变量	家族成员高管占比	Member	家族企业高管为家族成员人数 / 家族企业高管总人数
	企业规模	Size	ln（1+ 企业总资产）
	企业年龄	Age	ln（1+ 观测年度 - 上市年度）
	企业成长性	Growth	营业收入年度增长率
	经营活动现金流量	CFO	企业经营活动产生的净现金流 / 企业总资产
	股权制衡度	EB	第 2~5 大股东持股比例 / 第一大股东持股比例
	两职合一	Duality	董事长与总经理为同一人，是则赋值为 1，否则赋值为 0
	总资产收益率	ROA	当期净利润 / 企业总资产
	资产负债率	LEV	企业总负债 / 企业总资产
	年度固定效应	Year	年度虚拟变量
	行业固定效应	Industry	行业虚拟变量

3.3.3 模型设计

为探究家族企业代际传承对企业数字化转型的影响，本章构建如下多期双重差分模型：

$$\text{Digital}_{i,t}=\alpha_0+\alpha_1\text{DID}_{i,t}+\alpha_2\text{Controls}+\sum\text{Year}+\sum\text{Industry}+\varepsilon \quad （3-1）$$

式中：下标 i 和 t 分别为家族企业和年度；Digital 为企业数字化转型；DID 为核心解释变量，代表家族企业代际传承；Controls 为本章的全部控制变量，依次为家族成员高管占比（Member）、企业规模（Size）、企业年龄（Age）、企业成长性（Growth）、经营活动现金流量（CFO）、股权制衡度（EB）、两职合一（Duality）、总资产收益率（ROA）和资产负债率（LEV）；$\sum$Year 和 $\sum$Industry 分别为年度固定效应和行业固定效应；ε 为随机扰动项。此外，为保证回归结果的可靠性，本章对个体层面进行聚类。本章重点关注系数 α_1 的正负与是否显著，α_1 度量了家族企业代际传承对企业数字化转型的影响水平，如果家族企业代际传承对企业数字化转型具有抑制作用，则该系数显著为负；如果家族企业代际传承对企业数字化转型具有促进作用，则该系数显著为正；如果家族企业代际传承与企业数字化转型无关，则该系数不显著。

3.4 实证结果与分析

3.4.1 描述性统计

各变量描述性统计如表 3-3 所示。企业数字化转型（Digital）的均值为 1.5499，标准差为 1.3950，说明所选样本家族企业数字化转型水平存在一定差异。同时，Digital 的最小值为 0，最大值为 5.0499，表明部分家族企业尚未开展数字化转型，不同家族企业间的差距较大，有必要进一步考察是不是因代际传承造成的差异。家族企业代际传承（DID）的均值为 0.2826，说明所选样本家族企业中，有 28.26% 的家族企业已进入代际传承阶段。其他控制变量的描述性统计结果总体合理且与李思飞等（2023）、刘建江等（2024）的研究基本一致。

表 3-3　描述性统计

变量	样本数	均值	标准差	最小值	最大值
Digital	11813	1.5499	1.3950	0	5.0499
DID	11813	0.2826	0.4503	0	1
Member	11813	0.1788	0.1586	0	0.6667
Size	11813	21.9006	0.9934	20.0832	24.8893
Age	11813	1.8085	0.6827	0.6931	3.2581
Growth	11813	0.1679	0.2675	−0.2771	1.5241
CFO	11813	0.0519	0.0640	−0.1287	0.2298
EB	11813	0.8199	0.5967	0.0572	2.8468
Duality	11813	0.4130	0.4924	0	1
ROA	11813	0.0421	0.0639	−0.2655	0.2052
LEV	11813	0.3686	0.1766	0.0546	0.7958

3.4.2　基准回归结果

表 3-4 为家族企业代际传承对企业数字化转型的基准回归结果。其中，第（1）列为未引入任何控制变量、年度和行业固定效应下，家族企业代际传承对企业数字化转型的直接回归结果；第（2）列为仅在年度和行业固定效应下，家族企业代际传承对企业数字化转型的回归结果；第（3）列为引入全部控制变量，但未对年度和行业进行固定下，家族企业代际传承对企业数字化转型的回归结果；第（4）列为引入本章全部控制变量，以及年度和行业固定效应下家族企业代际传承对企业数字化转型的回归结果。由此可知，DID 的系数均在 1% 水平上显著为负，表明相较于未发生代际传承的家族企业，发生代际传承的家族企业的企业数字化转型水平有所下降。上述基准回归结果表明，家族企业代际传承抑制企业数字化转型，换言之，相较于未发生代际传承的家族企业，发生代际传承的家族企业在数字化转型方面表现欠佳。

表 3–4 基准回归结果

变量	(1)	(2)	(3)	(4)
	Digital	**Digital**	**Digital**	**Digital**
DID	−0.3160***	−0.1300***	−0.3521***	−0.1661***
	(−11.89)	(−5.67)	(−13.13)	(−7.27)
Member			0.0239	0.0051
			(0.28)	(0.07)
Size			0.1714***	0.1770***
			(10.35)	(12.94)
Age			0.1423***	0.1252***
			(6.63)	(7.08)
Growth			0.0916*	0.0382
			(1.67)	(0.84)
CFO			−0.4780**	−0.4744**
			(−2.12)	(−2.57)
EB			0.1529***	0.0310*
			(7.19)	(1.78)
Duality			0.1181***	0.0527**
			(4.18)	(2.37)
ROA			−1.8552***	−0.8651***
			(−7.09)	(−4.11)
LEV			−0.4096***	−0.2037***
			(−4.43)	(−2.78)
常数项	1.6392***	1.5864***	−2.3021***	−2.4250***
	(104.67)	(131.28)	(−6.91)	(−8.69)
Year	NO	YES	NO	YES
Industry	NO	YES	NO	YES
样本量	11813	11809	11813	11809
调整后的 R^2	0.0103	0.388	0.0419	0.408

注：***、**、* 分别表示在 1%、5%、10% 的水平上显著，括号内为 t 值，个体聚类。

家族企业代际传承抑制企业数字化转型是由于，数字化转型是一项研发周期长、资金成本高、不确定性强的投资活动，并且与传统的创新活动相比，数字化转型将深刻改变企业的组织结构，由原本的金字塔式集权逐步转向扁平化和平台化，这一转变过程中，高层管理者的权力将减弱，而基层员工的权力将得到增强，促使组织内部实现更大的权力下放。而对于进入传承阶段的家族企业而言，二代继承人面临权威合法性的压力，迫切希望通过安全、可靠、平稳、快速的方式来顺利构建自身的权威和树立良好的形象，从而表现出强烈的风险规避倾向，抑制企业数字化转型。此外，代际传承会造成家族企业风险承担能力下降，并使企业内部可用于开展技术研发的资金减少，从而降低企业的风险承担水平和研发支出水平，进而抑制企业数字化转型。因此，本章在 3.4.4 节进一步分析了企业风险承担和企业研发支出的机制作用，以进一步检验家族企业代际传承如何抑制企业数字化转型。

3.4.3　稳健性检验

3.4.3.1　平行趋势检验

在使用多期双重差分模型检验家族企业代际传承的经济影响时，有必要在代际传承发生前和发生后进行平行趋势检验（Bertrand et al., 2004）。对此，构建如下模型［式（3-2）］，采用事件研究方法来评估平行趋势假设的有效性。

$$\text{Digital}_{i,t} = \eta \sum_{k=-5}^{k=5} \varphi D_t + \varphi_1 \text{Controls} + \sum \text{Year} + \sum \text{Industry} + \varepsilon \qquad （3-2）$$

式中：D_t 为代际传承事件；k 为代际传承发生的第 k 年，当 k 为负数时，代表家族企业发生代际传承前的第 k 年；当 k 为正数时，代表家族企业发生代际传承后的第 k 年。其他变量定义与式（3-1）一致。如果系数 φ 在代际传承发生前不显著，则表明满足平行趋势检验的基本假设。

图 3-2 给出了代际传承影响家族企业数字化转型的平行趋势检验结果。由此可知，在代际传承发生前系数 φ 均不显著，说明在代际传承发生前处理组与控制组企业的数字化转型水平不存在显著差异，符合平行趋势假设。进一步发现，current、post_1 和 post_2 时点的回归系数不显著，post_3、post_4 和 post_5 时点的回归系数均显著为负，说明发生代际传承后，处理组企业数字化转型水平产生了显著的差异性变动，并且这种差异变化存在时滞性，再一次验证了家族企业代际传承抑制企业数字化转型的研究假设。

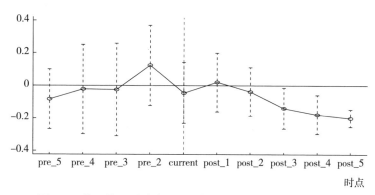

图 3-2　代际传承影响家族企业数字化转型的平行趋势检验

3.4.3.2　安慰剂检验

为进一步考察家族企业数字化转型的差异性变化是受到代际传承这一具体事件的影响，本章采用安慰剂检验方法以验证上述结论。具体地，从样本中设置随机处理组，同时设置随机代际传承发生时点，从而生成新的虚拟变量进行回归，并重复上述操作 1000 次，得到虚假事件的估计系数分布情况，如图 3-3 所示。由此可知，随机样本的系数分布服从以 0 为中心的正态分布，并且远大于基准回归系数 -0.1661（见表 3-4），同时大部分随机抽样结果的 p 值不显著。这表明随机设置代际传承发生时点不能得到与本章研究近似的显著性结果，家族企业代际传承对企业数字化转型的负向影响效应不是来自偶然因素，基准回归结果是稳健的。

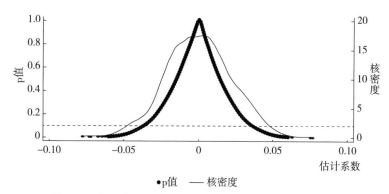

图 3-3　代际传承影响家族企业数字化转型的安慰剂检验

3.4.3.3 倾向得分匹配法检验

考虑到家族企业选择代际传承并非随机事件，往往发生代际传承的家族企业和未发生代际传承的家族企业存在一定的内在差异，从而可能存在样本选择偏差带来的内生性问题。对此，本章采用倾向得分匹配法（PSM）进一步检验家族企业代际传承对企业数字化转型影响的稳健性。本章将发生代际传承的家族企业设置为处理组，未发生代际传承的家族企业设置为对照组，并借鉴严若森和赵亚莉（2022）、张涛和袁奋强（2023）的研究，分别从家族成员高管占比、企业规模、企业年龄、股权制衡度、总资产收益率和资产负债率等代表家族企业特征和治理等方面的因素进行匹配，然后利用匹配后的样本进行回归分析，经匹配后的回归结果如表 3-5 第（1）列所示。由此可知，代际传承 DID 的系数在 1% 水平上显著为 -0.1832，表明在一定程度上缓解样本选择偏差的内生性问题后，家族企业代际传承抑制企业数字化转型的结论依然有效。

表 3-5　稳健性检验结果

变量	(1) Digital	(2) Basis	(3) Application	(4) Digital
DID	−0.1832*** (−6.62)	−2.3806*** (−9.34)	−0.9943*** (−3.64)	
DID2				−0.1569*** (−6.85)
常数项	−2.5288*** (−6.79)	−34.4426*** (−6.43)	−35.6205*** (−7.24)	−2.4238*** (−8.69)
Controls	YES	YES	YES	YES
Year	YES	YES	YES	YES
Industry	YES	YES	YES	YES
样本量	6669	11809	11809	11809
调整后的 R^2	0.373	0.313	0.111	0.408

注：*** 表示在 1% 的水平上显著，括号内为 t 值，个体聚类。

3.4.3.4 更换数字化转型的测度方式

在本章基准回归结果中，我们使用技术基础和技术应用两个维度构造数字化转型指标，对此本章进一步将数字化转型分解为技术基础指标（Basis）和技术应用指标（Application）来代替原数字化转型指标，并分别进行回归分析，结果如表 3-5 第（2）列和第（3）列所示。其中，第（2）列为家族企业代际传承对数字化转型的技术基础维度的回归结果，DID 的系数在 1% 水平上显著为 -2.3806；第（3）列为家族企业代际传承对数字化转型的技术应用维度的回归结果，DID 的系数在 1% 水平上显著为 -0.9943。由此可知，家族企业代际传承对数字技术基础和应用均具有显著的抑制作用，表明在更换数字化转型指标的测度方式后，代际传承仍然会抑制家族企业数字化转型，原研究结论稳健。

3.4.3.5　更换家族企业代际传承的测度方式

在本章基准回归结果中，我们以家族企业实际控制人的儿子、女儿、儿媳和女婿担任公司的董事长、其他董事、总经理或其他高管时，则定义为家族企业发生了代际传承。考虑到亲缘关系的存在，在传统意义上，儿媳和女婿往往被视为家族的外人，具有血缘关系的儿子和女儿可能要比儿媳和女婿与一代创始人的关系更亲密。因此，我们进一步以家族企业实际控制人的儿子和女儿进入家族企业重新定义家族企业代际传承，即当家族企业实际控制人的儿子和女儿担任公司的董事长、其他董事、总经理或其他高管时，则定义为家族企业发生了代际传承，记为 DID2。更换家族企业代际传承的测度方式后的回归结果如表 3-5 第（4）列所示，DID2 的系数在 1% 水平上显著为 -0.1569，表明家族企业代际传承抑制企业数字化转型的结论依然成立。

3.4.3.6　其他稳健性检验

为保证家族企业代际传承对企业数字化转型影响的结论的准确性和稳健性，本章进一步进行其他稳健性检验。①我们在原家族企业定义的两条要求下，额外引入实际控制人持股比例 20% 及以上的要求，对家族企业进行重新界定，结果如表 3-6 第（1）列所示。②考虑到样本时间跨度过长，容易受外来干扰因素的影响，我们将样本宽度由原来的 2012~2022 年缩减为 2014~2020 年，结果如表 3-6 第（2）列所示。③考虑到两端极端值的影响，我们进一步增加缩尾处理的范围，对所有连续变量进行上下 5% 分位的缩尾处理，结果如表 3-6 第（3）列所示。④考虑到行业的内部结构和外部环境会随时间的变化而变化，我们进一步控制了不同行业随时间的变化，在基准回归模型中引入时间和行业的交互项，结果如表3-6第（4）列所示。由此可知，在经过上述稳健性检验后，代际传承DID的系数均显著为负，进一步证明了代际传承会抑制家族企业数字化转型，本章结论稳健。

表3-6 其他稳健性检验结果

变量	(1) Digital	(2) Digital	(3) Digital	(4) Digital
DID	−0.1781*** (−7.18)	−0.1815*** (−6.04)	−0.1552*** (−6.90)	−0.1681*** (−7.20)
常数项	−2.3192*** (−7.54)	−3.0042*** (−8.10)	−2.2341*** (−7.51)	−2.3470*** (−8.25)
Controls	YES	YES	YES	YES
Year	YES	YES	YES	YES
Industry	YES	YES	YES	YES
Year × Industry	NO	NO	NO	YES
样本量	10293	7313	11809	11719
调整后的 R^2	0.404	0.384	0.398	0.398

注：*** 表示在1%的水平上显著，括号内为t值，个体聚类。

3.4.4 机制分析

3.4.4.1 企业风险承担

本章理论分析部分指出，家族企业代际传承会降低企业风险承担水平，进而阻碍企业数字化转型。数字化转型是一项研发周期长、资金成本高、不确定性强的投资活动（吴非等，2021），通过数字化转型，企业能够提升运营效率、优化业务流程、实现商业模式的创新和突破（陈剑等，2020），也为企业带来了更多的商业机会和竞争优势，助推企业可持续高质量发展（赵宸宇等，2021）。对于进入传承阶段的家族企业而言，二代继承人面临权威合法性的压力，迫切希望通过安全、可靠、平稳、快速的方式来顺利构建自身的权威和树立良好的形象，从而表现出强烈的风险规避倾向，使其减少对高风险项目的投资，从而转向低风险和常规项目当中（何理和唐艺桐，2022）。不仅如此，一旦数字化变革未能达到预期的回报率，二代继承人个人权威的构建就会受到阻碍，来自家族企业成员和其他利益相关者的信任也会随之降低，家族成员内部的互信氛围也将随之消散，甚至会诱发对控制权的争夺、代际延续断裂、企业核心竞争力下降等一系列问题的发生（李思飞等，2023）。此外，数字化转型的成败与二代继承人的决策和判断息息相关，当具有高风险的数字化转型未能达到预期进展时，二代继承人的能力也将被质疑。因此，出于顺利完成接班的考虑，在代际传承的初期，二代继承人会选择规避风险，阻碍企业数字化转型。

鉴于此，二代继承人进入企业后，通常会花费大量时间、人力、物力在内部建立权威和外部争取信任（惠男男和许永斌，2014），同时为保证代际传承的顺利完成会更偏向低风险项目，规避如数字化转型等高风险的投资项目，从而使家族企业的风险承担水平下降（许永斌和鲍树琛，2019；李思飞等，2023）。为考察代际传承、企业风险承担与企业数字化转型的关系，本章借鉴 John 等（2008）的方法，利用公司盈利能力波动性来构造企业风险承担指标（Risk），具体如式（3-3）所示。

$$Risk_{i,t} = \sqrt{\frac{1}{2}\sum_{t=1}^{3}\left(Adj\_ROA_{i,t} - \frac{1}{3}\sum_{t=1}^{3}Adj\_ROA_{i,t}\right)^2} \qquad （3-3）$$

式中：Adj_ROA 为经同行业同年度平均值调整后的总资产收益率。

本章节以 3 年为一个观测时段进行滚动取值并计算标准差，计算得到的 Risk 指标的数值越大，意味着家族企业风险承担水平越高。此外，为检验企业风险承担在代际传承影响家族企业数字化转型中发挥的机制作用，本章在式（3-1）的基础上，构建式（3-4）和式（3-5）。

$$Risk_{i,t} = \beta_0 + \beta_1 DID_{i,t} + \beta_2 Controls + \sum Year + \sum Industry + \varepsilon \qquad （3-4）$$

$$Digital_{i,t} = \lambda_0 + \lambda_1 DID_{i,t} + \lambda_2 Risk_{i,t} + \lambda_3 Controls + \sum Year + \sum Industry + \varepsilon \qquad （3-5）$$

式中：Risk 为企业风险承担，其他变量同式（3-1）一致。

回归结果如表 3-7 第（1）列和第（2）列所示。第（1）列为家族企业代际传承对企业风险承担的回归结果，回归结果显示，DID 的系数在 5%

水平上显著为 -0.0014，表明家族企业代际传承使企业风险承担水平下降。第（2）列为引入企业风险承担指标后，家族企业代际传承对企业数字化转型的回归结果，回归结果显示，Risk 的系数在 1% 水平上显著为 1.0724，表明企业风险承担对企业数字化转型具有积极作用。同时，DID 的系数在 1% 水平上显著为 -0.1646，并且其绝对值小于基准回归的 DID 系数的绝对值，表明企业风险承担在家族企业代际传承与企业数字化转型的关系间发挥了部分中介效应。数字化转型作为一种变革性战略行为，具备阵痛周期长、试错成本高、短期见效慢等特点（Fernandez–Vidal et al.，2022），从而与企业风险承担能力密切相关。具有较高风险承担能力的企业，可以有效解决企业"不敢转"的问题，推进企业开展数字化转型活动的意愿较高（王积田等，2024）。相反，较低的企业风险承担能力不利于企业开展数字化转型活动（李思飞等，2023）。因此，处于代际传承阶段的家族企业，出于顺利完成接班的考虑，在代际传承的初期，二代继承人会选择规避风险，阻碍企业数字化转型。

表 3–7　机制分析结果

变量	(1) Risk	(2) Digital	(3) R&D	(4) Digital
DID	−0.0014** (−2.02)	−0.1646*** (−7.19)	−0.1040*** (−6.11)	−0.1548*** (−6.77)
Risk		1.0724*** (3.27)		
R&D				0.1087*** (8.33)
常数项	0.1077*** (10.44)	−2.5404*** (−9.04)	−1.2337*** (−5.81)	−2.2908*** (−8.22)
Controls	YES	YES	YES	YES
Year	YES	YES	YES	YES
Industry	YES	YES	YES	YES
样本量	11809	11809	11809	11809
调整后的 R^2	0.177	0.409	0.621	0.411

注：*** 表示在 1% 的水平上显著，括号内为 t 值，个体聚类。

3.4.4.2 企业研发支出

本章理论分析部分指出，家族企业代际传承会降低企业研发支出水平，进而阻碍企业数字化转型。根据利益相关者理论，企业必须认真考虑各方利益，并在其决策和行动中尽可能平衡各方利益的需求，从而建立长期稳定的合作关系。由于外部投资者对二代继承人的认知有限，很难快速与其建立长期的信任关系，从而要求企业提供更优质的抵押品、附加限制性条款来防范信用风险（Werner et al.，2021；李思飞等，2023）。一方面，外部投资者会加强对二代继承人的监督和干预，防止因二代继承人的高风险决策行为带来利益的损失，从而限制企业将资金投入技术研发中，阻碍企业数字化转型。另一方面，更严格的贷款要求和限制性条款会加剧企业的外部融资压力，企业有限资金无法满足数字化转型的技术研发需求。此外，相较于周期长、不确定性高和风险高的数字技术投资，金融投资更易受市场波动和宏观环境的影响，当取得良好的业绩时，可以将其归功于个人能力，当未达到相应的业绩时，可以将责任归咎于外部因素（杜勇等，2017），从而使二代继承人实现快速、安全展示个人能力和树立自身权威（Ye et al.，2022）。然而企业的资源是有限的，大量配置金融资产势必挤占企业的研发支出，从而阻碍企业的数字化转型。

对于进入传承阶段的家族企业而言，二代继承人面临权威合法性的压力，迫切希望通过"捷径"来创造一定的业绩（何理和唐艺桐，2022），而具有长期性、持续性、昂贵性和高不确定性等特征的研发支出行为并非二代继承人建立自身权威的有效手段（Hall，2002），因此，家族企业代际传承的发生会使企业研发支出水平下降。为考察代际传承、企业研发支出与企业数字化转型的关系，本章借鉴达潭枫和刘德宇（2023）的方法，采用研发投入金额加 1 后取自然对数来构造企业研发支出指标（R&D）。该指标数值越大代表企业研发支出水平越高。此外，为检验企业研发支出在代际传承影响家族企业数字化转型中发挥的机制作用，本章在式（3-1）的基础上，构建式（3-6）和式（3-7）。

$$R\&D_{i,t} = \beta_0 + \beta_1 DID_{i,t} + \beta_2 Controls + \sum Year + \sum Industry + \varepsilon \qquad (3-6)$$

$$Digital_{i,t} = \lambda_0 + \lambda_1 DID_{i,t} + \lambda_2 R\&D_{i,t} + \lambda_3 Controls + \sum Year + \sum Industry + \varepsilon \quad (3-7)$$

式中：R&D 为企业研发支出，其他变量同式（3-1）一致，回归结果如表 3-7 第（3）列和第（4）列所示。第（3）列为家族企业代际传承对企业研发支出的回归结果，回归结果显示，DID 的系数在 1% 水平上显著为 -0.1040，表明家族企业代际传承使企业研发支出水平下降。第（4）列为引入企业研发支出指标后，家族企业代际传承对企业数字化转型的回归结果，回归结果显示，R&D 的系数在 1% 水平上显著为 0.1087，表明企业研发支出对企业数字化转型具有积极作用。同时，DID 的系数在 1% 水平上显著为 -0.1548，并且其绝对值小于基准回归的 DID 系数的绝对值，表明企业研发支出在家族企业代际传承与企业数字化转型的关系间发挥了部分中介效应。数字化转型离不开技术创新，因此企业需要不断地开展研发活动，并通过技术创新来实现数字化转型发展（甄红线等，2023）。企业研发支出水平的提升有助于推动企业开展数字创新活动，为企业数字化转型提供必要的硬件配置和技术支撑（王宏鸣等，2022），所以研发支出与企业数字化转型存在正相关关系。处于代际传承阶段的家族企业，由于自身资源有限，无法满足数字化转型的技术研发需求，造成研发支出水平降低的现象，进而阻碍家族企业的数字化转型。

3.5　代际传承、外部环境与数字化转型

3.5.1　金融发展环境

金融市场的发展为企业融资活动创造了一个更加积极和高效的外部环境（Liu，2024），从而为企业开展数字化转型活动提供坚实的资金基础（王宏鸣等，2022）。随着金融市场的不断完善，企业能够更容易获取所需的资金，这不仅有助于降低融资成本，还能够显著缓解企业在融资过程中面临的困难和挑战，特别是在资金短缺和融资渠道有限的情况下。通过多样化的融资工具和渠道，企业可以灵活地选择最适合自身发展需求的融资方式，从而提高资金使用效率。在当前数字经济迅猛发展的背景下，企业亟须进行技术创新和业务升级，而这些转型活动往往需要大量的资金投入。借助金融市场的支持，企业不仅能够获得必要的资金，还能够通过融资引入先进的技术和管理

理念，从而加速数字化转型进程。对于家族企业而言，开展企业数字化转型活动的资金需求量通常较高，其自有资金很难满足自身数字化转型的有效进行，外部融资成为企业获取资金的主要方式。而当金融发展水平较低时，家族企业面临一定的融资压力，从而阻碍企业数字化转型的发展。大量研究表明，金融发展环境对企业数字化转型具有积极作用（刘靖宇等，2023；潘艺和张金昌，2023；赵丹妮等，2024）。对此，本部分基于金融发展环境，进一步分析家族企业代际传承对企业数字化转型的差异性影响。

本部分利用企业注册地的金融业增加值来衡量金融发展环境，基于该指标的中位数将样本分为金融发展环境较低组和金融发展环境较高组，并进行分组回归，分组回归结果如表3-8第（1）列和第（2）列所示。其中，第（1）列为金融发展环境较低时，代际传承对家族企业数字化转型影响的回归结果；第（2）列为金融发展环境较高时，代际传承对家族企业数字化转型影响的回归结果。

表3-8　代际传承、外部环境与数字化转型

变量	金融发展环境		信息化水平		商业信任环境	
	较低	较高	较低	较高	较低	较高
	(1)	(2)	(3)	(4)	(5)	(6)
DID	−0.2206***	−0.0937***	−0.1687***	−0.1540***	−0.1771***	−0.1039***
	(−6.91)	(−2.76)	(−5.18)	(−4.72)	(−5.28)	(−2.62)
常数项	−2.2762***	−2.6081***	−1.5242***	−3.1718***	−2.7491***	−1.2197***
	(−5.81)	(−6.33)	(−3.77)	(−7.83)	(−6.54)	(−2.75)
Controls	YES	YES	YES	YES	YES	YES
Year	YES	YES	YES	YES	YES	YES
Industry	YES	YES	YES	YES	YES	YES
样本量	5711	5618	5419	5906	4943	4877
调整后的 R^2	0.387	0.416	0.444	0.377	0.341	0.459

注：*** 表示在1%的水平上显著，括号内为 t 值，个体聚类。

结果显示，相较于金融发展环境较高的地区，金融发展环境较低地区的家族企业代际传承对企业数字化转型水平的抑制作用更显著。与此同时，较高的金融发展环境下，家族企业代际传承对企业数字化转型的抑制作用明显减弱。这表明，较高的金融发展环境有利于缓解代际传承对家族

企业数字化转型的负面影响，而较低的金融发展环境增加了家族企业代际传承对企业数字化转型的抑制作用。

3.5.2 信息化水平

企业开展数字化转型活动离不开基础设施的建设与发展，特别是信息基础设施为企业数字化转型提供了重要的技术保障。同时，地区信息化水平是发展信息技术的基石，不仅为经济的现代化奠定了坚实的基础，也为各个行业的高效运作提供了重要保障。在高信息化水平的地区，物流、邮政和通信业等基础设施相对完善，能够实现信息的快速流通和资源的高效配置，对推动工业转型升级（闫超栋等，2022）、经济发展（李波和梁双陆，2017）、技术创新效率（韩先锋等，2014）发挥了重要的作用。对此，本部分基于信息化水平，进一步分析家族企业代际传承对企业数字化转型的差异性影响。

考虑到样本的可获得性，本部分利用企业注册地的邮电业务总量来衡量信息化水平，基于该指标的中位数将样本分为信息化水平较低组和信息化水平较高组，并进行分组回归，分组回归结果如表 3–8 第（3）列和第（4）列所示。其中，第（3）列为信息化水平较低时，代际传承对家族企业数字化转型影响的回归结果；第（4）列为信息化水平较高时，代际传承对家族企业数字化转型影响的回归结果。结果显示，相较于信息化水平较高的地区，信息化水平较低地区的家族企业代际传承对企业数字化转型水平的抑制作用更显著。与此同时，较高的信息化水平下，家族企业代际传承对家族企业数字化转型的抑制作用明显减弱。这表明，较高的信息化水平有利于缓解代际传承对企业数字化转型的负面影响，而较低的信息化水平增加了家族企业代际传承对企业数字化转型的抑制作用。

3.5.3 商业信任环境

高水平的商业信任环境不仅是市场健康运作的基石，更是信息流动顺畅的重要保障。在这样一个信任的氛围中，各方参与者能够更加开放地进行信息交流，这种增强的信息质量显著提升了信息交换的透明度和效率。具体而言，透明的信息流动使投资者能够更准确地了解公司的运营状况、财务表现及未来前景，从而做出更加明智的投资决策。与此同时，这种信任环境也为公司管理层与投资者之间架起了一座沟通的桥梁，有效地缓解了二者之间长期存在的信息不对称问题。在传统的商业环境中，管理层通常掌握着丰富的内部信息，而投资者往往面临信息不足的困境，这不仅增加了投资决策的风险，也可能导致市场信心的下降。高水平的商业信任环境可以提高可获得的信息质量，从而提升信息交换的透明度和效率，从而有助于解决投资者和公司管理高层之间普遍存在的信息不对称问题，并降低所有参与者在金融交易中的信用风险（张敦力和李四海，2012）。而更低的信用风险意味着更低的交易成本。一方面，高水平的商业信任环境可以向投资者传递积极信号，降低投资者对企业风险的评估，投资者所要求的报酬率也会相对降低（傅绍正和刘扬，2021）。另一方面，商业信任环境作为外界信号传递的有效渠道，能够提升企业治理水平并在组织与个体之间建立更高度的信任，这不仅提高了交流与合作的效率，还降低了信息搜索的相关成本，降低了监管需求，并减缓了信息不对称，从而实现了交易成本的降低（Guiso et al.，2009；程博等，2020）。交易成本的降低将为企业开展数字化转型活动带来更多的资金支持。同时，商业信任环境较高的地区，个体之间的信赖度增加（Liu et al.，2024），有利于家族成员和非家族成员间的合作，从而促使其他人对处于代际传承阶段的二代继承人给予更多的关怀和帮助。对此，本部分基于商业信任环境，进一步分析家族企业代际传承对企业数字化转型的差异性影响。

本部分利用中国城市商业信用环境指数蓝皮书和中国城市商业信用环境指数官网公布的"中国城市商业信用环境指数"衡量商业信任环境，缺失数据用上一年来补充，并基于该指标的中位数将样本分为商业信任环境较低组和商业信任环境较高组，进行分组回归，分组回归结果如表3-8第（5）列和第（6）列所示。其中，第（5）列为商业信任环境较低时，代际传承对家族企业数字化转型影响的回归结果；第（6）列为商业信任环境较高时，代际传承对家族企业数字化转型影响的回归结果。结果显示，相较于商业信任环境较高的地区，商业信任环境较低地区的家族企业代际传承对企业数字化转型水平的抑制作用更显著。与此同时，较高的商业信任环境下，家族企业代际传承对企业数字化转型的抑制作用明显减弱。这表明，较高的商业信任环境有利于缓解代际传承对家族企业数字化转型的负面影响，而较低的商业信任环境增加了家族企业代际传承对企业数字化转型的抑制作用。

3.6　代际传承、内部环境与数字化转型

3.6.1　薪酬差距

传统边际理论认为，薪酬可以看作对劳动者工作付出的回报，而薪酬差距是劳动者工作的边际产出差异，较高的薪酬在一定程度上反映了高管的自身能力和管理水平（牛彪等，2024）。由于内外信息不对称的存在，高管往往面临如何向外界有效传递自身能力和价值的问题。为了弥补这一信息差距，薪酬较高的高管会采取一系列适当的措施，向外部释放出他们在决策制定方面的能力和才华的信号。战略制定和决策不仅是高管的重要职能，也是区分他们与其他员工的显著标志。因此，在企业发展过程中，实施数字化转型战略显得尤为重要。数字化转型不仅是组织适应市场变化的必要手段，更是高管展示其决策才能和领导力的重要舞台。在这一过程中，高管需要通过深入分析市场数据、评估技术趋势和识别潜在风险，以制定出切实可行的战略方案，这一系列复杂的决策过程，不仅能够提升企业的运营效率，还能增强其市场竞争力，从而向外界证明自己的决策能力和专业素养。同时，高管薪酬激励能够有效缓解管理者的短视性问题（He & Tian，2013），降低管理者的盈余操纵动机（杨薇等，2019），促使管理者更多地参与数字化转型等有益于企业长期发展的战略活动中。在家族企业代际传承阶段，更高的薪酬激励使高管承担更多的责任和发挥企业家才能，从而推动战略变革，积极实施数字化转型战略。对此，本部分基于薪酬差距，进一步分析家族企业代际传承对企业数字化转型的差异性影响。

本部分重点考察管理层薪酬与员工薪酬的内部差距，参考孔东民等（2017）的研究，利用管理层平均薪酬与员工平均薪酬之比来衡量薪酬差距。首先，计算家族企业内董监高[①]的薪酬总额和总人数，并利用董监高

---

① 董监高表示公司董事、监事和高级管理人员。

薪酬总额除以董监高总人数得到管理层平均薪酬。其次，计算家族企业内员工薪酬总额与员工总人数之比得到员工平均薪酬。其中，员工薪酬总额为支付给职工及为职工支付的现金与期末应付职工薪酬之和减去期初应付职工薪酬与高管薪酬总额之和。最后，根据得到的管理层平均薪酬与员工平均薪酬，计算两者的比值作为薪酬差距的代理变量。本部分基于该指标的中位数将样本分为薪酬差距较小组和薪酬差距较大组，并进行分组回归，分组回归结果如表 3–9 第（1）列和第（2）列所示。其中，第（1）列为薪酬差距较小时，代际传承对家族企业数字化转型影响的回归结果；第（2）列为薪酬差距较大时，代际传承对家族企业数字化转型影响的回归结果。结果显示，相较于薪酬差距较大的家族企业，薪酬差距较小的家族企业代际传承对企业数字化转型水平的抑制作用更显著。与此同时，在家族企业薪酬差距较大时，代际传承对企业数字化转型的抑制作用明显减弱。这表明，较大的薪酬差距有利于缓解代际传承对家族企业数字化转型的负面影响，而较小的薪酬差距增加了家族企业代际传承对企业数字化转型的抑制作用。

表 3–9 代际传承、内部环境与数字化转型

变量	薪酬差距		家族化方式		企业声誉	
	较小 (1)	较大 (2)	直接创办 (3)	间接创办 (4)	较低 (5)	较高 (6)
DID	−0.1898*** (−5.48)	−0.1347*** (−4.39)	−0.1669*** (−7.02)	−0.0847 (−1.00)	−0.3263*** (−11.34)	0.0395 (1.12)
常数项	−2.6976*** (−5.80)	−2.7748*** (−7.29)	−1.9267*** (−6.46)	−3.2258*** (−4.17)	−0.8396* (−1.95)	−1.1254*** (−2.71)
Controls	YES	YES	YES	YES	YES	YES
Year	YES	YES	YES	YES	YES	YES
Industry	YES	YES	YES	YES	YES	YES
样本量	5891	5894	10483	1219	5739	5751
调整后的 R^2	0.451	0.368	0.430	0.360	0.413	0.425

注：***、* 分别表示在 1%、10% 的水平上显著，括号内为 t 值，个体聚类。

3.6.2 家族化方式

家族化方式一般可以分为两种，一种是企业成立之初就由家族控制，并逐步发展，这类企业的家族化方式为直接创办；另一种是企业最初由国家管理，后通过改制和股权转让等方式转变为家族企业，这类企业的家族化方式为间接创办。间接创办的家族企业由于存在国有企业的印记，具备完善的正式制度，行为决策更规范化、理性化，并且更加关注企业的长期性（程晨等，2023），从而更有倾向开展技术创新、数字化转型升级等有利于企业持续发展的活动。而直接创办的家族企业，通常缺乏正式制度的约束，其行为决策更依赖个人的权威和主观判断，从而不利于企业数字化转型活动的进程。对此，本部分基于家族化方式，进一步分析家族企业代际传承对企业数字化转型的差异性影响。

本部分参考李思飞等（2023）的研究，基于家族企业的家族化方式将样本分为直接创办和间接创办，并进行分组回归。其中，企业成立之初就由家族管理，并逐步发展，这类企业的家族化方式为直接创办；企业最初由国家管理，后通过改制和股权转让等方式转变为家族企业，这类企业的家族化方式为间接创办。分组回归结果如表 3-9 第（3）列和第（4）列所示，第（3）列为家族化方式为直接创办时，代际传承对家族企业数字化转型影响的回归结果；第（4）列为家族化方式为间接创办时，代际传承对家族企业数字化转型影响的回归结果。结果显示，相较于家族化方式为间接创办的家族企业，直接创办的家族企业代际传承对企业数字化转型水平的抑制作用更显著。与此同时，在家族企业的家族化方式为间接创办时，代际传承对企业数字化转型的抑制作用不显著。这表明，间接创办家族企业有利于缓解代际传承对企业数字化转型的负面影响，而直接创办的家族企业增加了代际传承对企业数字化转型的抑制作用。

3.6.3 企业声誉

外部投资者、供应商及其他利益相关者对企业声誉的关注程度越发显著。企业声誉不仅是其市场形象的直接体现，更是吸引外部资源的重要因素。一个良好的企业声誉能够使企业在激烈的市场竞争中脱颖而出，帮助企业树立积极的形象，从而赢得外部投资者的信任，这种信任是企业获取资金支持和战略合作的基础。在当前经济环境下，优质的企业声誉还能够为企业带来更多的外部投资机会（He et al., 2022；Jie & Jiahui, 2023）。当企业被外界认可为具有良好声誉的组织时，投资者更愿意参与其中，提供所需的资金支持。这不仅有助于企业扩展业务，还能为其提供更为广泛的市场机会。此外，企业声誉的提升也会吸引更多优质人才的加入。在竞争日益激烈的人才市场中，拥有良好声誉的企业往往能够吸引行业内的顶尖人才，这些人才的加入将进一步增强企业的创新能力和市场竞争力。同时，良好的企业声誉也有助于吸引外部技术等优质资源的加入。技术的快速迭代和创新是推动企业数字化转型的关键，而与声誉良好的企业合作，技术供应商和合作伙伴往往更愿意分享其最新的技术成果和解决方案，这种资源的获取将为企业的数字化转型提供重要的支持，助推其在数字化时代的快速发展。此外，处于代际传承阶段的二代继承人极为关注自身声誉的建立，而家族成员对企业的认同感及情感依附意味着家族成员更倾向把企业形象与自身形象建立身份联结（陈煜文和万幼清，2023）。因此，企业具有良好的声誉意味着二代继承人已在家族企业内树立了一定的个人形象，代际传承过程更为顺利，从而有助于缓解代际传承对企业数字化转型的负面影响。对此，本部分基于企业声誉，进一步分析家族企业代际传承对企业数字化转型的差异性影响。

媒体报道可以在一定程度上评估企业声誉（Nardella et al., 2023），借鉴 Francis 等（2008）的研究，本部分以企业每年网络和报刊正面报道数量之和加 1 后取自然对数来衡量企业声誉水平。基于该指标的中位数将样本分为企业声誉较低组和企业声誉较高组，并进行分组回归，分组回归结果如表 3-9 第（5）列和第（6）列所示。其中，第（5）列为企业声誉较低时，代际传承对家族企业数字化转型影响的回归结果；第（6）列为企业声誉较高时，代际传承对家族企业数字化转型影响的回归结果。结果显示，相较于企业声誉较高的家族企业，企业声誉较低的家族企业代际传承对企业数字化转型水平的抑制作用更显著。与此同时，在企业声誉较高时，家族企业代际传承对企业数字化转型的抑制作用不显著。这表明，较高的企业声誉有利于缓解代际传承对家族企业数字化转型的负面影响，而较低的企业声誉增加了家族企业代际传承对企业数字化转型的抑制作用。

3.7　本章小节

在新发展格局下，家族企业面临传承与转型的双重考验。代际传承是家族企业实现持续发展的关键，而作为战略变革的重要方式，开展数字化转型活动是赋能家族企业高质量发展的重要战略决策。处于代际传承阶段的家族企业是否有意愿实施数字化转型战略是当下亟待探讨的问题。本章对这一问题进行了解答，并在此基础上，本章基于 2012~2022 年中国 A 股上市家族企业数据，利用多期 DID 模型实证分析家族企业代际传承对企业数字化转型的影响及内在机制。主要得出如下结论：①相较于未发生代际传承的家族企业，发生代际传承的家族企业的数字化转型水平显著下降。②家族企业代际传承通过降低企业风险承担水平和减少企业研发支出抑制企业数字化转型。③较高的金融发展环境、较高的信息化水平和较高的商业信任环境有利于缓解代际传承对家族企业数字化转型的负面影响，而较低的金融发展环境、较低的信息化水平和较低的商业信任环境增加了家族企业代际传承对企业数字化转型的抑制作用。④较大的薪酬差距、间接创办的家族企业和较高的企业声誉有利于缓解代际传承对企业数字化转型的负面影响，而较小的薪酬差距、直接创办的家族企业和较低的企业声誉增加了代际传承对企业数字化转型的抑制作用。

基于上述结论，本章提出如下启示：

第一，在数字经济背景下，企业积极实施数字化转型不仅是时代发展的要求，也是实现高质量发展的关键。然而，数字化转型是一项周期长、成本高、不确定性强的投资活动，处于代际传承阶段的家族企业具有风险承担水平较低和研发支出较少等特征，从而缺乏驱动数字化转型的动力。因此，对于我国家族企业而言，需要充分认识数字化转型的意义和价值，制定详细的发展战略，并有效调动家族企业内部成员积极执行。同时，家族企业在规划数字化转型战略时要避免激进，循序渐进地接受并开展与自身内部环境相匹配的数字技术，从而降低数字化转型的风险与成本，提高企业实施数字化转型的可行性。

第二，代际传承是家族企业区别于非家族企业的重要特征，也是家族企业实现长期持续发展必然要经历的过程。在短期内，代际传承引起的组织结构变动，会对家族企业带来一定的"阵痛"。因此，政府与其他利益相关者应在这一特殊阶段给予家族企业一定的帮助和支持，正确认识家族企业对我国经济发展的重要作用，直面家族企业在代际传承过程中遇到的问题与挑战。同时，相关部门应为家族企业传承发展提供稳定的保障措施，促进家族企业顺利完成传承，释放家族企业的发展活力。

第三，对于家族企业而言，处于代际传承阶段的家族企业应当进一步完善公司治理结构，合理规划资金安排，增强抵抗风险的能力，并树立企业长远发展目标，遏制短期投机行为，以技术研发和突破为主要目的，最大限度地降低代际传承对企业数字化转型的不利影响，进而实现企业的可持续发展。此外，家族企业应优化薪酬管理体系，并重视企业形象的建立，积极发挥薪酬激励效果和声誉机制对企业数字化转型的驱动作用。

第四，外部环境对家族企业的发展尤为重要，在一定程度上可以抵消代际传承所产生的负面作用。对于政府部门而言，在制定加快数字经济发展的相应政策的同时，应关注金融服务实体的能力和相应基础设施的建设，为家族企业推进数字化转型提供必要的金融支持和制度保障，并充分考虑相应政策的适度性，帮助企业顺利度过数字化转型的"阵痛期"。此外，政府部门和社会公众应共同建立诚实守信的商业环境，强化企业间的信任关系，营造良好的社会互信氛围，为企业开展数字化转型提供良好的外部环境。

第4章

效率变革：家族企业代际传承与创新效率

创新是体现一国竞争力的核心要素，也是推进经济高质量发展的重要支点。

对于企业创新活动，不应当仅关注创新意愿，还应当地创新产出水平和创新效率给予更多的关注。在此背景下，本章聚焦家族企业代际传承中的效率目标变革，重点关注家族企业从生产效率最优向研发效率最优的转变。据此，基于 2012～2022 年中国 A 股上市家族企业数据，本章从创新投入、创新产出和创新效率三个方面，实证分析家族企业代际传承对企业创新的影响。研究发现，家族企业处于代际传承阶段时，其创新投入、创新产出和创新效率均在一定程度上有所降低。经过平行趋势、安慰剂和倾向得分匹配法等稳健性检验方法检验后，结论依然成立。此外，二代继承人的海外背景和教育背景弱化了代际传承对家族企业创新活动产生的负面作用。而二代继承人的专业技能仅从创新产出和创新效率两个方面，弱化了代际传承的抑制性作用。本章进一步将制度环境纳入代际传承与创新效率的研究中，发现知识产权保护和市场化程度均有助于促进处于代际传承中的家族企业进行创新投入，但对于创新产出和创新效率并无直接的联系。

本章从创新意愿和成果转化构建企业技术创新的框架，基于创新投入、创新产出和创新效率三个视角，将家族企业代际传承、继承人特征、制度环境与企业创新有机结合起来，揭示了家族企业代际传承过程中需要承担的短期变革成本及主要影响因素，并提出有针对性的改善建议，对企业实践具有一定的指导意义。

4.1 引言

创新是体现一国竞争力的核心要素，也是推进经济高质量发展的重要支点。党的十九届五中全会明确指出，"坚持创新在我国现代化建设全局中的核心地位""要强化国家战略科技力量，提升企业技术创新能力，激发人才创新活力，完善科技创新体制机制"。党的二十大更是提出，坚持科技是第一生产力、人才是第一资源、创新是第一动力。随后，党的二十届三中全会通过的《中共中央关于进一步全面深化改革 推进中国式现代化的决定》提出，在新的起点上推进理论创新、实践创新、制度创新、文化创新以及其他各方面创新，并强调，深入实施科教兴国战略、人才强国战略、创新驱动发展战略，统筹推进教育科技人才体制机制一体改革，健全新型举国体制，提升国家创新体系整体效能。毫无疑问，创新是一国国力的综合体现，坚持创新驱动发展战略已成为我国贯彻新发展理念，建设科技强国的重要方略。内生增长理论认为，技术创新是推动经济长期持续增长的决定因素（Zhu et al.，2020）。企业是创新的主体，创新是企业的核心，在当下竞争激烈的环境下，企业若没有创新则将失去核心竞争力，进而将被淘汰。因此，创新是企业存亡的关键，是国家发展的重要战略支撑，是国际地位和话语权的综合实力体现。伴随我国经济由高速增长阶段向高质量发展的转变，对于企业，只依赖劳动、资本等生产要素来实现成本的降低、效益的提高是不够的，创新不只是锦上添花，而是企业生存和持续发展的必要条件。与此同时，创新效率的提升不仅是企业技术进步的体现，更是实现战略变革的核心途径。它通过优化资源配置、加速创新成果转化及增强组织灵活性，从根本上推动企业运营模式的转型、市场定位的调整和价值创造路径的重构，促进企业从生产效率最优向研发效率最优的转变，为企业提供持续的竞争优势。

多数学者已对企业通过技术进步与产品升级实现稳固自己的竞争地位，进而提高自身的财务业绩进行了肯定（Klomp & Van，2001；Andriopoulos & Lewis，2009）。Acemoglu（2009）更是认为，新技术的产生源于企业和个体对利润的追求，企业和个体为追逐更高的利润驱使他们不断研究、开发和发明并最终实现新技术、新产品的创新。然而，创新活动周期长、不确定性高（Hall，2002），相应的风险也随之上升，进而诱发道德风险与逆向选择等问题的产生（Berger & Udell，1990），造成企业面临较高的外部融资约束（鞠晓生等，2013）。此外，一方面企业创新过程中的资金需求量巨大，而企业内部资金有限，内部融资规模较小，单纯依靠内部融资很难满足企业的创新需求。另一方面企业内部财务不稳定，易受外部冲击，利用内部资金进行创新活动时，可能因资金链断裂而中断；同时，企业创新是连续且有较高调整成本的活动，突然的中断会对企业造成很大的损失（Hall，2002）。因此，探究如何推动企业创新水平的提升，不仅是微观企业建立竞争优势的重要一环，也是我国实现经济高质量发展的关键所在。

熊彼特的创新理论认为，企业家精神是企业创新动力的源泉。彭花等（2022）在其研究中得出了一致的结论，企业家精神因其含有积极进取、敢于冒险和勇于创新等积极的内容可以促成企业的创新，并提升创新效率。同时，内部资源配置将强化企业的创新行为（韩祥宗和杨泽宇，2022）。Hall（2002）研究发现，企业创新活动产生巨大的资金需求，也提升了不确定性。这种不确定性将带来道德风险和逆向选择（Berger & Udell，1990），从而使企业创新与融资约束密切相关（鞠晓生等，2013），这极大限制了企业的创新动力。余明桂等（2019）同样基于融资约束视角进一步发现，融资约束是抑制民营企业创新的主要原因，并提出应当加强金融对民营企业的支持作用来促进相应的创新活动。除基于企业内部探究企业创新活动的动因外，外部环境也存在对企业创新的影响。税收政策、货币政策和财政补贴等不同政策对企业创新活动存在显著的影响（李源等，2022；马勇等，2022；程跃和段钰，2022），政府的政策激励和扶持可以通过缓解企业的融资约束使企业拥有更多可投入研发活动中的资金，也可以通过政策间的交叉作用实现创新环境和创新产出的协调发展，进一步提升整个社会企业的创新能力。此外，数字经济凭借其技术优势，优化资源配置，降低信息不确定性，从而有效促进企业创新活动的发展（毛建辉等，2022）。李菲菲等（2022）更是在数字金融发展的基础上，提出相较于国有企业，外部环境对非国有企业的创新激励效果更明显，这也体现了民营企业在创新活动中的意愿更强烈。

作为国民经济体系中不可或缺的一部分，民营企业为我国经济建设做出了重大贡献。截至2021年年末，我国民营企业数量已达4457.5万家，占我国企业总数的 92.1%。民营经济为我国贡献了超过 60% 的 GDP，超过 50% 的税收，超过 80% 的就业岗位以及超过 90% 的企业数量。根据中华全国工商业联合会 2022 年 9 月发布的《2022 研发投入前 1000 家民营企业创新状况报告》，我国研发投入前 1000 家民营企业的研发费用总额达 1.08 万亿元，占全国研发经费支出的 38.58%，同比增长 23.14%；占全国企业研发经费支出的 50.16%，其增速较全国高 8.5 个百分点，比全国企业高 7.9 个百分点。其中，54.7% 的企业具备高技术、高成长和高价值属性。从创新情况来看，研发投入前 1000 家民营企业中，共申请国内专利 22.2 万件，授权国内专利 18.6 万件，拥有国内有效专利 79.8 万件。其中，共申请发明专利 10.8 万件，占全国企业发明专利申请量的 11.3%；共授权发明专利 5.2 万件，占全国企业的 25.0%；拥有有效发明专利 25.1 万件，占全国企业的 13.2%。此外，根据中华全国工商业联合会 2023 年 10 月发布的 "2023 民营企业研发投入、发明专利榜单和 2023 研发投入前 1000 家民营企业创新状况报告"，进入 500 家民营企业研发投入榜单的门槛为 4.28 亿元，较 2022 年增加了 1.91 亿元，平均研发投入强度为 3.54%，较 2022 年提升了 1.48 个百分点，并且比全社会的 R&D 经费投入强度高出 1 个百分点。以上数据表明，我国民营企业总体研发和创新潜力巨大且增长明显，已成为引领我国创新发展和实现科技进步的中坚力量。

部分学者基于国有企业与民营企业的差距展开了一定的研究，并得出了相比国有企业，民营企业更有利于创新的结论。吴延兵（2012）对不同所有制类型企业进行研究发现，无论是创新投入还是创新产出，民营企业都显著高于其他所有制类型的企业，从而得出民营企业具有更高的创新激励。这是由于部分国有企业存在有时会产生预算软约束问题，当项目选择失误，国企还会选择继续投资，从而延迟创新，这一方面造成创新效率的损失，另一方面造成创新活力的降低。反观民营企业，当发现项目选择失误时，较高的内部监督管控机制将会及时弥补或果断放弃项目，转而进行其他项目的投资，这就避免了因产生更多损失而损害其利益或降低其业绩，从而具有更高的创新效率。同时，民营企业中存在较少的委托代理问题和较完善的激励监管措施（王春燕等，2020），以及较强的逐利性，促使民营企业更有意愿通过创新实现长期且持续的发展。

Acemoglu（2009）认为，新技术源于企业和个体对利润的追求，企业和个体为追逐更高的利润驱使他们不断研究、开发和发明并最终实现新技术、新产品的创新。民营经济是指除国有和国有控股企业、外商和港澳台独资及其控股企业外的多种所有制经济，具有"自主经营，自负盈亏"的经营机制，因此民营企业是以盈利为目的的机构。正是由于以盈利为目的，民营经济表现出更强的资本逐利性，一方面，资本逐利性产生了为获得高额利润和一定竞争力的创新动机，结合个体绩效理论，企业家的创新动机对创新的最终行为起到关键决定性作用，即企业家往往具备创新所需要的知识储备，但如果没有这种动机刺激，这些知识就永远留在他们的脑中，形成不了最终的创新行为（于海云等，2015）。进一步，资本逐利性是外源性创新动机的目标，这种目标明确的动机可以强化创新活动效应，如果失去该目标则创新动机将消失（郑湘娟，2010）。对比民营企业，国有企业往往没有很强的资本逐利性，甚至不以盈利为主要目的，这将大大降低国有企业的创新动机。另一方面，资本逐利性促使民营企业更多的关注业绩的提升特别是长期业绩，从而为创新提供了有利环境。在"一股独大"的国有企业中，往往涉及较多监管机构和内控程序，产生高于民营企业的代理成本问题，委托代理问题较为严重（李寿喜，2007），这使委托人与代理人目标的不一致，代理人短视性问题更为严重，经理人为了短期利益更多的选择投资金融资产而拒绝长期的创新活动，甚至过多地对金融资产投资造成对企业创新的替代作用（段军山和庄旭东，2021）。反观民营企业，由于其公司治理能力更成熟且对监管更具有主观动力，所以民营企业更在意长久的利益而选择进行创新活动。

家族企业是民营企业的主要组成部分，占据了我国民营企业的80%，对我国经济的高质量发展有重要的意义。随着一代创始人步入暮年，家族企业将面临"交接班"的代际传承问题（祝振铎等，2018）。然而，家族企业在进行代际传承时，往往面临巨大的阻力。根据普华永道的《2021年全球家族企业调研——中国报告》显示，49%的家族企业领导者无新生代进入企业并参与企业的运营（不包括香港、澳门、台湾地区），同时非家族内的董事会成员对家族内的董事会成员信任度仅为52%，远低于全球平均水平。因此，家族企业如何顺利完成代际传承、打破"富不过三代"的怪圈、实现"基业长青"（窦军生和贾生华，2008；刘星等，2021），是当下家族企业领域的研究者和实践者共同关注的话题。

已有研究发现，企业代际传承对风险承担（许永斌和鲍树琛，2019）、实业投资（罗进辉等，2023）、经营绩效（Chiang & Yu，2018）和数字化转型（李思飞等，2023）等方面均产生了一定的负面影响，但同时又对履行社会责任（Huang & Chen，2024）、推动国际化战略（余向前等，2023）和多元化经营（罗进辉等，2022）等战略决策产生了一定的推动作用。然而，目前关于家族企业代际传承对企业创新影响的研究尚未有一致的结论。一些研究表明，家族企业代际传承可以发挥外部监管机制的作用，从而通过降低代理成本来促进企业创新（黄海杰等，2018；徐睿哲和马英杰，2020）。同时，父子共同创业的代际传承有助于家族权威的代际转移，并强化了二代继承人对家族企业的控制地位，从而做出有利于企业创新的行为（陈德球和徐婷，2023）。而其他一些研究者发现，与未发生代际传承的家族企业相比，发生代际传承的家族企业通常面临较低的风险承担（许永斌和鲍树琛，2019）、较高的金融投资倾向（罗进辉等，2023）和潜在的代理冲突（程晨，2018）等问题，从而不利于企业进行创新活动（黄珺和胡卫，2020；李健等，2023；谢佩君等，2024）。

鉴于目前学术界对代际传承与企业创新的关系尚未有统一的结论，本章聚焦家族企业代际传承中的效率目标变革，重点关注家族企业从生产效率最优向研发效率最优的转变，尝试从创新投入、创新产出和创新效率三个方面，考察家族企业代际传承对企业创新的影响。本章以2012~2022年A股家族企业为样本，构建多期DID模型，实证分析家族企业代际传承对企业创新的影响，研究发现，代际传承会抑制企业创新投入、创新产出和创新效率。这主要是因为，进入家族企业的二代继承人面临权威和信任的构建问题，消耗了企业的大部分资源，加之二代继承人为在企业内"站稳脚跟"更倾向配置金融资产（罗进辉等，2023），造成企业创新投入不足。同时，创新效率很大程度上取决于创新执行效率和决策质量（朱琳等，2021），受到代际传承影响的家族企业内部稳定性存在变动挑战，很难建立有效的长期经营决策机制（李健等，2023），造成创新效率的下降（李健等，2024）。进一步研究发现，代际传承背景下的企业创新受二代继承人特征的影响，二代继承人的海外背景和教育背景弱化了代际传承对家族企业创新活动产生的负面作用。而二代继承人的专业技能仅从创新产出和创新效率两个方面，弱化了代际传承的抑制性作用。此外，制度环境对家族企业进行创新的意愿具有重要的作用，我们发现，知识产权保护和市场化程度均有助于促进处于代际传承中的家族企业进行创新投入，但对于创新产出和创新效率并无直接联系。

本章的边际贡献如下：第一，本章从创新投入、创新产出和创新效率三个维度考察了企业创新活动，丰富了关于企业技术创新的文献证据，为家族企业开展技术创新和成果转化提供了有益的参考。现有研究认为，金融发展（达潭枫等，2023）、财税政策（宁靓和李纪琛，2019）、知识产权保护（何丽敏等，2021）等外部制度环境和企业金融资产配置（赵杜悦等，2024）、企业社会责任履行（曹栋等，2023）、并购行为（张广婷等，2023）等内部企业行为是影响企业创新行为的重要因素。然而，目前研究更多地集中于创新投入或创新产出的单一层面，较少将创新投入和创新产出纳入同一框架进行分析。本章通过分别考察代际传承与创新投入的关系、代际传承与创新产出的关系和代际传承与创新效率的关系，从多种维度分析了家族企业创新活动的差异性，拓宽了已有关于企业创新问题的研究边界。

第二，本章丰富了企业创新活动与企业治理结构的研究内容，为家族企业开展技术创新和成果转化提供了有益的参考。本章发现对于家族企业来说，代际传承这一治理结构的重要变更也会显著影响企业的创新活动，从而拓展了企业层面技术创新推动因素的相关研究，也为如何激发企业创新活力提供了家族企业层面的经验证据。此外，本章进一步验证了二代海外背景、二代教育背景和二代专业技能等二代继承人特征都会影响企业的创新活动。上述研究结论对于我国家族企业合理制定创新决策，以及通过对二代继承人的培养和内部结构的完善来推进创新成果转化具有一定的实践意义，同时也为政府部门制定有助于地区创新水平提升的相关政策提供了参考。

第三，本章进一步拓宽了家族企业代际传承经济后果的研究边界，对我国家族企业构建完善的现代企业制度，实现高质量持续发展具有一定的参考价值。现有文献多关注家族企业代际传承对风险承担（许永斌和鲍树琛，2019）、实业投资（罗进辉等，2023）、经营绩效（Chiang & Yu，2018）、数字化转型（李思飞等，2023）、履行社会责任（Huang & Chen，2024）、国际化战略（余向前等，2023）和多元化经营（罗进辉等，2022）等方面的影响，而本章系统考察了代际传承对家族企业创新这一有助于推动经济未来持续发展的因素的影响，从而为家族企业代际传承影响经济高质量发展提供了新的经验证据支撑。同时，本章发现在家族企业代际传承背景下，二代继承人的海外背景、教育背景、专业技能等二代特征和知识产权保护、市场化程度等制度环境对家族企业创新产生差异性的影响，从而在缓解代际传承的负面影响中发挥了重要作用。本章的研究结论为即将进入代际传承阶段的家族企业如何培养继承人提供了有益的参考，也为政府部门制定关于制度环境和企业创新的相关政策提供了借鉴，从而推动家族企业代际传承顺利完成，实现家族企业的可持续发展。

本章后续内容如下：4.2节对已有文献进行评述，并提出研究假设；4.3节介绍本章的研究设计，依次介绍了样本选取与处理、数据来源、变量构造和模型设计；4.4节为实证分析部分，我们首先对各主要变量进行描述性统计分析，其次依次检验了家族企业代际传承与企业创新投入、创新产出、创新效率的关系，并进行了平行趋势检验、安慰剂检验、PSM检验、替换变量等相应的稳健性检验；4.5节为代际传承、二代特征与企业创新的实证分析部分，我们在家族企业代际传承背景下，依次分析了二代海外背景、二代教育背景和二代专业技能对企业创新投入、创新产出和创新效率的影响；4.6节为代际传承、制度环境与企业创新的实证分析部分，我们在家族企业代际传承背景下，依次分析了地区知识产权保护和市场化程度对企业创新投入、创新产出和创新效率的影响；4.7节总结本章的研究，并提出启示。本章框架结构如图4-1所示。

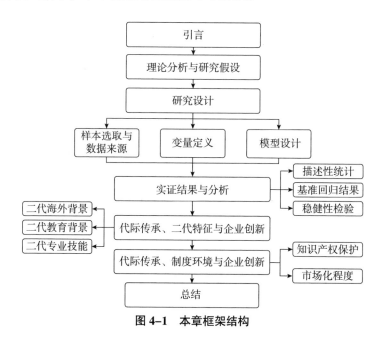

图4-1 本章框架结构

4.2　理论分析与研究假设

内生增长理论认为，经济的长期持续增长是由技术创新这一内生变量决定的，而作为载体的企业是经济增长的最终推动力。多数学者已对企业通过技术进步与产品升级实现稳固自己的竞争地位，进而提高自身的财务业绩进行了肯定（Klomp & Van，2001；Andriopoulos & Lewis，2009）。Acemoglu（2009）更是认为，新技术的产生源于企业和个体对利润的追求，企业和个体为追逐更高的利润驱使他们不断研究、开发和发明并最终实现新技术、新产品的创新。创新是企业存亡的关键，是国家发展的重要战略支撑，是国际地位和话语权的综合实力体现，因此如何激发企业创新活力是当下亟待关注的问题。一些研究发现，金融发展（达潭枫和刘德宇，2023）、财税政策（宁靓和李纪琛，2019）、知识产权保护（何丽敏和刘海波，2021）等外部制度环境是影响企业创新活动的重要因素，良好的制度环境有助于优化资源配置、降低信息不确定性和为企业进行创新活动提供必要的资源（毛建辉等，2022；马勇等，2022；程跃和段钰，2022），从而为企业开展创新活动保驾护航。此外，一些研究者认为，企业的创新能力在很大程度上依赖企业的内部因素，包括企业治理、战略决策和高管特征等方面（杨绮君，2022；赵杜悦等，2024；张广婷等，2023）。彭花等（2022）的研究发现，企业家精神因具备积极进取、敢冒风险和勇于创新等积极内容可以促成企业的创新，并大幅提升创新效率，这与熊彼特的创新理论相一致。韩祥宗和杨泽宇（2022）从组合视角出发，提出内部资源配置对企业创新具有积极作用。Hall（2002）研究发现，企业创新活动产生巨大的资金需求，也提升了不确定性。这种不确定性将带来道德风险和逆向选择（Berger & Udell，1990），从而使企业创新与融资约束密切相关（鞠晓生等，2013），这极大限制了企业的创新动力。余明桂等（2019）同样基于融资约束视角进一步发现，融资约束是抑制民营企业创新的主要原因，并提出应当加强金融对民营企业的支持作用来促进相应的创新活动。因此，创新活动对企业的持续发展至关重要，但受制于资金和决策的限制，企业的创新意愿和成果转化面临不同程度的约束。

对于家族企业创新的研究，学者分析了外资涉入（李倬和李元齐，2024）、子女情况（宋增基等，2024）、夫妻共同持股（陈元等，2023）、性别多样化（姜富伟等，2024）等对家族企业创新的影响。此外，代际传承是家族企业实现持续发展的关键，也是家族企业区别于非家族企业的重要特征（李新春等，2015）。随着创始人步入暮年，我国家族企业逐渐进入了代际传承的高峰期（祝振铎等，2018），大量家族企业研究者开始关注代际传承的经济后果。已有研究发现，由于二代继承人与创始人的出生时期、生长环境不同，在态度、思想和行为上存在一定的代际差异（Mannheim，2005；祝振铎等，2018），继承者往往难以传承创始人的才能、社会资本和经营理念（Lee et al.，2003；Bennedsen et al.，2007；Fan et al.，2008），从而对企业风险承担（许永斌和鲍树琛，2019）、财务融资（李思飞等，2023）和经营绩效（Chiang & Yu，2018）产生一定的负面影响。同时，二代继承人出于维护社会情感财富的目的，从而积极承担社会责任（Huang & Chen，2024）、加大并购力度（许宇鹏和徐龙炳，2023）和推动国际化战略（余向前等，2023）。然而，目前关于家族企业代际传承对企业创新影响的研究尚未有一致的结论。一些研究表明，家族企业代际传承可以发挥外部监管机制的作用，从而通过降低代理成本来促进企业创新（黄海杰等，2018；徐睿哲和马英杰，2020）。同时，父子共同创业的代际传承有助于家族权威的代际转移，并强化二代继承人对家族企业的控制地位，从而做出有利于企业创新的行为（陈德球和徐婷，2023）。而其他一些研究者发现，与未发生代际传承的家族企业相比，发生代际传承的家族企业通常面临较低的风险承担（许永斌和鲍树琛，2019）、较高的金融投资倾向（罗进辉等，2023）和潜在的代理冲突（程晨，2018）等问题，从而不利于企业进行创新活动（黄珺和胡卫，2020；李健等，2023；谢佩君等，2024）。

现有研究为本章分析家族企业代际传承与企业创新效率提供了一定的理论基础与经验证据，然而，作者关于企业创新的考察更多基于创新投入或创新产出的单一层面，较少文章将创新投入、创新产出和创新效率纳入同一框架进行分析，特别是关于创新效率的探索并不充分且尚未得到一致的结论。本章尝试以家族企业代际传承这一事件为切入点，进一步考察其对企业创新投入、创新产出和创新效率的影响。

近几年来，我国正处于创新发展和转型升级期，面对激烈的市场竞争，企业只有不断增加研发创新投入、扩大市场份额，才能保持企业业绩的长期且持续的增长（杨美玲，2024）。然而，对于家族企业而言，保障家族企业实体和观念的顺利传承及保持家族对企业的控制权是更为重要的问题（刘子旭和王满，2021），从而做出不同于一般传统企业的决策和行为。基于社会情感财富理论，家族企业决策者将以家庭为中心的情感需求作为非经济目标（Gómez-Mejía et al.，2007）。Berrone 等（2012）将社会情感财富归纳为家族对企业的控制和影响、家族成员对企业的认同、以家族为核心的紧密社会关系、对企业的情感依附和通过代际传承实现家族对企业控制的延续五个维度。因此，在代际传承背景下，由于组织结构的变动，二代继承人面临权威的树立和控制权的掌握等问题，从而抑制企业的创新投入。

创新投入具有长期性、持续性、昂贵性和高不确定性等特点（Hall，2002）。然而，对于进入传承阶段的家族企业而言，二代继承人面临权威合法性的压力，迫切希望通过"捷径"来创造一定的业绩（何理和唐艺桐，2022），因此创新投入并非二代继承人建立自身权威的有效手段。相较于周期长、不确定性高和风险高的技术创新活动，二代继承人更倾向短期见效快的项目，如金融投资，配置金融资产可以达成二代继承人快速获利并树立权威的目标（Ye et al.，2022）。技术创新的成败与继承人的决策和判断息息相关，而金融投资更易受市场波动和宏观环境的影响，当取得良好的业绩时，可以将其归功于个人能力，当未达到相应的业绩时，可以将责任归咎于外部因素（杜勇等，2017）。对于有限资源的家族企业来说，通过配置金融资产来树立二代继承人的权威将直接挤占创新投入。同时，进入企业的二代继承人并未完全建立个人权威，在父辈和非家族成员的制约下，二代继承人的行为受到父辈限制，通常难以完全自主地进行决策，充分发挥其能力、知识等优势进行创新投入（黄方玉，2023）。

此外，二代继承人进入企业并参与管理会引起管理层人员的变更，由于管理层人员的变动，家族企业内部可能会出现一些不稳定因素。正是由于这种不安定因素的存在，为了维系家族权威，家族控制和影响这一约束型社会情感财富成为决策的首要目标（朱沆等，2016）。同时，家族既有的资金、知识和人力可能无法满足创新投入的需求，企业若想增加并优化创新投入，大量引入专业技术人才和财务资金是无法规避的。一方面，这会加深企业组织结构的复杂化，增强对资源和环境的依赖性，弱化家族对企业的控制与影响（黄珺和胡卫，2020）。另一方面，引入大量的外来人员会对家族控制权造成一定的威胁，违背了家族成员要维系社会情感财富的理念。一些研究也表明，与未发生代际传承的家族企业相比，发生代际传承的家族企业通常面临风险承担能力降低（许永斌和鲍树琛，2019）、金融化加深（罗进辉等，2023）、代理冲突上升（程晨，2018）、盈利和业绩下降（Moreno-Gené & Gallizo，2021；Chiang & Yu，2018）等潜在问题，出于对这些负面影响的预防，二代继承人会将更多的资源投入规避风险方面，规避具有高风险且长期性的创新活动，从而降低创新投入。基于上述代际传承与企业创新投入的分析，本章提出如下假设：

假设 1：家族企业代际传承会抑制企业创新投入。

上文中我们基于社会情感财富理论分析发现，在代际传承背景下，由于组织结构的变动，二代继承人面临权威的树立和控制权的掌握等问题，家族企业更倾向关注规避社会情感财富的损失，从而形成维持家族控制这一体现约束型社会情感财富的战略参考点，对企业创新的意愿往往并不强烈（李健等，2024）。同时，进入代际传承阶段的家族企业对家族的控制权尤为关注，其更倾向避免因外来人员的进入所带来的"分权"威胁。创新效率是企业的创新成果转化能力，是单位创新投入下所带来的创新产出，创新效率很大程度上取决于企业进行创新决策的执行程度和质量（朱琳等，2021）。而外来创新人才的缺乏，使家族企业创新成果转化质量无法得到充分的保障，从而降低企业的创新产出能力，最终导致创新效率的降低。同时，二代继承人与一代创始人的经营理念、运营模式、管理思维、发展方向和价值取向等多方面存在差异，这种代际差异容易造成内部的冲突和摩擦，从而导致创新决策效率下降，进而对企业的创新效率产生负面影响。

此外，代际传承背景下，家族企业二代继承者因为权威合法性不足面临难以服众的尴尬局面（黄珺和胡卫，2020）。一方面，二代继承人创业经验不如父辈丰富，而激进地采取创新战略会受到老一辈非家族成员的掣肘，从而影响创新决策的执行效率，造成创新效率的降低。另一方面，家族企业内外部相关利益者会理所当然地将对一代企业家的认知转移到对二代企业家的期望上（李健等，2023）。然而，二代继承人的成长环境、社会经历、价值取向和经验与一代企业家往往存在一定的差异，使其相对一代企业家在管理能力、领袖魅力与社会关系网络建立等方面存在较大不足，很难匹配和满足企业内外部相关利益者对二代继承人的领导能力的期望，从而二代继承人的创新决策面临内外部的怀疑，影响企业创新活动的执行程度和执行效率。同时，企业创新是持续性的活动，需要不断地进行资金和其他资源的投入（Liu，2024），而处于代际传承阶段的家族企业会将更多的精力和资源优先用于解决传承阶段的冲突与问题，资源无法持续补充创新的需求，从而造成企业创新中断的风险上升，成果转化能力和创新效率随之下降。基于上述分析，本章提出如下假设：

假设2：家族企业代际传承会抑制企业创新产出。

假设3：家族企业代际传承会抑制企业创新效率。

4.3 研究设计

4.3.1 样本选取与数据来源

考虑到样本的可获得性，本章选取2012~2022年中国A股上市家族公司为原始样本。其中，同时满足以下要求的企业定义为家族企业：①实际控制人为一个家族或自然人的民营企业；②除实际控制人外，至少有一名家族成员在企业中持股或参与管理。家族企业代际传承数据来源于国泰安（CSMAR）数据库，并与中国研究数据服务平台（CNRDS）数据库进行匹配和手工筛选，其他数据主要来源于CSMAR，补充数据来源于Wind数据库。

本章对原始样本进行如下处理：①考虑到财务状况异常或面临退市危险的企业相应财务信息与常规上市企业相差较大，从而对研究结果带来较高的误差，所以本章对ST、*ST和已退市企业的样本进行了剔除；②考虑到金融公司与传统企业在经营活动中存在较高的差异性，因此我们依据《上市公司行业分类指引》（2012年修订），对金融行业样本进行剔除；

③考虑到补充缺失样本数据从技术层面上较为困难且一些常用方法如邻近年度代替法、线性插值法等容易造成数据的不准确性，所以对变量缺失的样本进行剔除处理；④由于创新效率的度量为 ln（企业专利申请数量 +1）/ ln（研发投入金额 +1），因此为避免分母为 0 带来结果异常值，剔除研发投入金额为 0 的样本；⑤为缓解个别样本偏差较大及其他可能的异常值影响，对所有连续变量进行上下 1% 分位的缩尾处理。经处理，最终得到 12313 个企业—年度样本观测值。

4.3.2 变量定义

4.3.2.1 被解释变量

（1）企业创新投入（Input）。现有研究对创新投入的度量主要分为创新投入总量和创新投入强度，前者通常直接由研发投入金额来衡量，后者通常由研发投入金额占营业收入的比例来衡量。考虑到营业收入因受企业内外部因素影响而存在一定的差异性，因此借鉴达潭枫和刘德宇（2023）的研究，使用研发投入金额来衡量，并对其加 1 后取自然对数。

（2）企业创新产出（Inn）。企业专利数量是衡量企业创新产出水平的常用指标，同时考虑到专利从申请到授权存在一定的时滞性，因此选取企业专利的申请数量来度量企业创新产出水平，并对其加 1 后取自然对数。

（3）企业创新效率（InnX）。企业创新效率是指单位创新投入所产生的创新产出，因此使用上述的创新产出与创新投入之比来衡量，即 ln（企业专利申请数量 +1）/ln（研发投入金额 +1）。

4.3.2.2 解释变量

家族企业代际传承（DID）。本章借鉴严若森和赵亚莉（2022）、黄海杰等（2018）、李思飞等（2023）的研究，当家族企业实际控制人的儿子、女儿、儿媳和女婿担任公司的董事长、其他董事、总经理或其他高管时，则家族企业发生代际传承。据此，若家族企业存在代际传承事件，则将代际传承发生当年及以后的年度取值为 1，其他均设置为 0，记为 DID。DID 为多期双重差分模型的目标项，其系数反映了相较于未发生代际传承的家族企业，发生代际传承的家族企业对目标指标存在的影响。

4.3.2.3 控制变量

考虑到被解释变量（Input、Inn、InnX）主要基于企业财务数据进行构建，对此借鉴黄珺和胡卫（2020）、李健等（2023）、李健等（2024）的研究，依次选取如下控制变量：经营活动现金流量（CFO）、股权制衡度（EB）、两职合一（Duality）、企业成长性（Growth）、企业规模（Size）、总资产收益率（ROA）和资产负债率（LEV）。此外，考虑到所选样本为家族企业，我们进一步控制家族特征变量，分别为家族成员高管占比（Member）、家族企业高管海外背景（Oversea）和家族企业女性高管占比（Female）。本章还控制了年度固定效应（Year）和行业固定效应（Industry）。

各变量定义如表4-1所示。

表 4-1　变量定义

变量类型	变量名称	变量符号	说明
被解释变量	创新投入	Input	ln（1+ 研发投入金额）
	创新产出	Inn	ln（1+ 企业专利申请数量）
	创新效率	InnX	ln（1+ 企业专利申请数量）/ln（1+ 研发投入金额）
解释变量	代际传承	DID	当实际控制人的二代继承人担任公司的董事长、其他董事、总经理或其他高管时，取值为1，否则为0
控制变量	家族成员高管占比	Member	家族企业高管为家族成员人数 / 家族企业高管总人数
	家族企业高管海外背景	Oversea	如果家族企业内存在拥有海外工作或学习经历的高管为1，否则为0
	家族企业女性高管占比	Female	家族企业女性高管人数 / 家族企业高管总人数
	经营活动现金流量	CFO	企业经营活动产生的净现金流 / 企业总资产
	股权制衡度	EB	第 2~5 大股东持股比例 / 第一大股东持股比例
	两职合一	Duality	董事长与总经理为同一人，是则赋值为1，否则赋值为0
	企业成长性	Growth	（营业收入本年本期金额 − 营业收入上年同期金额）/（营业收入上年同期金额）
	企业规模	Size	ln（1+ 企业总资产）
	总资产收益率	ROA	当期净利润 / 企业总资产
	资产负债率	LEV	企业总负债 / 企业总资产

变量类型	变量名称	变量符号	说明
控制变量	年度固定效应	Year	年度虚拟变量
	行业固定效应	Industry	行业虚拟变量

4.3.3 模型设计

为探究家族企业代际传承分别对企业创新投入、创新产出和创新效率的影响，我们构建如下多期双重差分模型：

$$\text{Input}_{i,t}=\alpha_0+\alpha_1\text{DID}_{i,t}+\alpha_2\text{Controls}+\sum\text{Year}+\sum\text{Industry}+\varepsilon \quad (4-1)$$

$$\text{Inn}_{i,t}=\beta_0+\beta_1\text{DID}_{i,t}+\beta_2\text{Controls}+\sum\text{Year}+\sum\text{Industry}+\varepsilon \quad (4-2)$$

$$\text{InnX}_{i,t}=\lambda_0+\lambda_1\text{DID}_{i,t}+\lambda_2\text{Controls}+\sum\text{Year}+\sum\text{Industry}+\varepsilon \quad (4-3)$$

式中：下标 i 和 t 分别为企业和年度；Input 为企业创新投入；Inn 为企业创新产出；InnX 为企业创新效率；DID 为核心解释变量，代表家族企业代际传承；Controls 为本章的全部控制变量，依次为家族成员高管占比（Member）、家族企业高管海外背景（Oversea）、家族企业女性高管占比（Female）、经营活动现金流量（CFO）、股权制衡度（EB）、两职合一（Duality）、企业成长性（Growth）、企业规模（Size）、总资产收益率（ROA）和资产负债率（LEV）；$\sum$Year 和 $\sum$Industry 分别为年度固定效应和行业固定效应；ε 为随机扰动项。α_1 度量了家族企业代际传承对企业创新投入的影响水平，如果家族企业代际传承对企业创新投入具有抑制作用，则该系数显著为负；如果家族企业代际传承对企业创新投入具有促进作用，则该系数显著为正；如果家族企业代际传承与企业创新投入无关系，则该系数不显著。β_1 度量了家族企业代际传承对企业创新产出的影响水平，如果家族企业代际传承对企业创新产出具有抑制作用，则该系数显著为负；如果家族企业代际传承对企业创新产出具有促进作用，则该系数显著为正；如果家族企业代际传承与企业创新产出无关系，则该系数不显著。λ_1 度量了家族企业代际传承对企业创新效率的影响水平，如果家族企业代际传承对企业创新效率具有抑制作用，则该系数显著为负；如果家族企业代际传承对企业创新效率具有促进作用，则该系数显著为正；如果家族企业代际传承与企业创新效率无关系，则该系数不显著。

4.4 实证结果与分析

4.4.1 描述性统计

各变量描述性统计如表 4-2 所示。

表 4-2 描述性统计

变量	样本数	均值	标准差	最小值	最大值
Input	12313	17.8606	1.2164	14.3943	21.0960
Inn	12313	3.0501	1.4333	0	6.3648
InnX	12313	0.1686	0.0751	0	0.3219
DID	12313	0.2797	0.4489	0	1
Member	12313	0.1811	0.1593	0	0.6667
Oversea	12313	0.6112	0.4875	0	1
Female	12313	0.1918	0.1730	0	0.6667
CFO	12313	0.0516	0.0647	−0.1316	0.2324
EB	12313	0.8231	0.5974	0.0572	2.8515
Duality	12313	0.4160	0.4929	0	1
Growth	12313	0.1832	0.2962	−0.2744	1.7094
Size	12313	21.8759	0.9932	20.0581	24.8801
ROA	12313	0.0430	0.0634	−0.2575	0.2091
LEV	12313	0.3653	0.1769	0.0530	0.7929

从表 4-2 可知，企业创新效率（InnX）的均值为 0.1686，标准差为 0.0751，表明所选样本家族企业创新效率整体差异性不大，可能由于高的创新投入带来较高的创新产出，而低的创新投入带来较少的创新产出。然而，InnX 的最小值为 0，最大值为 0.3219，这说明不同家族企业样本间仍然存在一定的差异性，个别家族企业存在有创新投入但无产出的情况。企

业创新产出（Inn）标准差为 1.4333，说明不同家族企业间创新产出存在较大差异。由 Inn 的均值 3.0501 可知，所选家族企业平均每年专利申请数量约为 20（$e^{3.0501}-1$）个，体现了家族企业具有一定的创新能力，是推动经济发展的关键力量。企业创新投入（Input）最小值为 14.3943，最大值为 21.0960，均值为 17.8606，标准差为 1.2164，说明家族企业创新投入水平存在差异，同时整体投入水平较高。代际传承（DID）的均值为 0.2797，说明所选样本家族企业中，有 27.97% 的家族企业已进入代际传承阶段。其他控制变量的描述性统计结果总体合理，并且与李思飞等（2023）、李健等（2024）的研究基本一致。

4.4.2　基准回归结果

表 4-3 第（1）列为家族企业代际传承对企业创新投入的回归结果，DID的系数在 1% 水平上显著为 -0.1173，表明家族企业代际传承抑制企业创新投入。表 4-3 第（2）列为家族企业代际传承对企业创新产出的回归结果，DID的系数在 1% 水平上显著为 -0.0704，表明家族企业代际传承抑制企业创新产出。表 4-3 第（3）列为家族企业代际传承对企业创新效率的回归结果，DID的系数在 5% 水平上显著为 -0.0026，表明家族企业代际传承抑制企业创新效率。由此，家族企业代际传承阶段相应创新意愿显著下降，从而家族企业创新水平降低。与此同时，家族企业在代际传承时期的创新决策执行程度和质量有所下降，造成家族企业创新产出水平降低和创新效率欠佳。

表 4-3　基准回归结果

变量	(1) Input	(2) Inn	(3) InnX
DID	-0.1173*** (-7.13)	-0.0704*** (-2.97)	-0.0026** (-1.98)
Member	-0.0440 (-0.91)	0.0321 (0.44)	0.0034 (0.83)
Oversea	0.1248*** (8.33)	0.0954*** (4.38)	0.0042*** (3.53)
Female	-0.1366*** (-3.28)	-0.3043*** (-5.00)	-0.0160*** (-4.76)

变量	(1) Input	(2) Inn	(3) InnX
CFO	0.7865*** (5.67)	0.2717 (1.41)	0.0053 (0.50)
EB	0.0522*** (4.68)	−0.0098 (−0.55)	−0.0008 (−0.85)
Duality	0.0326** (2.22)	0.0170 (0.75)	0.0007 (0.60)
Growth	−0.1189*** (−4.36)	−0.0618* (−1.65)	−0.0017 (−0.80)
Size	0.8453*** (90.59)	0.6249*** (46.21)	0.0261*** (35.58)
ROA	1.4229*** (8.73)	1.1526*** (5.44)	0.0479*** (4.11)
LEV	−0.0517 (−0.91)	0.1516* (1.95)	0.0075* (1.73)
常数项	−0.7583*** (−3.88)	−10.7121*** (−37.83)	−0.4061*** (−26.41)
Year	YES	YES	YES
Industry	YES	YES	YES
样本量	12309	12309	12309
调整后的 R^2	0.621	0.390	0.328

注：***、**、* 分别表示在 1%、5%、10% 的水平上显著，括号内为 t 值，个体聚类。

上述基准回归结果表明，家族企业代际传承会抑制企业创新投入、创新产出和创新效率。这是由于处于代际传承阶段的家族企业具有较明显的风险规避倾向，规避具有高风险、高投入和长周期等特征的创新活动，加之，这一阶段的家族企业通常面临一定的资源限制，从而降低创新投入。与此同时，创新效率是企业的创新成果转化能力，是单位创新投入所带来的创新产出，创新效率很大程度上取决于企业创新决策的执行程度和执行质量。然而，二代继承人的成长环境、社会经历、价值取向和经验与一代企业家往往存在一定的差异，使其相对一代企业家在管理能力、领袖魅力与社会关系网络建立等方面存在较大不足，从而家族企业在创新活动的执行程度和执行效率方面有所下降，不利于企业创新成果的转化，相应创新产出和创新效率的表现并不理想。

4.4.3 稳健性检验

4.4.3.1 平行趋势检验

在使用多期双重差分模型检验家族企业代际传承的经济影响时，有必要在代际传承发生前和发生后进行平行趋势检验（Bertrand et al., 2004）。对此，构建式（4-4），采用事件研究方法来评估平行趋势假设的有效性。

$$\text{Input}_{i,t}/\text{Inn}_{i,t}/\text{InnX}_{i,t}=\eta\sum_{k=-5}^{k=5}\varphi D_t+\varphi_1\text{Controls}+\sum\text{Year}+\sum\text{Industry}+\varepsilon \quad （4-4）$$

式中：D_t 为代际传承事件；k 为代际传承发生的第 k 年，当 k 为负数时，代表家族企业发生代际传承前的第 k 年；当 k 为正数时，代表家族企业发生代际传承后的第 k 年。其他变量定义与式（4-1）、式（4-2）和式（4-3）一致。如果系数 φ 在代际传承发生前不显著，则表明满足平行趋势检验的基本假设。

图 4-2 给出了代际传承影响家族企业创新投入的平行趋势检验结果。由此可知，在代际传承发生前系数 φ 均不显著，说明在代际传承发生前处理组与控制组企业创新投入不存在显著差异，符合平行趋势假设。进一步发现，current 和 post_1 时点的回归系数不显著，post_2、post_3、post_4 和 post_5 时点的回归系数均显著为负，说明发生代际传承后，处理组企业创新投入产生了显著的差异性变动，并且这种差异变化存在时滞性，再一次验证了家族企业代际传承抑制企业创新投入的研究假设。

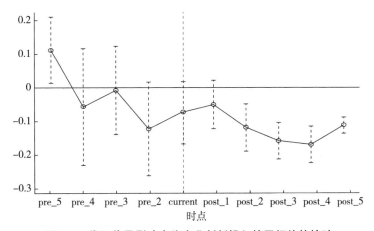

图 4-2　代际传承影响家族企业创新投入的平行趋势检验

图 4-3 给出了代际传承影响家族企业创新产出的平行趋势检验结果。由此可知，在代际传承发生前系数 φ 均不显著，说明在代际传承发生前处理组与控制组企业创新产出不存在显著差异，符合平行趋势假设。进一步发现，current 时点的回归系数不显著，表明代际传承对创新产出的作用存在时滞性。同时，post_1、post_2、post_3、post_4 和 post_5 时点的回归系数均显著为负，说明发生代际传承后，处理组企业创新产业产生了显著的差异性变动，再一次验证了家族企业代际传承抑制企业创新产出的研究假设。

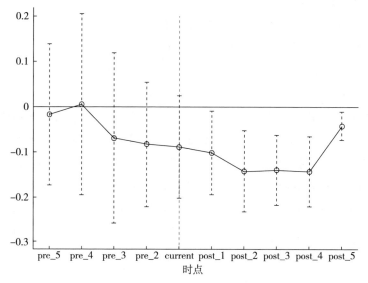

图 4-3　代际传承影响家族企业创新产出的平行趋势检验

图 4-4 给出了代际传承影响家族企业创新效率的平行趋势检验结果。由此可知，在代际传承发生前系数 φ 均不显著，说明在代际传承发生前处理组与控制组企业创新效率无显著差异，满足平行趋势假设。进一步发现，current 和 post_5 时点的回归系数不显著，而 post_1、post_2、post_3 和 post_4 时点的回归系数均显著为负，说明发生代际传承后，处理组企业创新效率产生了显著的差异性变动，并且这种作用存在时滞性和暂时性。该结果再一次验证了家族企业代际传承抑制企业创新效率的研究假设。

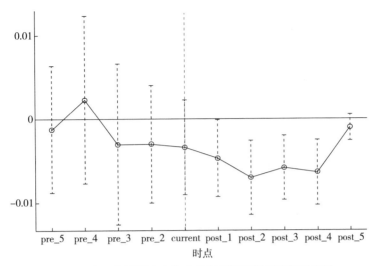

图4-4 代际传承影响家族企业创新效率的平行趋势检验

4.4.3.2 安慰剂检验

为进一步考察企业创新活动的差异性变化是受到家族企业代际传承这一具体事件的影响，我们采用安慰剂检验方法以验证上述结论。具体地，我们从样本中设置随机处理组，同时设置随机代际传承发生时点，从而生成新的虚拟变量进行回归，并重复上述操作1000次，得到虚假事件的估计系数分布情况如图4-5、图4-6和图4-7所示。

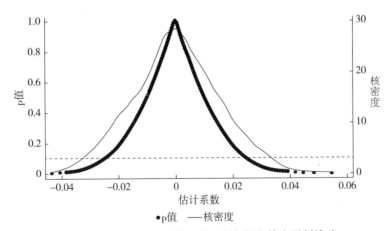

图4-5 代际传承影响家族企业创新投入的安慰剂检验

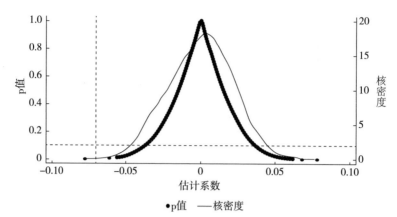

图 4-6　代际传承影响家族企业创新产出的安慰剂检验

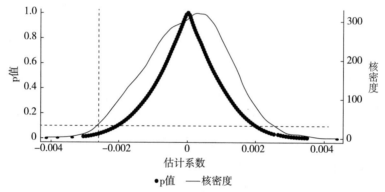

图 4-7　代际传承影响家族企业创新效率的安慰剂检验

图 4-5 为家族企业代际传承影响企业创新投入的安慰剂检验结果，可以发现，随机样本的系数分布服从以 0 为中心的正态分布，并且远大于基准回归系数 -0.1173（表 4-3），同时大部分随机抽样结果的 p 值不显著。这表明家族企业代际传承对企业创新投入的负向影响效应不是来自偶然因素，基准回归结果是稳健的。

图 4-6 为家族企业代际传承影响企业创新产出的安慰剂检验结果，可以发现，随机样本的系数分布服从以 0 为中心的正态分布，并且大部分随机抽样结果系数大于基准回归系数 -0.0704（表 4-3），同时大部分随机抽样结果的 p 值不显著。这表明家族企业代际传承对企业创新产出的负向影响效应不是来自偶然因素，基准回归结果是稳健的。

图 4-7 为家族企业代际传承影响企业创新效率的安慰剂检验结果，可

以发现，随机样本的系数分布服从以 0 为中心的正态分布，并且大部分随机抽样结果系数大于基准回归系数 −0.0026（表 4−3），同时大部分随机抽样结果的 p 值不显著。这表明家族企业代际传承对企业创新效率的负向影响效应不是来自偶然因素，基准回归结果是稳健的。

4.4.3.3 倾向得分匹配法检验

考虑到家族企业选择代际传承并非随机事件，往往发生代际传承的家族企业和未发生代际传承的家族企业存在一定的差异，从而可能存在样本选择偏差所带来的内生性问题。对此，本章采用倾向得分匹配法（PSM）进一步检验家族企业代际传承对企业创新影响的稳健性。本章将发生代际传承的家族企业设置为处理组，未发生代际传承的家族企业设置为对照组，并借鉴严若森和赵亚莉（2022）、张涛和袁奋强（2023）的研究，分别从家族成员高管占比（Member）、家族企业高管海外背景（Oversea）和家族企业女性高管占比（Female）等代表家族特征的因素，以及企业规模（Size）、总资产收益率（ROA）、股权制衡度（EB）、企业成长性（Growth）和资产负债率（LEV）等代表企业特征和治理等方面的因素进行匹配，然后利用匹配后的样本进行回归分析，结果如表 4−4 所示。

表 4−4 稳健性检验：倾向得分匹配法检验

变量	(1) Input	(2) Inn	(3) InnX
DID	−0.1645*** (−8.22)	−0.1120*** (−3.89)	−0.0043*** (−2.79)
常数项	−1.1670*** (−4.56)	−10.4873*** (−28.51)	−0.3810*** (−19.18)
Controls	YES	YES	YES
Year	YES	YES	YES
Industry	YES	YES	YES
样本量	6882	6882	6882
调整后的 R^2	0.648	0.406	0.338

注：*** 表示在 1% 的水平上显著，括号内为 t 值，个体聚类。

在表 4−4 中，第（1）列为经过匹配后，家族企业代际传承对企业创新投入的回归结果。可以发现，代际传承 DID 的系数在 1% 水平上显著为 −0.1645，表明在一定程度上缓解样本选择偏差的内生性问题后，家族企业代际传承抑制企业创新投入的结论仍然有效。第（2）列为经过匹配后，家族企业代际传承对企业创新产出的回归结果。由此可知，代际传承 DID 的系数在 1% 水平上显著为 −0.1120，表明在一定程度上缓解样本选择偏差的内生性问题后，家族企业代际传承抑制企业创新产出的结论仍然有效。第（3）列为经过匹配后，家族企业代际传承对企业创新效率的回归结果。可以发现，DID 的系数在 1% 水平上显著为 −0.0043，表明在一定程度上缓解样本选择偏差的内生性问题后，家族企业代际传承抑制企业创新效率的结论仍然有效。

4.4.3.4 变量滞后检验

为进一步避免解释变量与被解释变量间可能存在的双向因果关系，我们选取家族企业第 t 期的代际传承作为解释变量，同时分别选取第（t+1）期企业创新投入、第（t+1）期企业创新产出和第（t+1）期企业创新效率作为被解释变量，构建如下模型并重新进行回归分析。

$$\text{Input}_{i,t+1}/\text{Inn}_{i,t+1}/\text{InnX}_{i,t+1}=\theta_0+\theta_1\text{DID}_{i,t}+\theta_2\text{Controls}+\sum\text{Year}+\sum\text{Industry}+\varepsilon$$

$$（4-5）$$

式中：$\text{Input}_{i,t+1}/\text{Inn}_{i,t+1}/\text{InnX}_{i,t+1}$ 分别为第（t+1）期的企业创新投入、创新产出和创新效率，其他变量定义同基准回归一致，回归结果如表 4-5 所示。

表 4-5　稳健性检验：变量滞后检验

变量	(1) Input_{t+1}	(2) Inn_{t+1}	(3) InnX_{t+1}
DID	−0.1270*** (−6.82)	−0.0732*** (−2.75)	−0.0026* (−1.82)
常数项	−0.4003* (−1.81)	−10.1876*** (−31.88)	−0.3735*** (−21.67)
Controls	YES	YES	YES
Year	YES	YES	YES
Industry	YES	YES	YES
样本量	9717	9717	9717

续表

变量	(1) Input$_{t+1}$	(2) Inn$_{t+1}$	(3) InnX$_{t+1}$
调整后的 R^2	0.613	0.387	0.328

注：***、* 分别表示在 1%、10% 的水平上显著，括号内为 t 值，个体聚类。

在表 4-5 中，第（1）列为家族企业代际传承对（t+1）期企业创新投入的回归结果，DID 的系数在 1% 水平上显著为 -0.1270，表明家族企业代际传承对企业下一期的创新投入水平具有抑制作用。第（2）列为家族企业代际传承对（t+1）期企业创新产出的回归结果，DID 的系数在 1% 水平上显著为 -0.0732，表明家族企业代际传承对企业下一期的创新产出水平具有抑制作用。第（3）列为家族企业代际传承对（t+1）期企业创新效率的回归结果，DID 的系数在 10% 水平上显著为 -0.0026，表明家族企业代际传承对企业下一期的创新效率具有抑制作用。综合上述分析，将被解释变量调整为下一期即（t+1）期后，结果并未发生显著改变，原假设成立。

4.4.3.5　调整观测样本

为保证家族企业代际传承对企业创新影响结论的准确性，本章进一步通过多种调整观测样本的方法来进行稳健性检验。第一，调整家族企业界定门槛。在基准回归分析中，我们仅从实际控制人为一个家族或自然人的民营企业，同时除实际控制人外，至少有一名家族成员在企业中持股或参与管理的角度对家族企业进行了定义。在此基础上，我们以更严格的界定门槛重新定义家族企业，以实际控制人持股比例 20% 及以上且同时满足原基准回归的要求重新界定家族企业，结果如表 4-6 所示。

表 4-6　稳健性检验：调整家族企业界定门槛

变量	(1) Input	(2) Inn	(3) InnX
DID	−0.1218*** (−7.04)	−0.0740*** (−2.92)	−0.0025* (−1.82)
常数项	−0.3973* (−1.92)	−10.4163*** (−33.76)	−0.3956*** (−23.51)
Controls	YES	YES	YES

变量	(1) Input	(2) Inn	(3) InnX
Year	YES	YES	YES
Industry	YES	YES	YES
样本量	10839	10839	10839
调整后的 R^2	0.619	0.391	0.333

注：***、* 分别表示在 1%、10% 的水平上显著，括号内为 t 值，个体聚类。

在表 4-6 中，第（1）列为家族企业代际传承对企业创新投入的回归结果，DID 的系数在 1% 水平上显著为 -0.1218，表明在调整家族企业界定门槛后，家族企业代际传承对企业创新投入水平具有抑制作用。第（2）列为家族企业代际传承对企业创新产出的回归结果，DID 的系数在 1% 水平上显著为 -0.0740，表明在调整家族企业界定门槛后，家族企业代际传承对企业创新产出水平具有抑制作用。第（3）列为家族企业代际传承对企业创新效率的回归结果，DID 的系数在 10% 水平上显著为 -0.0025，表明在调整家族企业界定门槛后，家族企业代际传承对企业创新效率具有抑制作用。

第二，缩减样本时间。考虑到样本时间跨度过长，容易受外来干扰因素的影响，我们将样本宽度由原来的 2012～2022 年缩减为 2014～2020 年，结果如表 4-7 所示。第（1）列为家族企业代际传承对企业创新投入的回归结果，DID 的系数在 1% 水平上显著为 -0.1219，表明在缩减样本时间后，家族企业代际传承对企业创新投入水平具有抑制作用。第（2）列为家族企业代际传承对企业创新产出的回归结果，DID 的系数在 1% 水平上显著为 -0.0838，表明在缩减样本时间后，家族企业代际传承对企业创新产出水平具有抑制作用。第（3）列为家族企业代际传承对企业创新效率的回归结果，DID 的系数在 10% 水平上显著为 -0.0033，表明在缩减样本时间后，家族企业代际传承对企业创新效率具有抑制作用。综合上述检验结果可以发现，以上回归结果中，DID 的系数均显著为负，表明家族企业代际传承对企业创新投入、创新产出和创新效率均具有显著的抑制作用，实证结果并未发生实质性变化，进一步证明了本章的研究结论是稳健的。

表 4-7　稳健性检验：缩减样本时间

变量	(1) Input	(2) Inn	(3) InnX
DID	−0.1219*** (−5.74)	−0.0838*** (−2.72)	−0.0033* (−1.93)
常数项	−0.4431* (−1.77)	−10.8257*** (−29.13)	−0.4128*** (−20.32)
Controls	YES	YES	YES
Year	YES	YES	YES
Industry	YES	YES	YES
样本量	7478	7478	7478
调整后的 R^2	0.598	0.381	0.317

注：***、* 分别表示在 1%、10% 的水平上显著，括号内为 t 值，个体聚类。

4.5　代际传承、二代特征与企业创新

4.5.1　二代海外背景

伴随经济全球化的发展，大量家族企业的二代继承人更愿意出国进行深造，已发生代际传承的 A 股上市家族企业中，41.5% 的二代成员具有海外工作或学习经历（朱晓文和吕长江，2019），海外经历甚至被认为是二代成员的"标配"（杨美玲，2024）。具有海外经历的二代高管受外国文化的影响（Dai, 2019），会将外国文化理念融入企业治理中（Tan & Wang, 2023），那么，海外经历是否让二代继承人具有更广阔的国际视角？是否有助于企业的创新行为？或者说，这种文化差异性下的外部冲击是否会对企业创新存在负面影响？

对此，本部分基于二代继承人是否拥有海外学习或工作经历构建海外背景指标（Oversea），如果有，则取值为 1，否则取值为 0，回归结果如表 4-8 所示。可以发现，Oversea 的系数分别在 1%、1% 和 5% 水平上显著为 0.2582、0.1394 和 0.0047，这表明二代继承人海外背景有助于企业创

新投入、创新产出和创新效率的提升。换言之，二代继承人海外背景可以有效缓解代际传承对家族企业创新投入、创新产出和创新效率的负面效应。这是由于拥有海外背景的二代继承人具有广阔的国际视野，同时海外经历使他们对前沿知识、技术具有更深的了解和掌握，更有可能在企业内推行先进的管理实践方案和战略发展策略（黄海杰等，2018），从而有助于创新成果的转化。此外，拥有海外背景的二代继任人可以利用海外经历建立一定的关系网络，并通过关系网络从海外机构或企业获取一定的研发资金（杨美玲，2024），也为企业接触到前沿技术提供基础，快速掌握技术更新动态（尹飘扬和李前兵，2020），从而有助于企业创新的意愿和能力的提升。因此，二代继承人的海外背景对家族企业创新投入、创新产出和创新效率均具有促进作用。

表4-8　代际传承、二代特征与企业创新：二代海外背景

变量	(1) Input	(2) Inn	(3) InnX
Oversea	0.2582*** (7.27)	0.1394*** (3.18)	0.0047** (2.00)
常数项	16.8580*** (253.09)	2.4281*** (28.94)	0.1433*** (31.58)
Controls	YES	YES	YES
Year	YES	YES	YES
Industry	YES	YES	YES
样本量	3442	3442	3442
调整后的 R^2	0.386	0.305	0.279

注：***、** 分别表示在1%、5%的水平上显著，括号内为 t 值，个体聚类。

4.5.2　二代教育背景

党的二十届三中全会指出，教育、科技、人才是中国式现代化的基础性、战略性支撑。由此可知，教育在创新中起到了重要的作用。科技创新是一种专业化水平较高且复杂的活动，技术障碍伴随项目的前期评估、中期研发和后期控制阶段等全过程，这对家族二代继承人的知识储备和认知能力均提出了较高的要求和标准。我国历来有重视教育的传统，家族企业家尤为关注二代继承人的培养，二代继承人普遍受过先进的教育。如果说

家族一代的知识更多的是从创业和管理实践中习得，那么对年轻的二代继承人的培养更多的是通过教育进行知识上的储备，这主要包括与企业管理相关的知识和与专业技术相关的知识。家族创始人出于对二代继承人接班的期许，一方面，通过教育培养二代继承人管理企业的科学意识；另一方面，通过正式教育获得专业的技术知识与经验（陈德球和徐婷，2023）。那么，二代继承人的教育背景是否有助于家族企业创新？

为回答上述问题，本部分基于二代继承人是否具有硕士及以上学历背景构建教育背景指标（Edu），如果二代继承人具有硕士或硕士以上的学历背景，则取值为 1；如果二代继承人仅具有高中、大专或本科等非硕士及以上的学历背景，则取值为 0，回归结果如表 4-9 所示。由此可知，在 Edu 对 Input 的影响中，Edu 的系数在 1% 水平上显著为 0.1151，二代继承人教育背景促进家族企业创新投入。在 Edu 对 Inn 的影响中，Edu 的系数在 1% 水平上显著为 0.1221，二代继承人教育背景促进家族企业创新产出。在 Edu 对 InnX 的影响中，Edu 的系数在 5% 水平上显著为 0.0059，二代继承人教育背景促进家族企业创新效率。因此，在发生代际传承的家族企业中，二代继承人的教育背景越高，企业创新投入、创新产出和创新效率均越高。换言之，二代继承人更高的教育背景有助于缓解家族企业代际传承对企业创新投入、创新产出和创新效率的抑制作用。这是由于学历较高的继承人往往具有更广阔的眼界，对创新项目具有更高的认知和接收能力，从而更倾向积极进行创新行为（杨美玲，2024）。同时，相应技术创新的特征也对继承人的教育背景提出了更高的要求，而教育有助于提升继承人的个人认知水平和专业能力（陈德球和徐婷，2023），从而有助于企业研发创新意识和能力的提升。Corbett（2007）的研究表明，专业职业教育对技术集中型和知识集中型的企业具有积极影响。郭韬等（2018）的研究也表明，高管学历有助于提升企业对创新的关注度，从而增强企业的创新投入和创新能力。

表 4-9　代际传承、二代特征与企业创新：二代教育背景

变量	(1) Input	(2) Inn	(3) InnX
Edu	0.1151*** (3.29)	0.1221*** (2.79)	0.0059** (2.55)

续表

变量	(1) Input	(2) Inn	(3) InnX
常数项	16.8348*** (249.72)	2.4035*** (28.50)	0.1421*** (31.15)
Controls	YES	YES	YES
Year	YES	YES	YES
Industry	YES	YES	YES
样本量	3442	3442	3442
调整后的 R^2	0.387	0.306	0.281

注：***、** 分别表示在 1%、5% 的水平上显著，括号内为 t 值，个体聚类。

4.5.3　二代专业技能

科技创新是一种专业性和复杂性极高的活动，这不仅对相应研发人员的科研能力提出了一定的要求，也对家族二代继承人的知识储备和专业能力均提出了较高的要求。具有相应行业技术经验或专业技能的高管通常对行业内的创新具有更敏锐的观察力，一方面，具备相应技术经验的二代高管可以有效监督研发人员和科技创新全过程的发展；另一方面，能够把握相应的发展机遇，从而做出有利于创新成果转化的判断（王瑶，2019）。因此，有必要分析二代继承人的专业技能对企业创新投入、创新产出和创新效率是否存在一定的作用。

鉴于此，本部分根据家族企业二代继承人是否获得相关专业职称或资格证书构建专业技能指标（Exp），如果二代继承人获得过相关专业职称或资格证书，则取值为 1，否则取值为 0。回归结果如表 4-10 所示。

表 4-10　代际传承、二代特征与企业创新：二代专业技能

变量	(1) Input	(2) Inn	(3) InnX
Exp	−0.0585 (−1.39)	0.1232** (2.55)	0.0070*** (2.75)
常数项	16.8744*** (254.24)	2.3936*** (28.21)	0.1414*** (30.80)
Controls	YES	YES	YES

续表

变量	(1) Input	(2) Inn	(3) InnX
Year	YES	YES	YES
Industry	YES	YES	YES
样本量	3442	3442	3442
调整后的 R^2	0.386	0.306	0.281

注：***、** 分别表示在 1%、5% 的水平上显著，括号内为 t 值，个体聚类。

由表 4-10 可知，在 Exp 对 Input 的影响中，Exp 的系数不显著，表明二代继承人的专业技能与家族企业创新投入无关。在 Exp 对 Inn 的影响中，Exp 的系数在 5% 水平上显著为 0.1232，表明二代继承人的专业技能促进家族企业创新产出。在 Exp 对 InnX 的影响中，Exp 的系数在 1% 水平上显著为 0.0070，表明二代继承人的专业技能促进家族企业创新效率。因此，在发生代际传承的家族企业中，二代继承人专业技能并不会直接促进企业创新投入水平的提升，但会有助于企业创新产出和创新效率水平的提升。换言之，二代继承人的专业技能有助于缓解家族企业代际传承对企业创新产出和创新效率的负面影响，但对企业创新投入没有影响。这是由于二代继承人拥有专业技能，意味着其拥有更多的专业知识和技术经验，可以依靠其专业技能对企业的创新、决策和发展做出更有效的判断（褚杉尔等，2019），从而有助于家族企业创新成果的转化。与此同时，家族企业的创新投入活动通常受到外部融资和内部治理等多方面因素的影响，但二代继承人的专业能力更倾向在技术成果转化中发挥作用，而并非企业研发费用的获得或增加，从而无法直接作用于企业创新投入活动。

4.6 代际传承、制度环境与企业创新

4.6.1 知识产权保护

技术创新通常伴随高昂的成本、较长的成果转化周期及显著的不确定

性。在投入市场后，企业所取得的创新成果往往会迅速被其他竞争对手模仿和复制，这使原本独占市场的利润被迅速分割，竞争对手可以通过较低的成本获取相似的技术优势。这种现象在一定程度上削弱了企业自主技术创新的动力和意愿，企业很可能会因为担心投资回报不确定而选择更加保守的经营策略（Lin & Ma, 2022）。因此，尽管技术创新是企业长期发展的关键，但其内在的风险和不确定性使许多企业在创新决策时显得犹豫不决，甚至可能会放弃一些具有潜力的创新项目，导致行业整体的技术进步受到制约。而良好的知识产权保护在一个地区无疑是一种重要的外部保障，它为企业的技术创新提供了坚实的支持。这样的保护机制不仅能够有效防止其他竞争者对企业创新成果的模仿和侵权行为，还能营造出一个安全的创新环境。企业在这样的环境中，可以更大胆地进行技术研发，投入更多资源用于创新，而不必担心自己的努力和投资会被他人轻易复制。由此，知识产权保护能够显著提升企业的创新意愿，激励它们不断追求新技术、新产品的开发，从而推动整个行业的进步与发展。因此，本章进一步探究在家族企业代际传承背景下，知识产权保护对企业创新投入、创新产出和创新效率的影响。

本章选取国家知识产权局知识产权发展研究中心发布的《中国知识产权发展状况评价报告》中的地区保护体系指数来衡量各地区知识产权保护水平（IPP），该指数数值越大说明对应地区的知识产权保护水平越高；该指数数值越小说明对应地区的知识产权保护水平越低，回归结果如表4-11所示。结果表明，在IPP对Input的影响中，IPP的系数在1%水平上显著为0.8039，表明地区知识产权保护有助于家族企业创新投入水平的提高。在IPP对Inn的影响中，IPP的系数不显著，表明地区知识产权保护与家族企业创新产出无关。在IPP对InnX的影响中，IPP的系数不显著，表明地区知识产权保护与家族企业创新效率无关。因此，在发生代际传承的家族企业中，地区知识产权保护有助于提升企业的创新意愿，从而推动企业进行更多的创新投入行为。与此同时，地区知识产权保护并不会直接影响企业技术创新成果的转化，从而对企业创新产出和创新效率无显著影响。换言之，地区知识产权保护有助于缓解家族企业代际传承对企业创新投入的负面影响，但对于企业创新产出和创新效率并无显著影响。这是由于知识产权保护在专利侵权风险的防范上发挥了重要的作用（Yan et al., 2021），进而对企业开展创新活动产生了积极的影响（Roh et al., 2021）。然而，技术创新成果的转化不仅依赖外部环境，与企业治理、战略选择和组织架构等多方面内部因素也密切相关，所以以知识产权保护对家族企业创新产出和创新效率并未有较大的影响趋势。

表 4-11　代际传承、制度环境与企业创新：知识产权保护

变量	(1) Input	(2) Inn	(3) InnX
IPP	0.8039***	0.0447	−0.0011
	(4.29)	(0.16)	(−0.07)
常数项	−1.9655***	−11.1382***	−0.4156***
	(−4.81)	(−18.44)	(−12.41)
Controls	YES	YES	YES
Year	YES	YES	YES
Industry	YES	YES	YES
样本量	3346	3346	3346
调整后的 R^2	0.676	0.427	0.360

注：*** 表示在 1% 的水平上显著，括号内为 t 值，个体聚类。

4.6.2　市场化程度

市场化是指通过市场机制来有效解决经济资源配置和经济体系运行中的各种问题，这种状态被视为一种良性的经济发展模式。市场化的核心在于以市场为主导力量，体现了政府在经济管理中的放宽政策。当政府对某个地区的监管和干预逐渐减少时，该地区的经济发展往往会愈加依赖市场的自我调节功能。伴随这一过程，市场准入的限制也会相应降低，使更多的企业和投资者能够进入市场，参与经济活动。这种转变不仅促进了资源的优化配置，还激发了市场的活力和创新能力，从而推动了整体经济的增长和繁荣。市场化进程的不断推进显著有利于营造一个公平的竞争环境，这对构建良好的营商环境至关重要。在这样的环境中，各方参与者能够在平等的基础上进行交易，从而降低不公平竞争的风险。同时，这种公平的竞争氛围也有助于保障交易双方对契约的有效执行，确保各方在交易中能够履行各自的责任。此外，企业在良好的营商环境中，更加容易理解和遵

守交易规则,这不仅增强了企业的合规意识,也提高了市场的整体效率与稳定性。因此,市场化进程的推进不仅促进了经济的健康发展,也为各类经济主体创造了更加有利的条件(林洲钰和陈超红,2024)。一方面,较高的市场化程度显著降低了由微观主体之间的不信任和沟通成本导致的交易费用。这种减少不仅使交易变得更加顺畅,还提升了资源配置的效率,从而为各方参与者创造了更多的价值。企业和个人在一个信任度高的市场环境中能够更轻松地进行信息交流和资源共享,从而降低了潜在的风险和不确定性。另一方面,较高的市场化程度也意味着地区内的竞争更加充分和激烈。在这种竞争氛围中,企业为了获得更大的市场份额和利润,必须不断进行创新和优化其产品和服务。这种激烈的竞争鼓励企业加大研发投入,探索新的商业模式,以满足消费者日益增长的需求。因此,本章进一步探究在家族企业代际传承背景下,市场化程度对企业创新投入、创新产出和创新效率的影响。

本章参考王小鲁等(2021)对各省份市场化进程的评价,选取家族企业注册省份的"市场化程度总指数"来衡量各地区市场化程度(Market),该指数数值越大说明对应地区的市场化程度越高;该指数数值越小说明对应地区的市场化程度越低,回归结果如表 4-12 所示。

表 4-12 代际传承、制度环境与企业创新:市场化程度

变量	(1) Input	(2) Inn	(3) InnX
Market	0.0507*** (4.29)	−0.0060 (−0.37)	−0.0007 (−0.73)
常数项	−1.8528*** (−4.70)	−11.0256*** (−18.76)	−0.4084*** (−12.61)
Controls	YES	YES	YES
Year	YES	YES	YES
Industry	YES	YES	YES
样本量	3346	3346	3346
调整后的 R^2	0.675	0.427	0.360

注:*** 表示在 1% 的水平上显著,括号内为 t 值,个体聚类。

表 4-12 表明,在 Market 对 Input 的影响中,Market 的系数在 1% 水平上显著为 0.0507,表明地区市场化程度有助于家族企业创新投入水平的

提高。在 Market 对 Inn 的影响中，Market 的系数不显著，表明地区市场化程度与家族企业创新产出无关。在 Market 对 InnX 的影响中，Market 的系数不显著，表明地区市场化程度与家族企业创新效率无关。因此，在发生代际传承的家族企业中，地区市场化程度有助于提升企业的创新意愿，从而推动企业进行更多的创新投入行为。与此同时，地区市场化程度并不会直接影响企业技术创新成果的转化，从而对企业创新产出和创新效率无显著影响。换言之，地区市场化程度有助于缓解家族企业代际传承对企业创新投入的负面影响，但对于企业创新产出和创新效率并无显著影响。这是由于市场化程度的提升为企业提供了良好的融资、竞争等外部环境，从而有助于提升企业的创新意愿，使企业进行更多的创新投入活动，但技术成果转化存在较高的不确定性，这或许是分析外部环境也难以解释清楚的问题。

4.7 本章小节

创新是体现一国竞争力的核心要素，也是推进经济高质量发展的重要支点。与此同时，代际传承是家族企业成长和持续发展必然要面对的问题。鉴于此，本章以 2012~2022 年中国 A 股上市家族企业数据为样本，实证检验了代际传承对家族企业创新投入、创新产出和创新效率的影响。主要得出如下结论：①家族企业代际传承会显著抑制企业创新投入、创新产出和创新效率。②家族企业二代继承人的海外背景和教育背景会弱化代际传承对家族企业创新的抑制作用。③家族企业二代继承人的专业技能从创新产出和创新效率两个方面，弱化代际传承的抑制性作用。④知识产权保护和市场化程度均有助于促进处于代际传承中的家族企业进行创新投入，但对于创新产出和创新效率并无直接联系。

基于上述结论，本章提出如下启示：

第一，创新活动是企业获得竞争优势的有利途径，是推动企业持续发展的必然选择，也是家族企业实现"基业长青"的重要战略。因此，对于我国家族企业而言，需要充分认识技术创新的意义、作用和价值，明确开展创新活动的有效途径，制定详细的创新成果转化决策和路线图，有效调动家族企业内部成员执行创新决策。同时，引导企业决策者以创新发展为首要任务，并提高一代企业家对子女的培养意识，特别是在教育和专业技能等方面的培养。

第二，代际传承是家族企业区别于非家族企业的重要特征，也是家族企业实现长期持续发展必然要经历的过程。然而，在短期内代际传承引起的组织结构变动，会使二代继承人面临权威的树立和控制权的掌握等多样性问题，对家族企业带来一定的"阵痛"。因此，政府与其他利益相关者应在这一特殊阶段给予家族企业一定的帮助和支持。一方面，相关部门应为家族企业传承发展提供稳定的保障措施，促进家族企业顺利完成传承，释放家族企业的发展活力。另一方面，社会界需正确认识家族企业对我国经济发展的重要作用，直面家族企业在发展过程中遇到的问题与挑战，给予二代企业家更多的信任和支持，从而加快二代企业家自身权威的建立。

第三，处于代际传承时期的家族企业往往面临资源的限制、权威的树立和信任的建立等问题约束，从而造成企业创新意愿的下降和创新成果转化的不理想。因此，对于步入传承阶段的企业家而言，应当进一步完善公司治理结构，合理规划资金安排，树立企业长远发展目标，以创新发展为主要前提，并在最大限度上降低代际传承对创新全过程的不利影响，进而实现企业的可持续发展。同时，一代企业家应关注二代继承人的行为特征，注重对二代继承人海外学习、学历教育和专业技能等多方面的培养，以满足企业创新发展的需求。

第四，对于政府部门而言，应当处理好政府与市场的关系，建立良好的知识产权保护体系，防范企业技术专利的侵权风险，保障企业创新活动可以顺利开展和平稳进行。同时，推动市场化进程，构建良好的营商环境，增强企业对交易规则的遵守程度，提高地区公平竞争水平，并及时出台信贷扶持等相关政策，为家族企业创新发展提供必要的外部环境和资源扶持，从而使企业开展技术创新活动和实现成果转化更高效。此外，由于历史地理等因素，我国不同地区间的知识产权保护和市场化水平具有较高的差异性。为此，政府在积极推动知识产权保护和市场化进程的同时，应因地制宜，制定更多有利于激发家族企业创新活力的政策，为家族企业的跨代创新赋能增效，实现地区经济高质量发展。

第 5 章

绿色变革：家族企业代际传承与绿色治理

随着经济社会的快速发展，环境问题日益凸显，政府部门尤为关注对环境的治理和保护。

作为我国企业重要组成部分的家族企业能否实现绿色发展，是当下亟待探讨的问题，特别是处于代际传承阶段的家族企业，是否可以在顺利传承的同时对环境做出有益的行为。在此背景下，本章聚焦家族企业代际传承中的产出理念变革，重点关注家族企业从企业利润最大到社会福利平衡的转变。

本章基于 2012~2022 年中国 A 股上市家族企业数据，实证分析家族企业代际传承对企业绿色治理的影响。研究发现，相较于未发生代际传承的家族企业，发生代际传承的家族企业的绿色治理水平显著提升。经过倾向得分匹配法、重新构建被解释变量和调整观测样本等多种稳健性检验方法检验后，结论依然成立。

高管环保意识和社会责任承担是代际传承影响企业绿色治理重要的内在机制。家族企业代际传承通过提升高管环保意识和企业社会责任承担水平促进企业绿色治理水平。进一步分析发现，代际传承对家族企业绿色治理的促进效果受正式制度和非正式制度的影响。一方面，较低的环境规制程度和较低的行业竞争程度有利于发挥家族企业代际传承的积极作用。另一方面，浓厚的儒家文化和较高的媒体关注程度有助于推动代际传承对企业绿色治理的促进作用。

本章将家族企业代际传承、高管环保意识、社会责任程度与企业绿色治理有机结合起来，并将正式制度和非正式制度纳入同一分析框架，揭示了家族企业代际传承过程中对环境治理问题的关注与贡献，并提出有针对性的建议，助力家族企业持续发展。

5.1 引言

随着我国经济的持续快速发展，国家在取得显著经济成就的同时，也面临一系列日益严重的挑战。这些挑战包括能耗的不断增加、资源的日益短缺、环境污染的加剧、气候变化的影响及生态系统的恶化等。这些问题不仅威胁到生态平衡，还对公众的生活质量和健康产生了深远的影响。因此，迫切需要采取有效措施，对环境进行治理和改善，以实现可持续发展目标，保护我们赖以生存的自然环境。近年来，我国政府对环境保护和治理给予了高度关注，出台多部文件强调要加强环境技术、工艺、设施建设，构建高效、清洁、低碳、循环的绿色制造体系。党的十九大报告指出，构建市场导向的绿色技术创新体系。党的二十大报告提出，加快节能降碳先进技术研发和推广应用，倡导绿色消费，推动形成绿色低碳的生产方式和生活方式。随后，党的二十届三中全会审议通过的《中共中央关于进一步全面深化改革 推进中国式现代化的决定》明确指出，中国式现代化是人与自然和谐共生的现代化，并强调通过完善生态文明基础体制、健全生态环境治理体系、健全绿色低碳发展机制三个方面对深化生态文明体制改革作出部署。由此可知，政府部门切实落实了对生态环境的治理与改善，积极推动全社会对环境问题的关注和环境污染的治理。因此，如何推动经济社会绿色发展是当下亟待探讨的问题。

在我国，民营企业是企业重要的组成部分，也是国民经济体系中不可或缺的一部分。民营企业为我国经济建设做出了重大贡献，截至 2021 年年末，我国民营企业数量已达 4457.5 万家，占我国企业总数的 92.1%，创造了 70% 以上的技术创新。近年来，随着国家"放管服"改革的不断深化和营商环境的进一步优化，民营企业发展持续向好，民营经济在整个国民经济中的占比显著上升，对国家经济的推动作用愈加凸显。家族企业是民营企业的主要组成部分，我国约 80% 的民营企业是家族企业，家族企业对我国经济高质量发展有重要的意义。家族企业是企业与家族的有机结合体，会将企业声誉与家族名誉进行联结，并通过企业实现家族的持久延续，为避免给组织带来负面影响和家族社会情感财富的损失，家族企业倾向通过积累良好的声誉和形象应对市场中的竞争、威胁与挑战，从而更在意自己的表现，也更有倾向参与有利于社会发展的绿色治理活动，以满足对社会责任的履行。作为民营企业的主体，近年来家族企业的绿色环保行为受到国内外学者广泛的关注（李欣等，2023）。一些学者发现家族企业更倾向做出环境保护和治理行为，从而表现出更好的环境绩效（Berrone et al.，2010；李欣等，2023）。另一些学者发现家族企业缺乏改善环境的动机，从而表现出更差的环境绩效（Dekker & Hasso，2016；Kim et al.，2024）。而对于家族企业进行绿色治理的动机层面大致可以分为外部动机和内部动机。一方面，家族企业生产经营活动离不开外部环境的支撑，其绿色行为决策在一定程度上是对政府、社会公众、消费者等外部利益相关者的积极回应（马骏等，2020）。另一方面，基于社会情感财富理论视角，对家族控制、家族声誉、长期发展导向等非经济目标的追求构成了家族企业绿色发展行为的重要依据（Kellemanns et al.，2012）。

根据外部性理论，家族企业生产经营过程中导致的环境污染会对整个社会产生负的外部性，而当市场机制无法解决这个问题时，就需要政府的环境规制（周雨婷，2022）。有研究表明，环境规制通过惩罚企业不环保的行为，内化企业污染环境的成本，促使企业为了避免被处罚而进行绿色治理活动（崔秀梅等，2021）。同时，政府的各项环保优惠政策也激励了企业积极进行绿色治理活动（苏冬蔚和连莉莉，2018）。此外，外部动机的另一来源是利益相关者对家族企业施加的压力，利益相关者的环保压力会驱动企业进行绿色发展战略（Kassinis & Vafeas，2006），对于环保意识日益增强的消费者而言，环境友好型产品会更受他们的青睐，而率先进行绿色治理战略的企业将获得更多的先发优势。因此，从外部动机角度来看，遵守环境规制要求、提高合法性、获取外部支持是驱动家族企业开展绿色治理活动的因素。

对于家族企业开展绿色治理的内部动机层面，源自家族企业对社会情感财富的维护、家族控制、家族声誉、长期发展导向等非经济目标的追求构成了家族企业绿色发展行为的重要依据（Kellemanns et al.，2012）。企业的形象会影响家族的其他利益及社会地位，为了保护控股家族的社会资本，家族企业会更愿意履行环境责任（周志方等，2020），从而相较于短期的经济绩效，家族企业表现出对某些非经济效益的高度关注（Zellweger et al.，2013；Gómez-Mejía et al.，2011）。Campbell（2007）的研究指出，企业通过详尽地披露责任报告来向外界释放更多积极的信号，如环境责任信息和社会责任履行等。Miller 和 Le（2011）的研究也指出，家族企业为了避免损害企业的长期声誉和制度合法性，从而会布局长期战略实施，履行更多的环保行为。现有研究为家族企业与非家族企业的差异性绿色环境治理行为做出了诠释，但更多集中于绿色创新（谢佩君等，2024）、绿色责任（朱丽娜等，2022）、社会责任履行（吴梦云等，2023）方面，鲜有关注家族企业绿色治理成效的研究，特别是基于代际传承这一特殊阶段下，家族企业的绿色战略选择偏好的研究更为少见。

改革开放已走过四十多年，大量家族企业的一代创始人精力、认知已逐渐下降，一些家族企业的一代创始人已经开始逐渐退休，家族企业面临着代际传承问题（祝振铎等，2018）。在我国根深蒂固的"子承父业"传统思想下，家族二代继承人逐渐进入家族企业担任重要角色，成为家族企业的续航者（杨美玲，2024）。然而，家族企业在进行代际传承时，往往面临巨大的阻力。据统计，第一代创始人到第二代继承人接班的平均成功率为 30%，第二代继承人传到第三代继承人的企业还在持续经营的平均只有 12%（Birley，1986），普华永道的《2021 年全球家族企业调研——中国报告》显示，49% 的家族企业一代创始人无二代继承人参与企业运营中（不包括香港、澳门、台湾地区）。因此，家族企业如何顺利完成代际传承、打破"富不过三代"的怪圈、实现"基业长青"（窦军生和贾生华，2008；刘星等，2021），是当下家族企业领域的研究者和实践者共同关注的话题。同时，由于家族企业的二代继承人缺乏一代创始人的艰苦创业经历和奋斗精神，其在接管企业后能否顺利经营和治理企业是当下亟待探讨的问题。作为重点培养的二代继承人，如果其既有丰富的知识储备，又有广阔的先进视野，是否有助于企业进行战略变革？我国正处于转型升级期，环境治理对经济社会的发展至关重要，那么家族企业代际传承是否会影响企业的绿色治理行为？

已有研究发现，在家族企业代际传承过程中，由于一代创始人卓越的管理才能和丰富的社会资源无法有效传承（Bennedsen et al.，2007），二代继承人相较于一代创始人表现出管理经验的匮乏和个人权威的缺失（Burkart et al.，2003），加之，代际冲突和利益冲突等问题存在（Bertrand et al.，2008；房诗雨和肖贵蓉，2022），发生代际传承的家族企业通常面临较低的风险承担（许永斌和鲍树琛，2019）、较高的金融投资倾向（罗进辉等，2023）和潜在的代理冲突（程晨，2018）等问题，从而对企业的业绩和发展带来了一定的负面影响（朱晓文和吕长江，2019；李健等，2023；谢佩君等，2024）。但同时家族企业代际传承由于较少依赖基于关系型的契约（Fan et al.，2012），并充分发挥外部监管机制的作用，从而有助于减少企业的掏空行为（Xu et al.，2015；黄海杰等，2018），进而对履行社会责任（Huang & Chen，2024）、推动国际化战略（余向前等，2023）和多元化经营（罗进辉等，2022）等战略决策产生积极的影响。

企业绿色治理不仅是履行社会责任的具体体现，更是实现战略变革的关键路径之一。在应对全球环境挑战、满足利益相关方期待及推进可持续发展目标的过程中，绿色治理作为一种系统性变革手段，推动企业在资源配置、商业模式和品牌竞争力等核心领域进行深度调整与优化。通过加强绿色治理，企业能够在战略层面实现经济效益与环境效益的有机结合，全面提升其市场竞争力和可持续发展能力。因此，本章聚焦家族企业代际传承中的产出理念变革，重点关注家族企业从企业利润最大到社会福利平衡的转变，尝试考察家族企业代际传承对企业绿色治理的影响。

本章以2012~2022年A股家族企业为样本，实证分析家族企业代际传承对企业绿色治理的影响。研究发现，相较于未发生代际传承的家族企业，发生代际传承的家族企业的绿色治理水平显著提升。这主要是因为，进入家族企业的二代继承人面临权威和信任的构建问题，而环境治理是建立企业声誉、构建自身权威的有效途径，从而提升企业绿色治理的意愿。此外，高管环保意识和社会责任承担是代际传承影响家族企业绿色治理重要的内在机制。家族企业代际传承通过提升高管环保意识和企业社会责任承担水平促进企业绿色治理的水平。进一步分析发现，代际传承对家族企业绿色治理的促进效果受正式制度和非正式制度的影响。一方面，较低的环境规制程度和较低的行业竞争程度有利于发挥家族企业代际传承的积极作用；另一方面，浓厚的儒家文化和较高的媒体关注程度有助于推动代际传承对家族企业绿色治理的促进作用。

本章的边际贡献如下：

第一，本章以家族企业为研究背景，实证考察代际传承下的企业绿色治理行为，丰富了关于家族企业战略决策和环境行为的文献证据，为家族企业持续发展提供了有益的参考。现有研究认为，社会信任（Liu et al.，2024）、税收激励（江鑫和胡文涛，2024）、数字金融（钟廷勇等，2022）等外部制度环境和家族控制（朱丽娜等，2022）、社会责任披露（黄恒和齐保垒，2024）、并购行为（李鑫和魏姗，2024）等内部企业行为是影响企业绿色治理行为的重要因素，但目前研究更多集中于绿色创新方面，较少关注对企业的环境治理和污染物减排的直接影响。本章基于污染物排放当量值构造企业绿色治理指标，通过多种维度考察代际传承与绿色治理的关系，拓宽了已有关于企业绿色发展问题的研究边界。

第二，丰富了企业绿色治理行为与企业治理结构的研究内容，为家族企业推动经济社会绿色发展提供了有益的参考。本章发现对于家族企业来说，代际传承这一治理结构的重要变更也会显著影响企业绿色治理行为，从而拓展了企业层面绿色治理推动因素的相关研究，也为如何激发高管环保意识、履行企业社会责任提供了家族企业层面的经验证据。本章研究发现，家族企业代际传承通过提升高管环保意识和企业社会责任承担水平，促进企业绿色治理的水平。同时，代际传承对家族企业绿色治理的促进效果受正式制度和非正式制度的影响。较低的环境规制程度、较低的行业竞争程度、浓厚的儒家文化氛围和较高的媒体关注程度，有利于发挥家族企业代际传承的积极作用。上述研究结论对我国家族企业合理规划绿色发展和传承决策具有一定的实践意义，同时为政府部门制定合适的环境规制政策、助推企业绿色治理的相关政策提供了参考。

第三，本章进一步拓宽了家族企业代际传承经济后果的研究边界，对我国家族企业建立完善的现代企业制度、实现高质量持续发展具有一定的参考价值。现有文献多关注家族企业代际传承对风险承担（许永斌和鲍树琛，2019）、实业投资（罗进辉等，2023）、经营绩效（Chiang & Yu，2018）、数字化转型（李思飞等，2023）、履行社会责任（Huang & Chen，2024）、国际化战略（余向前等，2023）和多元化经营（罗进辉等，2022）等方面的影响，而本章系统考察了代际传承对企业绿色治理这一有助于推动经济未来持续发展的因素的影响，从而为家族企业代际传承影响经济高质量发展提供了新的经验证据支撑，也证实了家族企业代际传承并非对企业只有负面影响，反而在一定程度上促使企业做出了更多可能有利于长期发展的决策。因此，本章内容有助于加强社会界对家族企业代际传承的正确认识，从而推动家族企业代际传承的顺利落实，有助于家族企业的可持续发展。

本章后续内容如下：5.2节对已有文献进行评述，并提出研究假设；5.3节介绍本章的研究设计，依次介绍了样本选取与处理、数据来源、变量构造和模型设计；5.4节为实证分析部分，首先对各主要变量进行了描述性统计分析，其次检验了家族企业代际传承对企业绿色治理的直接影响，并进行了PSM检验、重新构建被解释变量、调整观测样本等相应的稳健性检验，最后检验了高管环保意识和社会责任承担的机制作用；5.5节为代际传承、正式制度与绿色治理的实证分析部分，我们在环境规制和行业竞争程度差异化背景下，分析了家族企业代际传承对企业绿色治理的差异性影响；5.6节为代际传承、非正式制度与绿色治理的实证分析部分，我们在儒家文化和媒体关注差异化背景下，分析了家族企业代际传承对企业绿色治理的差异性影响；5.7节总结本章的研究，并提出启示。本章框架结构如图5-1所示。

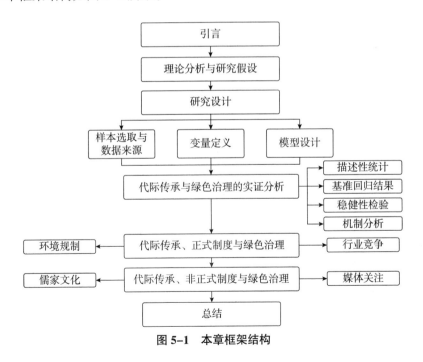

图5-1 本章框架结构

5.2 理论分析与研究假设

随着经济社会的快速发展，环境问题日益凸显，绿色治理受到了广泛的关注。绿色治理是基于可持续发展理念，强调人与自然和谐共生，通过政府、社会公众和企业共同的努力，实现经济可持续发展。对于企业而言，绿色创新、环保投资、节能减排、清洁生产等均属于企业绿色治理的有效途径。家族企业作为企业的重要组成部分，近年来其绿色环保行为受到国内外学者的广泛关注（李欣等，2023）。

现有研究认为，家族企业进行绿色治理的动机主要分为内部与外部两个方面，外部动机来源于政府环境管制压力与来自社会利益相关者施加的环保压力。根据外部性理论，家族企业在生产经营过程中造成的环境污染会对整个社会产生负的外部性，而当市场机制无法解决这个问题时，就需要政府的环境规制（周雨婷，2022）。有研究表明，环境规制通过惩罚企业不环保的行为，内化企业污染环境的成本，促使企业为了避免被处罚而进行绿色治理活动（崔秀梅等，2021）。波特假说也表明，当合理的环境规制使企业治理环境的效益高于承担环境责任所需的成本时，企业便会积极投入绿色治理活动中。政府的各项环保优惠政策也激励了企业积极进行绿色治理活动，家族企业积极进行环境保护、绿色创新、环保投资等绿色治理可以优先获得金融机构的支持（苏冬蔚和连莉莉，2018）。此外，利益相关者施加的环保压力会驱动企业进行绿色发展战略（Kassinis & Vafeas，2006），对于环保意识日益增强的消费者而言，环境友好型产品会更受他们的青睐。当行业的竞争者积极投身于绿色治理活动时，出于"制度同行压力"，企业会效仿它们并开展绿色战略（DiMaggio & Powell，1983；Menguc et al.，2010），而率先进行绿色治理战略的企业会获得更多的先发优势。同时，家族企业通过表现出更加积极的环保态度与行为，其合法性能够得到显著提升（马骏等，2020）。因此，从外部动机角度来看，遵守环境规制要求、提高合法性、获取外部支持是驱动家族企业开展绿色治理活动的因素。

家族企业绿色治理的内部动机主要源于对社会情感财富的维护、家族控制、家族声誉、长期发展导向等非经济目标，对这些目标的追求构成了家族企业绿色发展行为的重要依据（Kellemanns et al.，2012）。企业的形象、声誉会影响家族的其他利益及社会地位，为了保护控股家族的社会资本，家族企业会更愿意履行环境责任（周志方等，2020），从而相较于短期的经济绩效，家族企业表现出对某些非经济效益的高度关注（Zellweger et al.，2013；Gómez–Mejía et al.，2011）。Campbell（2007）的研究指出，企业通过详尽地披露责任报告来向外界释放更多积极的信号，如环境责任信息和社会责任履行等。Miller 和 Le（2011）的研究也指出，家族企业为了避免损害企业的长期声誉和制度合法性，从而会布局长期战略实施，履行更多的环保行为。此外，一些研究发现，社会信任（Liu et al.，2024）、税收激励（江鑫和胡文涛，2024）、数字金融（钟廷勇等，2022）等外部制度环境和家族控制（朱丽娜等，2022）、社会责任披露（黄恒和齐保垒，2024）、并购行为（李鑫和魏姗，2024）等内部企业行为是影响企业绿色治理行为的重要因素，但是目前的研究更多集中于绿色创新方面，较少关注对企业的环境治理和污染物减排的直接影响，特别是基于代际传承背景下，对家族企业绿色治理的分析并不充分。

对于家族企业代际传承的研究，学者从投资效率（吴春天和钱爱民，2023）、股价崩盘（张涛和袁奋强，2023）、企业创新（李健等，2023）、并购行为（许宇鹏和徐龙炳，2023）、金融投资（罗进辉等，2023）等多方面对代际传承进行了评价。代际传承是家族企业实现持续发展的关键，也是家族企业区别于非家族企业的重要特征（李新春等，2015）。目前，对于家族企业代际传承经济后果的研究大致分为正、负两个方面。一方面，在家族企业代际传承过程中，由于一代创始人卓越的管理才能和丰富的社会资源无法有效传承（Bennedsen et al.，2007），二代继承人相较于一代创始人表现出管理经验的匮乏和个人权威的缺失（Burkart et al.，2003），往往难以传承一代创始人的才能、社会资本和经营理念（Lee et al.，2003；Bennedsen et al.，2007；Fan et al.，2008）。加之，由于二代继承人与创始人的出生时期、生长环境不同，在态度、思想和行为上存在一定的代际差异（Mannheim，2005；祝振铎等，2018）。因此，二代继承人经验、权威和才能的缺失，以及代际冲突、利益冲突等问题存在（Bertrand et al., 2008；房诗雨和肖贵蓉，2022），发生代际传承的家族企业通常面临较低的风险承担（许永斌和鲍树琛，2019）、较高的金融投资倾向（罗进辉等，2023）和潜在的代理冲突（程晨，2018）等问题，从而对企业的业绩和发展带来了一定的负面影响（朱晓文和吕长江，2019；李健等，2023；谢佩君等，2024）。另一方面，家族企业代际传承由于较少依赖基于关系型的契约（Fan et al., 2012），二代继承人出于维护社会情感财富的目的，会积极发挥外部监管机制的作用，从而有助于减少企业的掏空行为（Xu et al., 2015；黄海杰等，2018），进而对履行社会责任（Huang & Chen, 2024）、推动国际化战略（余向前等，2023）和多元化经营（罗进辉等，2022）等战略决策产生积极的影响。

基于上述文献分析，现有研究更多关注代际传承对家族企业创新、并购、投资等战略行为决策的影响，这些研究为本章进一步探究家族企业代际传承影响企业绿色治理提供了一定的理论基础与基本思想，但同时较少文章关注家族企业代际传承后企业的绿色治理行为。因此，本章尝试以家族企业代际传承这一事件为切入点，探究其对企业绿色治理的影响。

社会情感财富理论认为，家族企业决策者将以家庭为中心的情感需求作为非经济目标（Gómez-Mejía et al., 2007）。社会情感财富理论在一定程度上与代理理论存在差距，以往企业通常更偏向追求经营绩效和更高的收益，不同于非家族企业，当家族企业在经营活动中获得了更高的绩效和盈利时，很可能出于维系社会情感财富而选择放弃这些利益。对于家族企业而言，家族对企业的控制、对家族成员的保护、对家族二代继承人的关注成为更重要的目的，特别是对于二代继承人的关注，家族企业不仅关注二代继承人的成长与培养，还在意二代继承人是否有能力接班、能否顺利完成接班。Berrone 等（2012）将社会情感财富归纳为家族对企业的控制和影响、家族成员对企业的认同、以家族为核心的紧密社会关系、对企业的情感依附和通过代际传承实现家族对企业控制的延续五个维度。代际传承作为家族企业的关键，是维持家族对企业控制、影响家族企业"基业长青"的重要因素。而家族成员对企业的认同感及情感依附意味着家族成员更倾向把企业形象与自身形象建立身份联结（陈煜文和万幼清，2023）。

积极地开展绿色治理活动是家族企业代际传承阶段维系社会情感财富

的有效途径。处于代际传承阶段的家族企业内部面临社会网络关系的重组、组织结构的变动，以及家族内部与外部不同利益方的明争暗斗等一系列的潜在风险问题。这些问题源于二代继承人进入家族企业后无法有效建立使他人信服的权威及其他人对二代继承人的不了解。出于代际传承的顺利进行，维系社会情感财富至关重要，家族二代继承人更倾向通过做出具有重要意义的经济决策快速树立自身权威和向外界传递信息，使外界充分了解自己，从而信任自己。绿色治理决策可以满足上述要求，家族企业绿色治理可以实现向外界传递出二代继承人是一个讲信誉的人，一方面，体现了二代继承人对环境问题的关注，满足了政府对当下企业的发展要求；另一方面，绿色治理满足企业声誉与个人形象的串联，从而实现家族成员对企业的认同感及情感依附，避免社会情感财富流失。因此，绿色治理不仅是家族企业履行社会责任，并对环境问题的担当，也是代际传承阶段家族企业维系社会情感财富的重要渠道。

此外，代际传承源于家族企业的长期导向和未来导向，通过家族二代继承人接替一代创始人实现家族企业的长期且持续的发展（Buckley & Casson，2019）。绿色治理是实现长期发展的有效方式，能为企业赢得家族声誉和社会地位等长期竞争优势，有利于家族企业延伸型社会财富的存续，与家族企业的长期导向目标高度契合（谢佩君，2023）。同时，绿色治理是通过优化经营模式、更新生产过程和开展技术创新等途径，实现污染物排放量的降低和能源消耗的减少，从而在一定程度上降低了生产成本，为企业长期发展提供了必要的保障。正是出于长期导向和未来导向的需求，处于代际传承阶段的家族企业会更重视战略的选择以增加企业长期生存的砝码。绿色治理作为一种能有效为家族企业获取认可度和合法性的战略决策，有助于家族企业竞争力的提升、良好形象的树立和家族声誉的形成。家族企业长期发展意愿是其实施绿色治理行为的重要驱动力，而代际传承又是家族企业长期发展的意愿表达形式，所以代际传承阶段的家族企业会有更强烈的意愿实施绿色治理的行为。

利益相关者理论认为，企业必须认真考虑各方利益，并在其决策和行动中尽可能平衡各方利益的需求，从而建立长期稳定的合作关系。由于外部投资者对二代继承人的认知有限，很难快速与其建立长期信任关系，从而要求企业提供更优质的抵押品、附加限制性条款来防范信用风险，短期内会对企业的发展产生一定的阻力（Werner et al., 2021；李思飞等，2023）。而开展绿色治理活动是一种重要的信息传递方式，可以表现出二代继承人对环境和社会的关心，是对其他利益相关者的积极回应，从而便于二代继承人与其他利益相关者建立新的认知渠道，并加快重塑信任关系。同时，二代继承人进入企业后，通常会花费大量的时间、人力、物力在内部建立权威和在外部争取信任（惠男男和许永斌，2014），从而面临一定的资金压力。而家族企业开展绿色治理是对政府部门迫切需要企业绿色发展的积极回应，政府的各项环保优惠政策也激励了企业积极开展绿色治理活动，家族企业通过环境保护、绿色创新、环保投资等绿色治理可以优先获得金融机构的支持（苏冬蔚和连莉莉，2018）。因此，为了代际传承顺利的实现、二代继承人形象和权威的树立，代际传承期间家族企业更愿意开展绿色治理活动。基于上述分析，本章提出如下假设：

假设 1：家族企业代际传承有助于企业绿色治理水平的提升。

5.3 研究设计

5.3.1 样本选取与数据来源

考虑到样本的可获得性，本章选取 2012～2022 年中国 A 股上市家族公司为原始样本。其中，同时满足以下要求的企业定义为家族企业：①实际控制人为一个家族或自然人的民营企业；②除实际控制人外，至少有一名家族成员在企业中持股或参与管理。家族企业代际传承数据来源于国泰安（CSMAR）数据库，并与中国研究数据服务平台（CNRDS）数据库进行匹配和手工筛选，其他数据主要来源于 CSMAR。

本章对原始样本进行如下处理：①考虑到财务状况异常或面临退市危险的企业相应财务信息与常规上市企业相差较大，从而对研究结果带来较高的误差，所以本章对 ST、*ST 和已退市的企业样本进行剔除处理；②考虑到金融公司与传统企业在经营活动中存在较高的差异性，因此依据《上市公司行业分类指引》（2012 年修订），对金融行业样本进行剔除；③考虑到补充缺失样本从技术层面上较为困难，并且容易造成数据的不准确性，所以对变量缺失的样本进行剔除；④尽管在以上三种方式的数据清洗下，样本数据较为准确，但仍有个别样本的数据值存在过大或过小的情况，因此为缓解个别偏差较大的数据值及其他可能的异常值对最终结果的影响，我们对所有连续变量进行上下 1% 分位的缩尾处理。经处理，最终得到 11813 个企业—年度样本观测值。

5.3.2 变量定义

5.3.2.1 被解释变量

绿色治理（Green）。企业的污染物排放量常用于考察企业的环境治理成效（毛捷等，2022；金祥义和张文菲，2024）。企业污染物主要分为工业废水和工业废气，其中工业废水包含化学需氧量和氨氮排放量，工业废气包含二氧化硫和氮氧化物。基于毛捷等（2022）、李鹏升和陈艳莹（2019）的研究思路，首先，本章根据《排污费征收标准管理办法》确定各污染物的当量值，将四种污染物排放量折算成统一的污染当量数。其次，根据《排污费征收标准管理办法》规定的排污费征收标准，每一当量废水为 0.7 元，每一当量废气为 0.6 元，所以本章在将废水当量数和废气当量数加总时，根据各自的排污费征收标准作为权重调整标准，计算出四种污染物当量数之和。最后，由于上述计算出来的污染物排放量为负向指标，本章依照式（5−1）对其进行负向极差标准化处理。

$$\text{Green}_{i,t} = \frac{\text{Max} - P_{i,t}}{\text{Max} - \text{Min}} \qquad (5\text{−}1)$$

式中：下标 i 为家族企业，t 为年度；$\text{Green}_{i,t}$ 为家族企业 i 在第 t 年度的绿色治理成效；$P_{i,t}$ 为家族企业 i 在第 t 年度的污染物排放当量和；Max 为所有样本中污染物排放当量和的最大值；Min 为所有样本中污染物排放当量和的最小值。经负向标准化处理后，指标 Green 的值越大，意味着企业污染物排放量越少，企业环境治理成效越显著，企业绿色治理越有成效。

5.3.2.2 解释变量

家族企业代际传承（Inherit）。本书借鉴黄海杰等（2018）、严若森和赵亚莉（2022）、李思飞等（2023）的研究，当家族企业实际控制人的儿子、女儿、儿媳和女婿担任公司的董事长、其他董事、总经理或其他高管时，则定义为家族企业发生了代际传承。据此，若家族企业存在代际传承事件，则将代际传承发生当年及以后的年度取值为1，其他均设置为0，记为 Inherit。Inherit 的系数反映了相较于未发生代际传承的家族企业，发生代际传承的家族企业对目标指标存在的影响。

5.3.2.3 控制变量

借鉴李鹏升和陈艳莹（2019）、毛捷等（2022）、韩峰等（2024）的研究，本章主要从家族企业治理结构、财务管理和盈利能力等层面依次控制家族成员高管占比（Member）、企业规模（Size）、企业融资（WW）、经营活动现金流量（CFO）、股权制衡度（EB）、两职合一（Duality）、总资产收益率（ROA）和资产负债率（LEV）。其中，家族成员高管占比（Member）为家族企业高管为家族成员的人数占家族企业高管总人数的比例；企业规模（Size）为企业总资产加1后取自然对数；企业融资（WW）为 WW 指数；经营活动现金流量（CFO）为企业经营活动产生的净现金流占企业总资产的比例；股权制衡度（EB）为第2~5大股东持股比例占第一大股东持股比例的比例；两职合一（Duality）为董事长与总经理是否为同一人，是则为1，否则为0；总资产收益率（ROA）为当期净利润占企业总资产的比例；资产负债率（LEV）为企业总负债占企业总资产的比例。此外，本章还控制了年度固定效应（Year）和行业固定效应（Industry）。各变量定义如表5-1所示。

表 5-1　变量定义

变量类型	变量名称	变量符号	说明
被解释变量	绿色治理	Green	四种污染物排放当量值之和，并对其进行负向极差标准化处理
解释变量	代际传承	Inherit	当实际控制人的二代继承人担任公司的董事长、其他董事、总经理或其他高管时，取值为1，否则为0
控制变量	家族成员高管占比	Member	家族企业高管为家族成员人数/家族企业高管总人数
	企业规模	Size	ln（1+企业总资产）

续表

变量类型	变量名称	变量符号	说明
控制变量	企业融资	WW	WW 指数
	经营活动现金流量	CFO	企业经营活动产生的净现金流 / 企业总资产
	股权制衡度	EB	第 2~5 大股东持股比例 / 第一大股东持股比例
	两职合一	Duality	董事长与总经理为同一人，是则赋值为 1，否则赋值为 0
	总资产收益率	ROA	当期净利润 / 企业总资产
	资产负债率	LEV	企业总负债 / 企业总资产
	年度固定效应	Year	年度虚拟变量
	行业固定效应	Industry	行业虚拟变量

5.3.3 模型设计

为探究家族企业代际传承对企业治理绿色化的影响，我们构建如下模型：

$$Green_{i,t}=\alpha_0+\alpha_1 Inherit_{i,t}+\alpha_2 Controls+\sum Year+\sum Industry+\varepsilon \quad （5-2）$$

式中：下标 i 和 t 分别为家族企业和年度；Green 为企业绿色治理；Inherit 为核心解释变量，代表家族企业代际传承；Controls 为本章的全部控制变量，依次为家族成员高管占比（Member）、企业规模（Size）、企业融资（WW）、经营活动现金流量（CFO）、股权制衡度（EB）、两职合一（Duality）、总资产收益率（ROA）和资产负债率（LEV）；$\sum Year$ 和 $\sum Industry$ 分别为年度固定效应和行业固定效应；ε 为随机扰动项。本章重点关注系数 α_1 的正负与是否显著，α_1 度量了家族企业代际传承对企业绿色治理的影响水平，如果家族企业代际传承对企业绿色治理具有促进作用，则该系数显著为正；如果家族企业代际传承对企业绿色治理具有抑制作用，则该系数显著为负；如果家族企业代际传承与企业绿色治理无关系，则该系数不显著。

5.4 实证结果与分析

5.4.1 描述性统计

各变量描述性统计如表 5–2 所示。企业绿色治理（Green）的均值为 0.3980，标准差为 0.2016，说明所选样本家族企业治理绿色化水平存在一定差异且整体分布均匀。同时，Green 的最小值为 0.0794，最大值为 0.8778，这是由于经过上下 1% 分位的缩尾处理后，使尾端数据平滑。代际传承（Inherit）的均值为 0.2826，说明所选样本家族企业中，有 28.26% 的家族企业已进入代际传承阶段。其他控制变量的描述性统计结果总体合理，并且与李思飞等（2023）、李健等（2024）的研究基本一致。

表 5–2 描述性统计

变量	样本数	均值	标准差	最小值	最大值
Green	11813	0.3980	0.2016	0.0794	0.8778
Inherit	11813	0.2826	0.4503	0	1
Member	11813	0.1788	0.1586	0	0.6667
Size	11813	21.9006	0.9934	20.0832	24.8893
WW	11813	−0.8220	0.3973	−1.1684	0
CFO	11813	0.0519	0.0640	−0.1287	0.2298
EB	11813	0.8199	0.5967	0.0572	2.8468
Duality	11813	0.4130	0.4924	0	1
ROA	11813	0.0421	0.0639	−0.2655	0.2052
LEV	11813	0.3686	0.1766	0.0546	0.7958

5.4.2 基准回归结果

表 5–3 为代际传承对家族企业绿色治理的基准回归结果。

表 5-3 基准回归结果

变量	(1) Green	(2) Green	(3) Green	(4) Green
Inherit	0.0026** (2.14)	0.0024** (1.98)	0.0025** (2.02)	
Member		−0.0015 (−0.43)	−0.0026 (−0.69)	−0.0016 (−0.43)
Size		0.0007 (1.08)	0.0012* (1.80)	0.0014** (2.00)
WW		0.0018** (2.09)	0.0015* (1.89)	0.0016* (1.95)
CFO		0.0112 (1.31)	0.0125 (1.33)	0.0135 (1.43)
EB			−0.0003 (−0.33)	−0.0003 (−0.31)
Duality			0.0010 (0.83)	0.0007 (0.55)
ROA			−0.0095 (−0.94)	−0.0100 (−0.99)
LEV			−0.0069* (−1.78)	−0.0072* (−1.84)
常数项	0.3973*** (631.10)	0.3838*** (28.50)	0.3740*** (25.88)	0.3718*** (25.77)
Year	YES	YES	YES	YES
Industry	YES	YES	YES	YES
样本量	11809	11809	11809	11809
调整后的 R^2	0.919	0.919	0.919	0.919

注：***、**、* 分别表示在 1%、5%、10% 的水平上显著，括号内为 t 值，个体聚类。

表 5-3 中第（1）列为在年度固定效应和行业固定效应下，家族企业代际传承对企业绿色治理的直接回归结果，Inherit 的系数在 5% 水平上显著为 0.0026，代表家族企业代际传承对企业绿色治理具有促进作用。第（2）列为引入 Member、Size、WW 和 CFO 控制变量后，家族企业代际传承对企业绿色治理的回归结果，Inherit 的系数在 5% 水平上显著为 0.0024，代表引入本章部分控制变量后，家族企业代际传承对企业绿色治理的正向作用仅

有十分微小的变化，但是促进作用依然显著。第（3）列为引入本章全部控制变量后，家族企业代际传承对企业绿色治理的回归结果，Inherit 的系数在 5% 水平上显著为 0.0025，代表引入本章全部的控制变量后，家族企业代际传承对企业绿色治理的正向作用依然显著，并且相较于第（1）列和第（2）列几乎没有任何差异。第（4）列为对照回归组，主要考察在年度固定效应和行业固定效应下，控制变量对企业绿色治理水平的影响作用。上述结果中，Inherit 的系数均在 5% 水平上显著为正，表明相较于未发生代际传承的家族企业，家族企业代际传承有助于企业绿色治理水平的提升，并且无论是否引入部分或全部控制变量都并未对结果带来较大的影响，验证了假设 1 的成立。

上述基准回归结果表明，家族企业代际传承促进企业绿色治理水平的提升。这是由于积极地开展绿色治理活动是家族企业在代际传承阶段维系社会情感财富的有效途径。处于代际传承阶段的家族企业内部面临社会网络关系的重组、组织结构的变动、家族内部和外部不同利益方的明争暗斗等一系列的潜在风险问题。这些问题源于二代继承人进入家族企业后无法有效建立使他人信服的权威及其他人对二代继承人的不了解。出于代际传承的顺利进行，维系社会情感财富至关重要，家族二代继承人更偏向通过绿色治理途径快速树立自身权威和向外界传递信息，使外界充分了解自己，从而信任自己。同时，绿色治理是实现家族企业长期发展的有效方式，能为企业赢得家族声誉和社会地位等长期竞争优势，有利于家族企业延伸型社会财富的存续，这与代际传承阶段家族企业的长期导向目标高度契合。

5.4.3 稳健性检验

5.4.3.1 倾向得分匹配法检验

考虑到家族企业选择代际传承并非随机事件，往往发生代际传承的家族企业和未发生代际传承的家族企业存在一定的内在差异，从而可能存在样本选择偏差所带来的内生性问题。对此，本章采用倾向得分匹配法（PSM）进一步检验家族企业代际传承对企业绿色治理影响的稳健性。本章将发生代际传承的家族企业设置为处理组，未发生代际传承的家族企业设置为对照组，并借鉴严若森和赵亚莉（2022）、张涛和袁奋强（2023）

的研究，分别从家族成员高管占比（Member）、企业规模（Size）、股权制衡度（EB）、总资产收益率（ROA）和资产负债率（LEV）等代表家族企业特征和治理等方面的因素进行 1∶1 邻近匹配，然后利用匹配后的样本进行回归分析，经匹配后的回归结果如表 5–4 第（1）列所示。由此可知，代际传承 Inherit 的系数在 1% 水平上显著为 0.0043，这表明在一定程度上缓解样本选择偏差的内生性问题后，家族企业代际传承促进企业绿色治理的结论仍然有效。

表 5–4　稳健性检验结果

变量	(1) Green	(2) Pollution	(3) Green	(4) Green$_{t+1}$	(5) Green	(6) Green
Inherit	0.0043*** (2.84)	−0.00004** (−2.02)	0.0025* (1.86)	0.0037*** (2.68)	0.0026** (2.07)	0.0038** (2.41)
常数项	0.3761*** (19.44)	0.1461*** (544.93)	0.3750*** (23.33)	0.3637*** (21.92)	0.3740*** (25.08)	0.4101*** (21.68)
Controls	YES	YES	YES	YES	YES	YES
Year	YES	YES	YES	YES	YES	YES
Industry	YES	YES	YES	YES	YES	YES
样本量	6668	11809	10293	9471	11719	7313
调整后的 R^2	0.913	0.919	0.921	0.900	0.919	0.821

注：***、**、* 分别表示在 1%、5%、10% 的水平上显著，括号内为 t 值，个体聚类。

5.4.3.2　重新构建被解释变量

在基准回归中，我们使用经负向极差标准化处理后的结果作为企业绿色治理的正向指标，进一步使用原负向指标进行稳健性检验。借鉴毛捷等（2022）、李鹏升和陈艳莹（2019）的研究思路，本章将化学需氧量、氨氮排放量、二氧化硫和氮氧化物四种污染物排放量折算成统一的污染当量数，并根据《排污费征收标准管理办法》规定的排污费征收标准，赋予各污染物相应的权重。对四种污染物加总求和，并加 1 后取自然对数，作为绿色治理的负向指标，记为 Pollution。重新构建被解释变量后的回归结果如表 5–4 第（2）列所示。由此可知，Inherit 的系数在 5% 水平上显著为 −0.00004，表明相较于未发生代际传承的家族企业，发生代际传承的家族企业污染物排放量更低。因此，家族企业代际传承有助于企业绿色治理水平的提升，原研究结论稳健。

5.4.3.3　调整观测样本

为保证家族企业代际传承对企业绿色治理的影响结论的准确性，本章进一步通过调整观测样本的方法进行稳健性检验。原样本选择对家族企业界定标准：一是实际控制人为一个家族或自然人的民营企业；二是除实际控制人外，至少有一名家族成员在企业中持股或参与管理。我们在上述两条要求下，额外引入实际控制人持股比例20%及以上的要求，对家族企业进行重新界定，结果如表5-4第（3）列所示。可以发现，在调整观测样本后，代际传承Inherit的系数仍然显著为正，进一步证明本章结论稳健。

5.4.3.4　变量滞后检验

为进一步避免解释变量与被解释变量间可能存在的双向因果关系，同时考虑到代际传承可能存在一定的滞后影响作用，我们选取家族企业第t期的代际传承作为解释变量，并选取第（t+1）期的企业绿色治理水平作为被解释变量，构建式（5-3），并重新进行回归分析。

$$Green_{i,\,t+1}=\theta_0+\theta_1 Inherit_{i,\,t}+\theta_2 Controls+\sum Year+\sum Industry+\varepsilon \quad （5-3）$$

式中：$Green_{i,\,t+1}$为第（t+1）期的企业绿色治理水平；其他变量定义同基准回归一致，回归结果如表5-4第（4）列所示。结果显示，代际传承Inherit的系数在1%水平上显著为0.0037，表明家族企业代际传承对企业下一期的绿色治理水平具有明显的促进作用。因此，将被解释变量调整为下一期即（t+1）期后，结果并未发生显著改变，原假设成立。

5.4.3.5　控制行业随时间的变化

虽然本章已控制了时间和行业固定效应，但行业的内部结构和外部环境会随时间的变化而变化。因此，本章进一步控制了不同行业随时间的变化，在基准回归模型中引入时间和行业固定效应的交互项，并重新进行回归分析，结果如表5-4第（5）列所示。由此可知，Inherit的系数仍显著为正，表明在考虑行业随时间变化后，实证结果未发生较大改变，家族企业代际传承有助于企业绿色治理的结论依然成立。

5.4.3.6 缩减样本时间

考虑到样本时间跨度过长，容易受外来干扰因素的影响，我们将样本宽度由原来的 2012~2022 年缩减为 2014~2020 年，结果如表 5-4 第（6）列所示。由此可知，Inherit 的系数在 5% 水平上显著为 0.0038，表明家族企业代际传承对企业绿色治理水平具有显著的促进作用，实证结果并未发生实质性变化，进一步证明了本章结论是稳健的。

5.4.4 机制分析

5.4.4.1 高管环保意识

为考察代际传承、高管环保意识与家族企业绿色治理的关系，本章构造高管环保意识指标（EA），并进行回归分析（见表 5-5）。

表 5-5 机制分析结果

变量	(1) EA	(2) EA	(3) ESG	(4) ESG
Inherit	0.6932*** (7.06)	0.6934*** (7.28)	0.0813*** (3.84)	0.1016*** (4.87)
常数项	−6.8745*** (−6.61)	−7.5480*** (−7.06)	0.9524*** (3.78)	0.6977*** (2.67)
Controls	YES	YES	YES	YES
Year	NO	YES	NO	YES
Industry	NO	YES	NO	YES
样本量	11813	11809	11813	11809
调整后的 R^2	0.0286	0.164	0.0699	0.141

注：*** 表示在 1% 的水平上显著，括号内为 t 值，个体聚类。

借鉴李亚兵等（2023）的研究，本章利用上市公司年报中关于高管环保意识特征词的词频数来构建高管环保意识指标（EA）。首先，构建高管环保意识的特征词库，具体为低碳环保、节能减排、节能环保、环境技术开发、环保工作、环保培训、环保战略、环保教育、环保设施、环保督查、环保治污、环保理念、环保治理、环保和环境治理。其次，利用文本分析法，计算各上市企业年报中有关于高管环保意识特征词的词频数。最后，对各特征词的词频数进行加总求和，从而构建高管环保意识指标（EA）。该指标数值越大，代表高管环保意识越高。回归结果如表5-5第（1）列和第（2）列所示，其中，第（1）列为未引入固定效应下家族企业代际传承对高管环保意识的随机效应回归结果，第（2）列为引入年度和行业固定效应下家族企业代际传承对高管环保意识的回归结果。可以发现，代际传承 Inherit 的系数均在1%水平上显著为正，表明家族企业代际传承促进高管环保意识的提升。

此外，战略认知理论强调直接对企业行为和决策产生影响的要因是高管的主观认知，而非外在环境（邹志勇等，2019）。高管作为企业进行环境治理活动的制定者、决策者和执行者，对于环境保护的认知和意识必然会影响企业绿色治理的持续性与长期性（侯林岐等，2024）。一方面，高管环保意识的提升有助于推动企业开展环境治理，并提高企业对绿色治理成效的持续关注；另一方面，在目前政府环境监管力度日益增强的背景下，高管环保意识和感知会促使家族企业积极进行末端治理措施，在符合政府要求的同时有效缓解生产经营与环境之间的矛盾（邹志勇等，2019）。同时，大量研究也表明，高管意识是企业行为和决策的先行变量，高管环保意识有助于驱动企业绿色创新、绿色绩效和绿色发展等绿色治理水平的提升（苏涛永和郁雨竹，2023；魏建和李世杰，2024；刘丽娟等，2024；邝嫦娥等，2024）。因此，家族企业代际传承通过提升高管环保意识，提高企业绿色治理的水平。

5.4.4.2 社会责任承担

为考察代际传承、社会责任承担与家族企业绿色治理的关系，本章构建社会责任承担指标（ESG），并进行回归分析。借鉴 Lin 等（2021）、谢红军和吕雪（2022）、王琳璐等（2022）的研究，本章利用华证 ESG 评价体系构建社会责任承担指标（ESG）。华证 ESG 指标体系包括环境（E）、社会（S）和企业治理（G）三个板块下的130多个子指标，并基于得分情况形成 C~AAA 九档评级。参照王琳璐等（2022）的研究，我们对九档评级分别赋值为1~9，并计算年度均值，从而得到最终的社会责任承担指标（ESG）。该指标数值越大，代表企业社会责任承担水平越高。回归结果如表5-5第（3）列和第（4）列所示。其中，第（3）列为未引入固定效应下家族企业代际传承对社会责任承担的随机效应回归结果，第（4）列为引入年度固定效应和行业固定效应下家族企业代际传承对社会责任承担的回归结果。由此可知，代际传承 Inherit 的系数均在 1% 水平上显著为正，表明家族企业代际传承促进社会责任承担水平的提高。

此外，对于家族企业来说，积极承担社会责任是一个追求长期利益的行为，有助于与其他利益相关者关系的维持，也有助于积累相关社会资本（李健等，2023），从而为企业开展绿色治理活动提供必要的保障与支持。同时，家族企业承担社会责任具有组织内部优化作用，为企业发展营造更加良好的伦理环境（Baker et al.，2006），从而推进企业进行绿色治理。企业开展绿色治理活动的一个重要内在动力是企业对社会责任进行承担，承担社会责任有助于推动企业在高质量发展进程中以节能、减排和低碳等为环保理念尽可能地降低经济活动中对环境的负面影响，实现经济利益追求与绿色治理等战略目标的相容，从而赋能企业绿色治理动能提升（肖红军等，2022；车德欣等，2023）。因此，家族企业代际传承通过提高企业社会责任承担水平，从而推动企业开展绿色治理活动。

5.5 代际传承、正式制度与绿色治理

制度经济学认为，经济活动不仅受到市场力量的驱动，也受到法律、文化、习俗和组织结构等非市场因素的制约。DiMaggio 和 Powell（1983）提出，企业的行为具有社会性的特征，会受到股东、消费者等利益相关者的评价，所以企业的行为需要符合社会制度的约束。制度为经济发展保持相对稳定提供了保障，通过减少企业的不规范性，以达到减少交易成本的目的。North（1990）研究发现，制度是一系列规则、程序与伦理道德行为规范，构成了人们在经济秩序中的合作与竞争关系。在市场运作过程中，企业管理者为了使企业在竞争中不被淘汰，往往会学习先进技术，以达到适应制度规则的目的。Scott（2013）指出，制度并非只有法律法规构成的正式体系，还应该存在非正式体系，并总结出制度分为正式制度和非正式制度。其中，正式制度是指由一个国家的宪法、法律、规则

构成的体系，如本书提到的环境规制、知识产权保护、市场化等。而非正式制度是通过隐含的规范和价值取向塑造个人或组织的决策偏好和行为模式（Williamson，2000）。

此外，制度经济学理论认为，制度是社会博弈的规则，它不仅限制了人们的相互交往方式，也为个人行为提供了一种指引。大量研究表明，有效的制度设计能够影响企业行为，并推动企业发展（Luo et al.，2021；李青原和肖泽华，2020；Dong & Li，2023）。正式制度是企业经营中必不可少的外部因素（Lin & Ma，2022），但是，在采用了相似法律制度的国家，其经济发展仍有巨大差异，这种差异或许是正式制度难以解释的边界（李俊成等，2023）。因此，仅依靠正式制度来规制企业的行为是不够的，还应当充分考虑非正式制度的作用。然而，目前关于正式制度和非正式制度的关系尚未有一致的结论。杨蓓蓓和李健（2023）的研究发现，非正式制度通常作为正式制度的补充，在正式制度缺失或不完善时，发挥重要的替代作用。而 Hou 等（2022）的研究发现，非正式制度与正式制度存在互补关系，正式制度可以强化非正式制度的积极作用。因此，本书进一步分析制度如何在家族企业代际传承与绿色治理之间发挥作用。正如上文所提到的制度可以分为正式制度和非正式制度，本书将在这一部分从环境规制和行业竞争角度分析正式制度如何影响家族企业代际传承与绿色治理的关系，并在 5.6 节中从儒家文化和媒体关注两个典型的非正式制度因素出发，分析家族企业代际传承对绿色治理的差异性影响。

5.5.1　环境规制

环境规制是政府解决生态环境问题、实现工业绿色转型的主要手段，使企业生产活动中造成的环境外部性内化到企业的生产成本中，从而倒逼企业进行绿色发展（李鹏升和陈艳莹，2019）。大量研究表明，环境规制对企业进行环境治理、绿色技术创新和绿色发展等产生了重要的影响（姜锡明和许晨曦，2015；唐勇军和李鹏，2019；单春霞等，2024）。同时，一些研究也指出，较强的环境规制将环境污染的外部性内化到企业的生产成本中，增加了企业成本压力，降低了企业盈利能力，从而削弱了企业参与环境治理的积极性（张同斌等，2017；崔广慧和姜英兵，2019）。而家族企业的代际传承问题常常与教育、经历、环境、思想、理念和特征等密切相关（应焕红，2009），这些因素同时影响代际传承发生及其之后的家族企业行为，加之代际传承是发扬家族理念、家族文化的一种形式，因此代际传承具备文化属性，同其他非正式制度存在相似之处。那么，作为正式制度的环境规制会对家族企业代际传承与企业绿色治理的关系产生何种影响？对此，本部分基于环境规制强弱，进一步分析代际传承对家族企业绿色治理的差异性影响。

借鉴何玉梅和罗巧（2018）的研究，本部分利用每千元工业增加值的工业污染治理完成投资额来衡量环境规制程度，基于该指标的中位数将样本分为环境规制程度较低组和环境规制程度较高组，并进行分组回归，分组回归结果如表 5-6 所示。

表 5-6　代际传承、正式制度与绿色治理

变量	环境规制程度		行业竞争程度	
	较低 (1)	较高 (2)	较低 (3)	较高 (4)
Inherit	0.0065*** (3.56)	−0.0005 (−0.31)	0.0037** (2.12)	0.0010 (0.57)
常数项	0.4002*** (17.81)	0.3379*** (16.27)	0.3682*** (18.14)	0.3847*** (18.75)
Controls	YES	YES	YES	YES
Year	YES	YES	YES	YES
Industry	YES	YES	YES	YES
样本量	5701	5624	5821	5878
调整后的 R^2	0.920	0.914	0.907	0.925

注：***、** 分别表示在 1%、5% 的水平上显著，括号内为 t 值，个体聚类。

在表 5-6 中，第（1）列和第（2）列所示。其中，第（1）列为环境规制程度较低时，代际传承对家族企业绿色治理影响的回归结果；第（2）列为环境规制程度较高时，代际传承对家族企业绿色治理影响的回归结果。结果表明，相较于环境规制程度较高的地区，环境规制程度较低地区的家族企业代际传承对企业绿色治理水平的促进作用更显著，表明较低的环境规制程度有利于代际传承促进家族企业绿色治理水平的提高。这是由

于环境规制将环境污染的外部性问题内化到企业内部当中，企业的污染行为会对企业带来更高的生产成本，从而企业可能会通过绿色治理来满足政府部门对环境的要求。但是，随着环境规制程度的加深，环境污染外部成本内部化大大增加了企业生产经营的成本，加之，更严厉的环境规制使绿色治理成本也随之上升，从而削弱企业参与绿色治理的积极性（崔广慧和姜英兵，2019；汪芳等，2024）。因此，较严厉的环境规制并非能达到节能减排的目标，合适的环境规制更有利于家族企业进行绿色治理活动。

5.5.2　行业竞争

微观经济学对行业竞争的定义是，在特定市场中，多个企业通过提供近似相同的商品或服务时，争取市场份额的过程。与这一概念相对应的是行业集中度，是指在某一特定行业中，规模较大企业对该行业的市场份额的控制程度。行业集中度越高，意味着大企业占有更高的市场份额，相应行业竞争程度则越低；反之，行业集中度越低，意味着行业竞争程度越高。作为微观企业赖以生存的外部环境，行业竞争程度会对企业的经营活动和行为决策产生重要的影响（沈坤荣和孙文杰，2009；程博等，2018；胡志亮等，2023）。一方面，行业竞争有利于企业进行绿色治理。一是在竞争激烈的行业中，企业为了提高市场竞争力，往往会加大对技术创新和绿色创新的投入，从而通过绿色技术革新，实现绿色治理水平的提升。二是在竞争激烈的行业中，企业通过有效展示其环境责任感更容易赢得消费者的青睐，从而获得更大的市场份额。三是激烈的行业竞争促使企业主动遵守环境法规和要求。为了避免违规风险所带来的损失，企业会自发地提升绿色治理水平。另一方面，行业竞争可能不利于企业进行绿色治理。一是在竞争激烈的行业中，企业可能更加关注短期利润而忽视长期的环保行为，造成绿色治理水平不佳。二是行业内的竞争可能导致企业在资源配置上受到限制，企业可能会优先考虑降低生产成本，而将绿色治理视为次要任务。三是激烈的行业竞争可能引发市场的不确定性，企业在面临不稳定的市场环境时，可能会推迟绿色治理计划。因此，行业竞争程度对企业绿色治理的影响具有两面性。那么，行业竞争程度的强弱是否对代际传承与家族企业绿色治理之间的关系产生影响？对此，本部分基于行业竞争程度的强弱，进一步分析代际传承对家族企业绿色治理的差异性影响。

借鉴已有研究（程博等，2018；李思飞等，2023），本部分利用行业的赫芬达尔指数来度量行业的竞争程度，基于该指标的中位数将样本分为行业竞争程度较低组和行业竞争程度较高组，并进行分组回归。其中，行业的赫芬达尔指数越大，代表行业集中度越高，行业竞争程度越低；行业的赫芬达尔指数越小，代表行业集中度越低，行业竞争程度越高。分组回归结果如表 5-6 第（3）列和第（4）列所示，第（3）列为行业竞争程度较低时，代际传承对家族企业绿色治理影响的回归结果；第（4）列为行业竞争程度较高时，代际传承对企业绿色治理影响的回归结果。结果表明，相较于行业竞争程度较高的家族企业，行业竞争程度较低的家族企业代际传承对企业绿色治理水平的促进作用更显著，表明较低的行业竞争程度有利于代际传承促进家族企业绿色治理水平的提升。这是由于行业竞争程度越激烈，企业面临外部竞争对手的威胁也随之上升，加剧了企业的经营风险（熊婷等，2016），由此可能会导致企业放弃或延缓环境治理和研发等资本性支出计划。行业竞争程度的上升使企业获取外部资源和市场份额的压力加剧（李思飞等，2023），从而增加企业决策者以牺牲环境治理为代价来维护竞争优势的动机（程博等，2018）。因此，相较于行业竞争程度较高的家族企业，较低的行业竞争程度有助于推动代际传承对家族企业绿色治理的积极作用。

5.6　代际传承、非正式制度与绿色治理

5.6.1　儒家文化

高层梯队理论认为，管理者的认知、感知能力和价值观决定了其行为决策和战略选择（Hambrick，2007），而企业家的个体认知和价值偏好受到其成长环境和文化氛围的影响（Hambrick & Mason，1984）。儒家文化作为我国最具代表性的传统文化，以儒家思想为指导思想的文化流派，经历了两千余年的传承与发展，深深植根于我国社会，塑造了我国人民的道德

标准，并从道德规范上影响个人和组织的行为（Li et al., 2020）。儒家文化强调"天人合一"的生态理念，通过代代相传和教育等方式，对企业管理者和员工的价值导向产生影响。因此，受儒家文化影响的企业，在受正规制度外部约束的同时，也会在儒家文化的生态文明理念的潜移默化下，积极投入绿色发展中（Cao et al., 2024）。同时，儒家文化中"仁""义""礼"等核心思想则可以从道德层面有效校正企业管理层的利己心态，使管理层在追求个人利益的同时，更关注企业的长期绿色发展（Huang et al., 2024）。那么，儒家文化会对代际传承与家族企业绿色治理的关系产生何种影响？对此，本部分基于企业注册地周围是否存在孔庙，进一步分析代际传承、儒家文化和家族企业绿色治理的潜在关系。

借鉴 Du（2015）、Yan 等（2024）的研究，本章利用 CNRDS 获取到企业注册地和历史上孔庙的经纬度信息，然后计算企业注册地周围 50 千米内是否有孔庙来度量该企业受儒家文化影响的程度。如果企业注册地周围 50 千米内有孔庙，则定义为该企业受儒家文化影响的程度；如果企业注册地周围 50 千米内无孔庙，则定义为该企业受儒家文化影响的程度较低，分组回归结果如表 5-7 所示。

表 5-7　代际传承、非正式制度与绿色治理

变量	受儒家文化影响程度		受媒体关注程度	
	较低 (1)	较高 (2)	较低 (3)	较高 (4)
Inherit	0.0019 (0.92)	0.0035** (2.12)	0.0013 (0.75)	0.0038** (2.17)
常数项	0.2434*** (10.94)	0.4548*** (22.85)	0.4322*** (20.86)	0.3056*** (13.22)
Controls	YES	YES	YES	YES
Year	YES	YES	YES	YES
Industry	YES	YES	YES	YES
样本量	4668	7135	5908	5896
调整后的 R^2	0.903	0.901	0.922	0.903

注：***、** 分别表示在 1%、5% 的水平上显著，括号内为 t 值，个体聚类。

在表 5-7 中，第（1）列和第（2）列所示。其中，第（1）列为家族企业受儒家文化影响程度较低时，代际传承对家族企业绿色治理影响的回归结果；第（2）列为家族企业受儒家文化影响程度较高时，代际传承对家族企业绿色治理影响的回归结果。结果表明，相较于受儒家文化影响程度较低的家族企业，受儒家文化影响程度较高的家族企业代际传承对企业绿色治理水平的促进作用更显著，表明地区儒家文化加剧了代际传承对家族企业绿色治理的积极作用。这是由于儒家文化强调"天人合一"的思想，认为人应当顺应自然规律，与大自然和谐共处。这种生态理念会通过代代相传和教育等方式，对家族企业高管的价值导向产生影响。同时，代际传承也是中国传统文化传递的一种表现形式，并且与儒家思想相切合，从而共同推动企业绿色治理水平的提升。因此，相较于儒家文化氛围淡薄地区，浓厚的儒家文化有助于推动代际传承对家族企业绿色治理的积极作用。

5.6.2　媒体关注

社会认同理论认为，个体通过社会分类来识别环境的同时，也对自己的分类进行识别，从而通过社会分类、社会比较和积极区分形成社会认同。所以，当个体认识到自己所在群体的成员身份所赋予的情感和价值意义时，社会认同也会随之建立（范良聪等，2016）。身份认同是外部环境作用和自我意义建构的综合体现，而媒体作为一种行政法规强制力之外的外部治理机制，具有独特的优势并对企业的战略决策产生重要影响（Riley & Burke，1995；李健等，2024）。随着媒体对家族企业关注度的不断提升，家族企业的管理层愈加重视维护良好的公众形象。媒体的关注往往具有传染性，在短时间内形成的舆论可能对家族成员的声誉和企业的社会形象产生显著的影响。在家族企业的代际传承阶段，向外部展示企业的积极形象显得尤为关键（李健等，2024）。在以环境保护和社会责任履行行为发展基础的社会环境中，家族企业参与绿色治理活动不仅体现了其积极履行社会责任的态度，也是对社会服务和贡献的重要体现。家族企业的绿色形象为二代继承人顺利接班营造了良好的舆论氛围，也有助于二代继承人赢得包括投资者在内的公众认可。那么，媒体关注会对代际传承与家族企业绿色治理的关系产生何种差异性影响？对此，本部分基于媒体报道，进一步分析代际传承、媒体关注和家族企业绿色治理的潜在关系。

借鉴王福胜等（2021）、李健等（2024）的研究，本章利用家族企业被媒体报道的次数来衡量媒体关注程度，依据指标中位数将样本分为家族企业受较低媒体关注程度和受较高媒体关注程度，并进行分组回归，结果如表5-7第（3）列和第（4）列所示。其中，第（3）列为受媒体关注程度较低时，代际传承对家族企业绿色治理影响的回归结果；第（4）列为受媒体关注程度较高时，代际传承对家族企业绿色治理影响的回归结果。结果表明，相较于受媒体关注程度较低的家族企业，受媒体关注程度较高的家族企业代际传承对企业绿色治理水平的促进作用更显著，表明媒体关注加剧了代际传承对家族企业绿色治理的积极作用。这是由于，随着媒体对家族企业的关注程度的提升，家族企业内部高管会更加看重企业自身在社会公众中的形象，尤其是在代际传承这一特殊时期，建立良好的形象格外重要（李健等，2024）。这种声誉机制促使家族企业高管关注社会身份，增强代际传承阶段家族企业从事绿色治理的意愿。因此，相较于受媒体关注程度较低的家族企业，较高程度的媒体关注有助于推动代际传承对家族企业绿色治理的积极作用。

5.7 本章小节

环境治理问题已然成为政府、社会和学术界共同关注的话题，如何实现绿色发展是当下亟待探讨的问题，特别是处于代际传承阶段的家族企业，是否可以在顺利传承的同时对环境做出有益的行为更加值得学者的探讨。鉴于此，本章基于2012~2022年中国A股上市家族企业数据，实证分析家族企业代际传承对企业绿色治理的影响。主要得出如下结论：①相较于未发生代际传承的家族企业，发生代际传承的家族企业的绿色治理水平显著提升。②家族企业代际传承通过提升高管环保意识和企业社会责任承担水平促进企业绿色治理的水平。③正式制度使代际传承对家族企业绿色治理的促进效果产生差异性的影响。一方面，相较于环境规制程度较高的地区，环境规制程度较低地区的家族企业代际传承对企业绿色治理水平的促进作用更显著。较严厉的环境规制并非能达到节能减排的目标，合适的环境规制更有利于家族企业进行绿色治理活动。另一方面，相较于行业竞争程度较高的家族企业，行业竞争程度较低的家族企业代际传承对企业绿色治理水平的促进作用更显著。④非正式制度使代际传承对家族企业绿色治理的促进效果产生差异性影响。一方面，相较于受儒家文化影响程度较低的家族企业，受儒家文化影响程度较高的家族企业的家族企业代际传承对企业绿色治理水平的促进作用更显著；另一方面，相较于受媒体关注程度较低的家族企业，受媒体关注程度较高的家族企业代际传承对企业绿色治理水平的促进作用更显著。

基于上述研究结论，本章提出如下启示：

第一，绿色治理是基于可持续发展理念，强调人与自然和谐共生，通过政府、社会公众和企业共同的努力，实现环境保护、经济可持续发展。对于家族企业而言，绿色治理更是提高企业声誉和树立优质外部企业形象的有利途径，是推动企业持续发展的必然选择，也是家族企业实现"基业长青"的重要战略。进一步地，对于我国家族企业而言，需要充分理解绿色治理的意义、作用和价值，明确开展绿色治理活动的有效途径，制定详细的绿色发展战略，并有效调动家族企业内部成员积极执行。同时，引导家族企业决策者在关注经济效益的同时，注重环保意识的提升和社会责任的履行，推动家族企业持续且高质量的发展。

第二，代际传承是家族企业区别于非家族企业的重要特征，也是家族企业实现长期持续发展必然要经历的过程。在短期内，代际传承引起的组织结构变动，会对家族企业带来一定的"阵痛"。但是根据本章研究发现，家族企业代际传承有助于企业绿色治理水平的提升。因此，政府与其他利益相关者应在这一特殊阶段给予家族企业一定的帮助和支持，正确认识家族企业对我国经济发展的重要作用，直面家族企业在代际传承过程中遇到的问题与挑战。同时，相关部门应为家族企业传承发展提供稳定的保障措施，促进家族企业顺利完成传承，释放家族企业的发展活力，以推动经济社会的绿色发展。

第三，对于家族企业而言，应当积极培养高管的环保意识和社会责任承担意识。高管作为企业进行环境治理活动的制定者、决策者和执行者，对于环境保护的认知和意识必然会影响企业绿色治理的持续性与长期性。同时，积极承担社会责任是一种追求长期利益的行为，有利于与其他利益相关者关系的维持，也有助于积累相关社会资本，从而为企业开展绿色治理活动提供必要的保障。因此，家族企业通过一定的奖惩机制、教育培养等方式，积极培养高管的环保意识和社会责任承担意识，从而为家族企业的绿色治理赋能增效，实现家族企业的可持续发展。

第四，制度对处于代际传承时期的家族企业尤为重要，从而在一定程度上决定企业绿色治理的意愿与成败。对于政府部门而言，制定严格的环境规制并非能达到节能减排的目标，合适的环境规制更有利于家族企业进行绿色治理活动。因此，政府部门在切实落实环境规制和环境投资举措时，应充分考虑相应政策的适度性，以达到环境治理有效的目的。此外，政府部门和社会公众应积极发扬传统文化，通过加强文化宣传来增加企业对绿色治理的积极性。

第五，充分发挥媒体的协同治理作用，提高家族企业的绿色治理意愿和效率。随着媒体对家族企业的关注程度的提升，家族企业内部高管会越发看重企业自身在社会公众心目中的形象，尤其是在代际传承这一特殊时期，声誉机制促使家族企业高管关注社会身份，增强代际传承阶段家族企业从事绿色治理的意愿。同时，媒体关注作为一种法律和行政强制力之外的外部治理机制，具有引导公众认知的特殊优势，从而影响企业的行为决策。因此，公众媒体的公司治理作用应得到充分重视，充分发挥媒体关注的协同治理作用，建立政府、公众、媒体和企业的多元共治体系，帮助家族企业顺利实现代际传承并推动企业绿色发展。

第6章

生产力变革：家族企业代际传承与新质生产力

本书上半部分分别从代表决策模式变革（从传统型决策到数字化决策）的数字化转型、代表效率目标变革（从生产效率最优到研发效率最优）的创新效率及代表产出理念变革（从企业利润最大到社会福利平衡）的绿色治理三个维度，对家族企业代际传承阶段的战略变革行为进行了实证分析。在此基础上，本章将新质生产力发展水平作为评价家族企业战略变革的程度，聚焦家族企业代际传承阶段的生产力变革程度，并建立的新质生产力考核体系，以弥补传统 6 指标体系侧重从广告投入、资本投入、财务杠杆等财务表现测度企业战略变革的片面性不足。新质生产力为推动我国经济高质量发展提供了原动力，是我国未来发展的重要着力点。据此，基于 2012~2022 年中国 A 股上市家族企业数据，本章从新劳动者、新劳动对象和新劳动资料三个维度构建企业新质生产力指标，实证分析家族企业代际传承对家族企业新质生产力的影响及内在机制。研究发现，家族企业处于代际传承阶段时，其新质生产力水平在一定程度上有所降低。而融资约束的加剧和企业空心化问题是产生上述效应的两个因素。进一步分析发现，当家族企业规模较大、家族控制权较弱、家族化方式为直接创办，以及二代继承人具有金融背景时，代际传承对家族企业新质生产力的抑制作用更加明显，而二代继承人学历背景、专业技能和海外背景会弱化代际传承对家族企业新质生产力的抑制作用。本章的研究框架将家族企业代际传承、企业融资约束、企业空心化、企业特征、继承人特征与企业新质生产力结合起来，揭示了家族企业在代际传承过程中需要承担的短期变革成本及其主要影响因素，研究成果对政府制定政策建议、企业实践均具有指导意义。

6.1 引言

2023 年 9 月，习近平总书记在黑龙江调研考察期间，首次提出"新质生产力"这一术语，并强调整合科技创新资源，引领发展战略性新兴产业和未来产业，加快形成新质生产力。同年 12 月，中央经济工作会议强调，要以科技创新推动产业创新，特别是以颠覆性技术和前沿技术催生新产业、新模式、新动能，发展新质生产力。随后，党的二十届三中全会通过的《中共中央关于进一步全面深化改革 推进中国式现代化的决定》提到，健全相关规则和政策，加快形成同新质生产力更相适应的生产关系，促进各类先进生产要素向发展新质生产力集聚，大幅提升全要素生产率。新质生产力是具有高科技、高效能、高质量特征的先进生产力形式（姚树洁和张小倩，2024），通过科学技术革命性突破、生产要素创新性配置、产业体系深度转型升级，从而能够推动经济高质量发展、支撑中国式现代化建设、满足人民美好生活需要（贾若祥等，2024；张林，2024）。在世界面临百年未有之大变局的背景下，我国经济发展面临日益加剧的竞争和变革挑战，新一轮科技革命和产业变革加速推进，国际科技较量和经济竞争愈演愈烈，世界经济、政治和科技格局加速重构，部分发达国家甚至以国家安全等为由，对我国实施单边制裁措施。习近平总书记关于新质生产力的重要论断为深入实施创新驱动发展战略、加快推动高质量发展和推进中国式现代化建设指明了新方向。同时，新质生产力代表了生产工具、生产方式和生产关系的深刻变革。它不仅为企业提供了新的技术驱动，还促使企业在应对市场变革和全球挑战时，必须对战略目标、发展路径和资源配置进行系统性调整。这一过程推动了企业战略的深刻变革，使其在激烈的竞争中保持领先地位并实现长期可持续发展。

"新质生产力"这一术语的提出，引起学术界的热烈讨论。一是基于新质生产力的内涵和特征进行了分析。李政和崔慧永（2024）基于历史唯物主义认为，新质生产力是生产力构成要素的质的提升，从而呈现更先进的生产力形式。姚树洁和张小倩（2024）认为，区别于仅依赖能源与资源的大量投入与严重消耗的生产力发展模式，新质生产力是摆脱传统增长路径、符合高质量发展要求的生产力，具有科技创新驱动发展、产业高效低耗绿色发展、基础设施公共服务能力提升、推动数字赋能和国家治理能力现代化等特征。周文和许凌云（2023）、张林和蒲清平（2023）均指出，新质生产力是由技术创新为主导，以高质量发展为目标，超越传统生产力的理论创新。二是对新质生产力的意义和实现途径进行论述。Li 和 Liu（2024）、张林（2024）、蒲清平和向往（2024）均指出，新质生产力对推动中国式现代化具有重要的意义。彭绪庶（2024）指出，新质生产力是科技创新驱动形成的先进生产力，新质生产力的形成基础和前提源于高水平的创新能力，发展新质生产力需要加快实现高水平科技自立自强、促进创新创业融合、推动数实深度融合和增强资源优化配置。此外，塑强科技创新整体能力、促进新要素迅速成长、推进核心技术研发应用和加快建设现代化产业体系，将有助于加快形成新质生产力（蒋永穆和乔张媛，2024）。三是从不同维度对新质生产力的指标体系进行构建。目前主要分为三大类，第一类是基于劳动者、劳动资料、劳动对象三个维度对区域新质生产力指标进行构建（朱富显等，2024；任宇新等，2024）；第二类是基于科技、数字和绿色等内涵特征视角构造区域新质生产力指标（卢江等，2024；焦方义和杜瑄，2024）；第三类是依据生产力二要素理论对微观企业新质生产力指标进行构建（宋佳等，2024；刘德宇和王珂凡，2024）。由此可知，当前对新质生产力的研究主要集中于理论分析，实证研究相对匮乏，并且更多地集中于对宏观新质生产力的影响方面。因此，有必要从企业层面更深层次的探究新质生产力的影响因素。同时，新质生产力的发展仍面临科技创新供需不平衡、产业和经济结构失衡等阻碍。因此，如何推动新质生产力的发展，是当下亟待探讨的问题。

新质生产力是科技创新在其中发挥主导作用的生产力（张林和蒲清平，2023；周文和许凌云，2023），已有研究发现，颠覆性创新（方晓霞和李晓华，2024）、数据要素（赵鹏等，2024）、数字产业（罗爽和肖韵，2024）、数字经济（张苏和朱媛，2024）等有助于新质生产力的发展。同时，驱动新质生产力发展离不开外部制度环境，营商环境（刘德宇和王珂凡，2024）、金融集聚（任宇新等，2024）等制度因素为发展新质生产力提供了重要的保障和外部条件。此外，宋佳等（2024）、张秀娥等（2024）从企业内部治理出发，研究发现企业社会责任的发展、企业数智化转型有效推动新质生产力的提升。由于"新质生产力"这一专业术语出现的时间较短，目前已有关于如何推动新质生产力发展的研究尚不充分，较少关注如民营企业、家族企业等特定企业类型的分析，特别是对处于代际传承阶段的家族企业的研究更是少之又少。

自改革开放以来，我国民营企业飞速发展并取得了耀眼的成绩，在我国经济发展中发挥着巨大作用。截至 2021 年年底，我国民营企业数量达到 4457.5 万家，占企业总量的 92.1%，在稳定就业、改善民生、促进发展等方面发挥了至关重要的作用。此外，我国民营经济对税收的贡献超过 50%，投资占比超过 60%，发明创新占比超过 70%，是推动社会主义市场经济发展的重要力量。根据中华全国工商业联合会 2022 年 9 月发布的《2022 研发投入前 1000 家民营企业创新状况报告》，我国研发投入前 1000 家民营企业的研发费用总额达 1.08 万亿元，占全国研发经费支出的 38.58%，同比增长 23.14%；占全国企业研发经费支出的 50.16%，其增速较全国高 8.5 个百分点，比全国企业高 7.9 个百分点。其中，54.7% 的企业具备高技术、高成长和高价值属性。从创新情况来看，研发投入前 1000 家民营企业中，共申请国内专利 22.2 万件，授权国内专利 18.6 万件，拥有国内有效专利 79.8 万件。其中，共申请发明专利 10.8 万件，占全国企业发明专利申请量的 11.3%；共授权发明专利 5.2 万件，占全国企业的 25.0%；拥有有效发明专利 25.1 万件，占全国企业的 13.2%。此外，根据中华全国工商业联合会 2023 年 10 月发布的"2023 民营企业研发投入、发明专利榜单和 2023 研发投入前 1000 家民营企业创新状况报告"，进入 500 家民营企业研发投入榜单的门槛为 4.28 亿元，较 2022 年增加了 1.91 亿元，平均研发投入强度为 3.54%，较 2022 年提升了 1.48 个百分点，并且比全社会的 R&D 经费投入强度高出 1 个百分点。以上数据表明，我国民营企业总体研发和创新潜力巨大且增长明显，已成为引领我国创新发展和实现科技进步的中坚力量。

家族企业是民营企业主要的组成部分，对我国经济高质量发展有着重要的意义。随着一代创始人步入暮年，家族企业将面临"交接班"的代际传承问题（祝振铎等，2021）。然而，家族企业在进行代际传承时，往往面临巨大的阻力。根据普华永道的《2021年全球家族企业调研——中国报告》，49%的家族企业领导者无新生代进入企业并参与企业的运营（不包括香港、澳门、台湾地区），同时非家族内的董事会成员对家族内的董事会成员信任度仅为52%，远低于全球平均水平。因此，家族企业如何顺利完成代际传承、打破"富不过三代"的怪圈、实现"基业长青"（窦军生和贾生华，2008；刘星等，2021），是当下家族企业领域的研究者和实践者共同关注的话题。

已有研究发现，企业代际传承对风险承担（许永斌和鲍树琛，2019）、财务融资（李思飞等，2023）和经营绩效（Chiang & Yu，2018）等财富管理方面产生了一定的负面影响，但同时对社会责任（Huang & Chen，2024）、并购行为（许宇鹏和徐龙炳，2023）和推动国际化战略（余向前等，2023）等战略决策产生了一定的推动作用，而对企业创新活动的影响（黄海杰等，2018；黄珺和胡卫，2020；陈德球和徐婷，2023；李健等，2023；谢佩君等，2024），目前尚未有一致的结论。那么，对于以科技创新为主导且具备高科技、高效能、高质量特征的新质生产力，家族企业代际传承又会有何影响呢？对于这一问题，学术界尚未有答案。

基于上述理论和现实背景，本章将新质生产力发展水平作为评价家族企业战略变革的程度，聚焦家族企业代际传承阶段的生产力变革程度，并建立的新质生产力考核体系，尝试探究家族企业与企业新质生产力的关系。本章以2012~2022年A股家族企业为样本，考察了家族企业代际传承对企业新质生产力的影响，研究发现，代际传承会抑制家族企业新质生产力的发展。这主要是因为：一方面，进入企业的二代继承人面临权威和信任的构建问题，消耗了企业的大部分资源，造成企业面临融资约束问题，从而抑制了企业新质生产力的发展；另一方面，二代继承人为在企业内"站稳脚跟"而更倾向快速取得一定的成绩，即偏向金融投资活动等"捷径"，造成企业空心化，从而抑制企业新质生产力的发展。进一步研究发现，家族企业规模较大、控制权较弱和家族化方式为直接创办的，代际传承对企业新质生产力的影响作用更为明显。此外，二代继承人特征对新质生产力具有多样化的影响，二代继承人学历背景、专业技能和海外背景有助于缓解企业新质生产力的下降。然而，二代继承人的金融背景强化了代际传承对企业新质生产力的抑制作用。

本章可能的边际贡献有：第一，丰富了新质生产力与企业组织及治理结构的研究成果，为家族企业发展企业新质生产力提供了有益的参考。现有研究认为，数字产业（罗爽和肖韵，2024）、金融集聚（任宇新等，2024）、营商环境（刘德宇和王珂凡，2024）等外部制度环境和企业社会责任（宋佳等，2024）、企业数智化转型（张秀娥等，2024）、数字化转型（赵国庆和李俊廷，2024）等企业战略决策是影响企业新质生产力发展的重要因素，而本章发现对于家族企业来说，代际传承这一治理结构的重要变更也会显著影响企业新质生产力的发展，从而拓展了企业层面新质生产力推动因素的相关研究，也为如何发展新质生产力提供了家族企业层面的经验证据。此外，本章的各异质性检验进一步验证了家族企业特征、二代继承人特征都会影响企业新质生产力的发展。上述研究结论对于我国家族企业合理制定新质生产力的发展决策，并且通过完善内部结构来推进新质生产力的形成具有一定的实践意义，同时为政府部门制定发展企业新质生产力的相关政策，促进经济社会高质量发展提供了参考。

第二，本章进一步拓宽了家族企业代际传承经济后果的研究边界，对我国家族企业构建完善的现代企业制度，实现高质量持续发展具有一定的参考价值。现有文献多关注于家族企业代际传承对风险承担（许永斌和鲍树琛，2019）、经营绩效（Chiang & Yu，2018）、企业并购（许宇鹏和徐龙炳，2023）、社会责任（Huang & Chen，2024）、企业创新（黄海杰等，2018）和数字化转型（李思飞等，2023）等方面的影响，而本章系统考察了代际传承对家族企业新质生产力这一有助于推动经济未来持续发展的新动能的影响，从而为家族企业代际传承影响经济高质量发展提供了新的经验证据支撑。同时，本章通过机制分析揭示了代际传承影响家族企业新质生产力发展的内在途径，发现家族企业可以从缓解融资约束、去"空心化"两个方面来降低代际传承对家族企业新质生产力的不利影响。此外，本章为即将进入代际传承阶段的家族企业如何培养继承人、如何制定传承规划、如何调整治理结构等方面提供了有益的参考，也为政府部门制定关于家族企业融资和发展新质生产力的相关政策提供了借鉴，从而推动了家族企业代际传承顺利完成，实现了家族企业可持续发展。

本章后续内容如下：6.2节对已有文献进行评述，并提出研究假设；6.3节介绍本章的研究设计，依次介绍了样本选取与处理、数据来源、变量构造和模型设计；6.4 节为实证分析部分，本章依次检验了家族企业代际传承与企业新质生产力的关系及内在机制，并进行了 PSM 检验、2SLS 检验、替换变量等相应的稳健性检验；6.5 节和 6.6 节检验了家族企业特征和二代继承人特征对结果的差异性影响；6.7 节总结本章的研究，并提出启示。本章框架结构如图 6-1 所示。

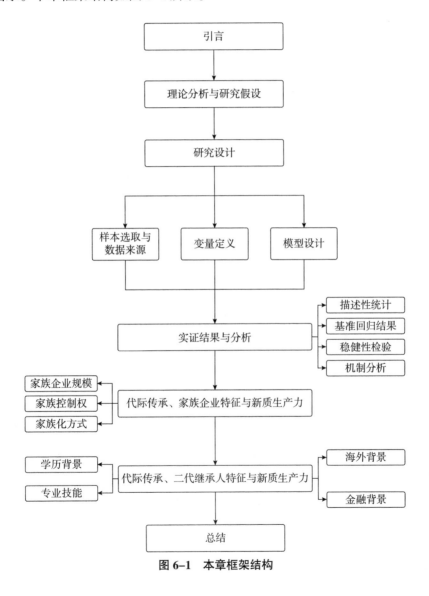

图 6-1 本章框架结构

6.2　理论分析与研究假设

　　家族企业代际传承是家族持续发展的关键，也是家族企业区别于非家族企业的重要特征（李新春等，2015）。随着创始人步入暮年，我国家族企业进入代际传承的高峰期（祝振铎等，2021），越来越多的学者开始关注代际传承的经济后果。已有研究发现，由于二代继承人与创始人的出生时期、生长环境不同，在态度、思想和行为上存在一定的代际差异（Mannheim，2005；祝振铎等，2018），继承人往往难以传承创始人的才能、社会资本和经营理念（Lee et al.，2003；Bennedsen et al.，2007；Fan et al.，2008），从而对企业风险承担（许永斌和鲍树琛，2019）、财务融资（李思飞等，2023）和经营绩效（Chiang & Yu，2018）产生一定的负面影响。同时，二代继承人出于维护社会情感财富的目的，将会积极承担社会责任（Huang & Chen，2024）、加大并购力度（许宇鹏和徐龙炳，2023）和推动国际化战略（余向前等，2023）。目前，关于代际传承与家族企业新质生产力关系的研究相对匮乏，而对于与新质生产力密切相关的企业创新活动、企业数字技术应用与发展的研究学者并未得出一致结论。一方面，二代继承人进入企业会提高企业的监管能力，避免管理层的资金浪费行为发生，有效缓解代理冲突，从而提高投资效率和推进长期的创新活动（黄海杰等，2018；张涛和袁存强，2023）。此外，二代继承人往往具有更高的学历、海外留学背景，从而拥有更加专业的行业知识和更加广阔的眼界，导致其创新意愿及风险偏好更高（蔡庆丰等，2019；许宇鹏和徐龙炳，2023）。另一方面，二代继承人为树立个人权威，更倾向短期回报，从而减少家族企业的创新和数字化发展等长期和高风险的活动（黄珺和胡卫，2020；何理和唐艺桐，2022；李思飞等，2023）。

　　新质生产力是通过关键技术颠覆性突破、生产要素创新配置、产业深度升级转型途径（贾若祥等，2024），摆脱传统仅依赖资本和劳动资源大量投入推动经济增长的方式（周文和许凌云，2023），具有高科技、高

效能、高质量等特征的先进生产力形式（姚树洁和张小倩，2024）。新质
生产力的发展不仅是推动经济高质量发展的内在要求（贾若祥等，2024），
也是实现中国式现代化的根本动力（张林，2024）。随着科技的不断进步
和创新的加速，新质生产力逐渐成为我国经济转型与升级的重要基础。它
不仅体现在技术的革新和生产方式的变化上，更在于推动资源的高效利用
和可持续发展。因此，促进新质生产力的发展，不仅能够提升我国经济的
整体竞争力，还能为实现全面现代化提供强大的动力和支持。这一过程将
为我国经济高质量发展注入新的活力，助力构建更加繁荣、和谐的社会。
"新质生产力"这一术语的出现，引起了学术界的广泛讨论，一些学者从
如何加快新质生产力的实现展开了一定的研究。

新质生产力是科技创新在其中发挥主导作用的生产力（张林和蒲清
平，2023；周文和许凌云，2023），已有研究发现，颠覆性创新（方晓霞
和李晓华，2024）、数据要素（赵鹏等，2024）、数字产业（罗爽和肖韵，
2024）、数字经济（张苏和朱媛，2024）等有助于新质生产力的发展。同
时，驱动新质生产力的发展离不开外部制度环境，营商环境（刘德宇和
王珂凡，2024）、金融集聚（任宇新等，2024）等因素为发展新质生产力
提供了重要的保障和外部条件。此外，宋佳等（2024）、张秀娥等（2024）
从企业内部治理出发，研究发现企业社会责任的发展、企业数智化转型有
效推动新质生产力的提升。上述研究为本章开展家族企业代际传承与新质
生产力的分析提供了较为充分的理论基础、概念界定和研究思路，但是考
虑到有关新质生产力发展水平的量化研究仍处于探索阶段，相关研究多集
中在理论分析层面，本章尝试以家族企业代际传承为切入点，进一步考察
其对企业新质生产力的影响及内在机制。

新质生产力是一种不同于传统生产方式的全新发展模式，它不再单纯
依赖大量资源的投入和相应的浪费，而是通过颠覆性技术创新来实现高
效能和高质量的发展。这种生产力形式强调的是智能化、数字化和绿色
化的结合，旨在最大限度地提高资源的利用效率，降低经济发展对环境
的影响，同时推动产业结构的转型升级。通过引入先进的科技手段和创新
理念，新质生产力不仅能够显著提升生产效率，还能提升企业的产品质量
和服务水平，从而使企业在激烈的市场竞争中占据优势。这种以创新为驱
动力的生产力发展方式，为可持续经济增长提供了新的可能性，标志着经

济发展进入了一个更加智能和高效的新时代。由此可知，技术创新是推动新质生产力发展的核心动力。然而，许多家族企业在这一过程中面临诸多挑战，尤其是在代际传承的关键时期，这些家族企业往往受到资源限制的困扰，难以获得足够的资金和技术支持来进行必要的创新（惠男男和许永斌，2014）。此外，家族企业在权威树立和信任建立方面也常常遇到障碍，尤其是在代际传承过程中，年轻一代可能缺乏足够的经验和影响力来赢得员工和利益相关者的信任（黄珺和胡卫，2020；李健等，2023）。这些因素共同导致了家族企业在创新活动上的投入不足，从而抑制了新质生产力的提升和发展。

第一，家族企业代际传承会加剧企业的融资约束问题，从而抑制企业新质生产力的发展。新质生产力的发展离不开颠覆性技术创新的助推，而技术创新具有周期长、不确定性高和投入成本多等特点（Hall，2002）。当二代继承人接手家族企业后，他们通常需要投入大量的时间、精力和资源，以在内部建立自己的权威，并在外部赢得各方的信任（惠男男和许永斌，2014）。这一过程不仅包括与员工的沟通和关系建设，还涉及对企业文化的理解和传承。同时，他们也需要努力证明自己的能力和价值，以获得管理层和利益相关者的认可。然而这种花费大量时间、人力、物力在内部建立权威和在外部争取信任的过程，往往仅依赖家族企业既有的资金、知识和人力可能无法满足上述的需求，家族企业需要通过外部融资渠道来开展创新活动，并引进家族外的人才，但这会加深企业组织结构的复杂化，增强家庭企业对资源和环境的依赖性，弱化家族对企业的控制与影响（黄珺和胡卫，2020），从而致使家族企业面临内部融资乏力与外部融资紧张的两难状况。同时，由于外部投资者对二代继承人的认知有限，很难与其快速建立长期信任关系，从而要求企业提供更优质的抵押品、附加限制性条款来防范信用风险，进而增加了企业的融资成本和融资难度（Werner et al.，2021；李思飞等，2023）。此外，一些研究表明，代际传承会对家族企业风险承担（许永斌和鲍树琛，2019）、盈利能力（Moreno-Gené & Gallizo，2021）和业绩（Chiang & Yu，2018）带来一定的负面影响。为了应对这些潜在的负面效应，二代继承人往往会选择将更多的资金投入降低风险的策略中。这种倾向虽然可以在短期内维持企业的稳定性，但也可能导致企业创新活动面临融资约束的问题。因为在追求风险规避的过程中，企业可能会减少对新项目和创新研发的投资，从而影响其长远的竞争力和市场适应能力。通过这种方式，二代继承人希望在保障企业安全的同时，避免因过于激进的投资而带来的不可预知的风险，但这也可能在无形中限制了企业的创新潜力。

第二，家族企业代际传承会加剧企业空心化，从而抑制企业新质生产力的发展。企业新质生产力的发展是长期且持续的过程，这对企业的发展模式、经营效率和生产方式提出了新的要求，企业需要通过引进高效节能的设备、技术的迭代创新等途径来实现，因此发展新质生产力离不开不断的创新投入和实业投资。然而，对于进入传承阶段的家族企业而言，二代继承人面临权威合法性的压力，迫切希望通过"捷径"来创造一定的业绩，从而更倾向金融投资（何理和唐艺桐，2022）。一方面，与周期较长、充满不确定性且风险较高的实业投资和技术创新相比，金融投资为二代继承人提供了一个更迅速和直接的获利途径。这种投资方式不仅能够为他们带来相对较快的经济回报，还能帮助他们在企业中树立权威和信誉（Ye et al.，2022）。通过参与金融市场，二代继承人能够迅速积累财富，展示他们的决策能力和市场洞察力，从而在企业内外赢得尊重和认可。这种选择使他们能够在不承担过多经营风险的情况下，迅速实现个人和企业的目标。另一方面，技术创新的成败往往与继承人的决策和判断密切相关。继承人在推动技术创新时，必须具备敏锐的洞察力和前瞻性的思维，任何失误都可能导致项目的失败。而相较之下，金融投资的表现更容易受市场波动和宏观经济环境的影响。当金融投资取得良好业绩时，继承人可以将成功归功于自身的能力和决策智慧，这无疑为他们赢得了更多的声誉和信任。然而，当投资未能达到预期的业绩时，他们又可以将责任归咎于外部因素，如市场的不确定性、经济形势的变化等，这样的情形在一定程度上减轻了继承人的压力（杜勇等，2017）。由于企业的资源是有限的，金融投资与实业投资之间存在一种替代关系（Tobin，1965）。这意味着，当企业选择将更多的资源投入金融领域时，必然会减少对实业领域的投入。金融资产的配置可能会占据原本应用于实业发展的资金，从而导致企业在实体经济中的投资份额逐渐减少。这种资金的流动不仅会削弱企业的实业基础，还可能加剧企业的"空心化"现象，即企业在追求短期金融收益的过程中，逐渐忽视了对长期实业发展的支持和投入。这种发展趋势最终可能影响企业的可持续发展能力和新质生产力的提升，形成一种不良的循环。家族企业代际传承影响企业新质生产力的机制路线如图 6-2 所示。

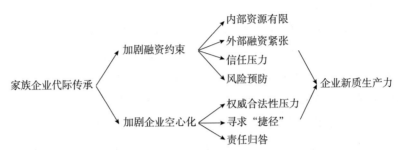

图 6-2　家族企业代际传承影响企业新质生产力的机制路线

基于上述分析，本章提出如下假设：

假设 1：家族企业代际传承会抑制企业新质生产力的发展。

6.3　研究设计

6.3.1　样本选取与数据来源

考虑到样本的可获得性，本章选取 2012～2022 年中国 A 股上市家族企业作为原始样本。其中，同时满足以下要求的企业定义为家族企业：①实际控制人为一个家族或自然人的民营企业；②除实际控制人外，至少有一名家族成员在企业中持股或参与管理。家族企业代际传承数据来源于国泰安（CSMAR）数据库，并与中国研究数据服务平台（CNRDS）数据库进行匹配和手工筛选，其他数据主要来源于 CSMAR，补充数据来源于 Wind 数据库。

本章对原始样本进行如下处理：①考虑到财务状况异常或面临退市危险的企业相应财务信息与常规上市企业相差较大，从而对研究结果带来较高的误差，所以本章对 ST、*ST 和已退市企业的样本进行了剔除。②考虑到金融公司与传统企业在经营活动中存在较高的差异性，因此依据《上市公司行业分类指引》（2012 年修订），对金融行业样本进行剔除。
③考虑到补充缺失样本数据从技术层面上较为困难，并且一些常用方法
如邻近年度代替法、线性插值法等容易造成数据的不准确性，所以对变
量缺失的样本进行剔除处理。④由于统计数据中个别数据存在一定的异
常值问题，如研发人员占比大于 1 的样本观测值等，笔者进一步细致地
检查数据，并对本章中存在异常值的数据进行剔除处理。⑤在经过上述
多种数据处理方式后，可观测到的数据尚未有异常情况，但为缓解无法
直观发现的个别样本偏差较大及其他可能的异常值影响，对所有连续变
量进行上下 1% 分位的缩尾处理。经处理，最终得到 11095 个企业—年
度样本观测值。

6.3.2 变量定义

6.3.2.1 被解释变量

企业新质生产力（NQP）。本章借鉴宋佳等（2024）、王珏和王荣基
（2024）、韩文龙等（2024）的研究，尝试基于新劳动者、新劳动资料和新
劳动对象三个维度构建企业新质生产力综合评价指标体系，如表 6-1 所示。
本章对各指标标准化后，利用熵值法确定各指标权重。

表 6-1 企业新质生产力指标

总指标	因素	子因素	指标	指标取值说明
企业新质生产力	新劳动者	新劳动者数量	研发人员占比	研发人员 / 员工人数
		新劳动者结构	高学历人员占比	本科以上学历人数 / 员工人数
			知识积累	职工教育经费 / 营业收入
	新劳动资料	科技劳动资料	区块链技术	相关关键词在企业年报中出现的词频数量
			人工智能技术	相关关键词在企业年报中出现的词频数量
			云计算技术	相关关键词在企业年报中出现的词频数量

总指标	因素	子因素	指标	指标取值说明
企业新质生产力	新劳动资料	科技劳动资料	大数据技术	相关关键词在企业年报中出现的词频数量
			数字技术应用	相关关键词在企业年报中出现的词频数量
		无形劳动资料	研发投入占比	研发投入/营业收入
			商誉占比	商誉/企业总资产
			无形资产占比	无形资产/企业总资产
		财务劳动资料	权益乘数倒数	所有者权益/企业总资产
			固定资产投资占比	固定资产、无形资产和其他长期资产支付的现金之和/企业总资产
			总资产周转率	营业收入/平均资产总额
	新劳动对象	装备	制造费用占比	（经营活动现金流出小计+无形资产摊销+固定资产折旧+减值准备－支付给职工以及为职工支付的现金－购买商品、接受劳务支付的现金）/（经营活动现金流出小计+无形资产摊销+固定资产折旧+减值准备）
			固定资产占比	固定资产/企业总资产
		原材料	存货净值占比	存货净值/（存货净值+存货跌价准备）

第一，关于新劳动者，从新劳动者数量和新劳动者结构两个方面刻画。具体而言，选取研发人员占比衡量新劳动者数量，选取高学历人员占比和知识积累衡量新劳动者结构。其中，研发人员占比由研发人员数量占员工总数的比例来度量；高学历人员占比由本科以上学历人数占员工总数的比例来度量；知识积累采用刘德宇和王珂凡（2024）的方法，利用职工教育经费占营业收入的比例来度量。

第二，关于新劳动资料，从科技劳动资料、无形劳动资料和财务劳动资料三个方面刻画。具体而言，选取区块链技术、人工智能技术、云计算技术、大数据技术和数字技术应用衡量科技劳动资料，选取研发投入占比、商誉占比和无形资产占比衡量无形劳动资料，选取权益乘数倒数、固定资产投资占比和总资产周转率衡量财务劳动资料。研发投入占比由研发投入金额占营业收入的比例来度量；商誉占比由企业商誉占企业总资产的比例来度量；无形资产占比由无形资产占企业总资产的比例来度量；权益乘数倒数由所有者权益占期末总资产的比例来衡量；固定资产投资占比为固定资产、无形资产和其他长期资产支付的现金之和占企业总资产的比例；总资产周转率为营业收入占平均资产总额的比例。

需要指出的是，区块链技术、人工智能技术、云计算技术和大数据技术是数字技术的"底层技术运用"层面，而数字技术应用是数字技术的"技术实践应用"层面。区块链技术、人工智能技术、云计算技术、大数据技术和数字技术应用采用吴非等（2021）、李思飞等（2023）的方法，利用相关关键词在企业年报中出现的词频数量来度量。其中，区块链技术的关键词包括区块链、数字货币、差分隐私技术、分布式计算、智能金融合约；人工智能技术的关键词包括人工智能、身份验证、语义搜索、人脸识别、生物识别技术、图像理解、商业智能、机器学习、智能机器人、投资决策辅助系统、自动驾驶、自然语言处理、深度学习、智能数据分析、语音识别；云计算技术的关键词包括云计算、类脑计算、信息物理系统、认知计算、物联网、流计算、图计算、多方安全计算、EB级存储、绿色计算、融合架构、亿级并发、内存计算；大数据技术的关键词包括大数据、混合现实、文本挖掘、数据挖掘、异构数据、增强现实、数据可视化、征信、虚拟现实；数字技术应用的关键词包括数字金融、开放银行、智能能源、互联网金融、移动支付、智慧农业、智能投顾、金融科技、第三方支付、智能环保、智能医疗、量化金融、移动互联网、智能电网、移动互联、互联网医疗、智能交通、工业互联网、网联、智能客服、数字营销、电子商务、B2B、B2C、C2B、C2C、FinTech、NFC支付、O2O、智能营销、智能穿戴、智能家居、智能文旅、无人零售。

第三，关于新劳动对象，从装备和原材料两个方面刻画。具体而言，选取制造费用占比和固定资产占比衡量装备指标，选取存货净额占比衡量原材料指标。其中，制造费用占比参考宋佳等（2024）的研究思路，利用"（经营活动现金流出小计 + 无形资产摊销 + 固定资产折旧 + 减值准备 – 支付给职工以及为职工支付的现金 – 购买商品、接受劳务支付的现金）/（经营活动现金流出小计＋无形资产摊销＋固定资产折旧＋减值准备）"进行测算；固定资产占比由固定资产占企业总资产的比例来度量；存货净值占比由存货净值占存货净值与存货跌价准备之和的比例来度量。

6.3.2.2 解释变量

家族企业代际传承（Inherit）。本章借鉴严若森和赵亚莉（2022）、黄海杰等（2018）的研究，当家族企业实际控制人的儿子、女儿、儿媳和女婿担任公司的董事长、其他董事、总经理或其他高管时，取值为1，否则为0。

6.3.2.3 机制变量

融资约束（FC）。Whited和Wu（2006）通过运用经营活动现金流、企业规模、资产负债率、企业分红、企业销售增长率和行业销售增长率指标构建的WW指数，不仅包括企业自身的财务数据，还涵盖行业的特征，具有一定的经济意义。因此，本章选用WW指数来衡量企业的融资约束水平，该值越大，则融资约束程度越高。

企业空心化（Fin）。企业空心化是企业放弃实体经济转向金融投资等虚拟经济的现象，即企业"脱实向虚"现象。以往研究多集中于对企业金融资产配置的考察，在一定程度上可以反映企业"脱实向虚"的水平，但仅考察金融资产配置无法充分地体现企业是否放弃实业投资或多大程度上向"脱实向虚"发展。鉴于此，本章以企业金融资产配置占企业实业投资的比例来衡量企业空心化水平。借鉴Demir（2009）、张成思和郑宁（2020）、何理和唐艺桐（2022）的研究，采用交易性金融资产、衍生金融资产、持有至到期投资净额、投资性房地产净额、可供出售金融资产净额、买入返售金融资产净额、发放贷款及垫款净额之和来衡量企业金融资产配置，采用购建固定资产、无形资产和其他长期资产支付的现金之和来衡量企业实业投资，并对企业金融资产配置占企业实业投资的比例除以100构造企业空心化指标。该指标数值越大，则企业空心化程度越高。

6.3.2.4 控制变量

考虑到被解释变量主要基于企业财务数据进行构建，对此借鉴刘德宇和王珂凡（2024）、张秀娥等（2024）的研究，依次选取如下控制变量：

经营活动现金流量（CFO）、股权制衡度（EB）、两职合一（Duality）、成立年限（Age）、企业成长性（Growth）、企业规模（Size）、总资产收益率（ROA）和资产负债率（LEV）。此外，本章还控制了年度固定效应（Year）和行业固定效应（Industry）。各变量定义如表 6-2 所示。

表 6-2 变量定义

变量类型	变量名称	变量符号	说明
被解释变量	企业新质生产力	NQP	分别利用熵值法和主成分分析基于新劳动者、新劳动对象和新劳动资料三个维度构建企业新质生产力综合评价指标体系
解释变量	代际传承	Inherit	当实际控制人的二代继承人担任公司的董事长、其他董事、总经理或其他高管时，取值为 1，否则为 0
机制变量	融资约束	FC	WW 指数
	企业空心化	Fin	（交易性金融资产＋衍生金融资产＋持有至到期投资净额＋投资性房地产净额＋可供出售金融资产净额＋买入返售金融资产净额＋发放贷款及垫款净额）/ ［（购建固定资产、无形资产和其他长期资产支付的现金）×100]
控制变量	经营活动现金流量	CFO	企业经营活动产生的净现金流 / 企业总资产
	股权制衡度	EB	第 2~5 大股东持股比例 / 第一大股东持股比例
	两职合一	Duality	董事长与总经理为同一人，是则赋值为 1，否则赋值为 0
	成立年限	Age	ln（当年年份 - 成立年份）
	企业成长性	Growth	（营业收入本年本期金额 - 营业收入上年同期金额）/（营业收入上年同期金额）
	企业规模	Size	ln（1+ 企业总资产）
	总资产收益率	ROA	当期净利润 / 企业总资产
	资产负债率	LEV	企业总负债 / 企业总资产
	年度固定效应	Year	年度虚拟变量
	行业固定效应	Industry	行业虚拟变量

6.3.3 模型设计

为探究家族企业代际传承对企业新质生产力的影响，本章构建如下模型：

$$NQP_{i,t} = \alpha_0 + \alpha_1 Inherit_{i,t} + \alpha_2 Controls + \sum Year + \sum Industry + \varepsilon \qquad (6-1)$$

为探究融资约束和企业空心化在代际传承对家族企业新质生产力影响中的中介作用，本章在式（6-1）的基础上构建如下模型：

$$FC_{i,t}/Fin_{i,t}=\beta_0+\beta_1 Inherit_{i,t}+\beta_2 Controls+\sum Year+\sum Industry+\varepsilon \quad （6-2）$$

$$NQP_{i,t}=\lambda_0+\lambda_1 Inherit_{i,t}+\lambda_2 FC_{i,t}/Fin_{i,t}+\lambda_3 Controls+\sum Year+\sum Industry+\varepsilon$$
$$（6-3）$$

式中：下标 i 和 t 分别为企业和年度；NQP 为被解释变量，代表企业新质生产力水平；Inherit 为核心解释变量，代表家族企业代际传承；FC/Fin 为中介变量，分别代表企业融资约束与企业空心化；Controls 为本章的全部控制变量，依次为经营活动现金流量（CFO）、股权制衡度（EB）、两职合一（Duality）、成立年限（Age）、企业成长性（Growth）、企业规模（Size）、总资产收益率（ROA）和资产负债率（LEV）；$\sum Year$ 和 $\sum Industry$ 分别为年度固定效应和行业固定效应；ε 为随机扰动项。α_1 度量了家族企业代际传承对企业新质生产力的影响水平，根据假设1，如果家族企业代际传承对企业新质生产力具有抑制作用，则该系数显著为负；如果家族企业代际传承对企业新质生产力具有促进作用，则该系数显著为正；如果家族企业代际传承对企业新质生产力无影响，则该系数不显著。

6.4　实证结果与分析

6.4.1　描述性统计

各变量描述性统计如表 6-3 所示。企业新质生产力（NQP）的均值为0.024，最大值为0.110，最小值为0.007，表明所选样本家族企业新质生产力水平较低且存在一定的差异。家族企业代际传承（Inherit）的均值为0.280，说明所选样本家族企业中，有28%的家族企业已进入代际传承阶段。其他控制变量的描述性统计结果总体合理，并且与刘德宇和王珂凡（2024）、张秀娥等（2024）的研究基本一致。

表 6-3 描述性统计

变量	样本数	均值	标准差	最小值	最大值
NQP	11095	0.024	0.018	0.007	0.11
Inherit	11095	0.280	0.449	0	1
FC	11095	−0.764	0.438	−1.169	0
Fin	11095	0.027	0.074	0	0.524
CFO	11095	0.053	0.064	−0.132	0.235
EB	11095	0.842	0.596	0.063	2.854
Duality	11095	0.431	0.495	0	1
Age	11095	1.602	0.887	0	3.258
Growth	11095	0.233	0.511	−0.610	2.994
Size	11095	21.873	0.997	20.069	24.895
ROA	11095	0.047	0.063	−0.252	0.209
LEV	11095	0.355	0.174	0.052	0.777

6.4.2 基准回归结果

表 6-4 给出了基准回归的结果。其中，第（1）列为未引入控制变量和固定效应的回归结果，Inherit 的系数在 1% 水平上显著为 −0.0062，表明家族企业代际传承与企业新质生产力具有负相关关系。第（2）列为仅引入年度和行业固定效应下的回归结果，Inherit 的系数在 1% 水平上显著为 −0.0025，表明家族企业代际传承与企业新质生产力呈负相关关系，并且与未进行年度和行业固定效应的回归结果相比，Inherit 的回归系数有所改变，意味着年度和行业固定效应对回归结果具有重要的意义，年度或行业的差异性可能会对企业新质生产力的发展存在一定程度的影响。第（3）列为仅引入控制变量的回归结果，Inherit 的系数在 1% 水平上显著为 −0.0064，表明家族企业代际传承与企业新质生产力呈负相关关系，并且与未引入控制变量的回归结果相比，Inherit 的回归系数并未发生较大程度的变化。与此同时，经营活动现金流量（CFO）、股权制衡度（EB）、两职合一（Duality）、成立年限（Age）、企业成长性（Growth）、企业规模（Size）、总资产收益率（ROA）和资产负债率（LEV）均对企业新质生产力的发展具有显著的作用，意味着所选控制变量是有意义的，可以有效避免内部其他财务指标对

结果的影响。第（4）列为引入全部控制变量及年度和行业固定效应下最终的回归结果，Inherit 的系数在 1% 水平上显著为 -0.0031。由此可知，在所有回归中，解释变量 Inherit 的系数均显著为负。这表明家族企业代际传承对企业新质生产力的发展具有抑制作用，验证了本章的假设 1。

表 6-4 基准回归结果

变量	(1) NQP	(2) NQP	(3) NQP	(4) NQP
Inherit	−0.0062*** (−20.12)	−0.0025*** (−9.54)	−0.0064*** (−20.61)	−0.0031*** (−11.71)
CFO			−0.0053* (−1.86)	−0.0010 (−0.42)
EB			0.0027*** (9.36)	0.0020*** (8.55)
Duality			0.0008** (2.25)	0.0010*** (3.64)
Age			0.0021*** (10.25)	0.0019*** (10.90)
Growth			0.0068*** (15.37)	0.0031*** (8.58)
Size			0.0021*** (9.26)	0.0026*** (13.68)
ROA			−0.0327*** (−9.00)	−0.0218*** (−7.57)
LEV			−0.0157*** (−11.64)	−0.0101*** (−8.98)
常数项	0.0256*** (115.06)	0.0245*** (151.27)	−0.0205*** (−4.54)	−0.0342*** (−8.80)
Year	NO	YES	NO	YES
Industry	NO	YES	NO	YES
样本量	11095	11093	11095	11093
调整后的 R^2	0.0235	0.384	0.105	0.426

注：***、**、* 分别表示在 1%、5%、10% 的水平上显著，括号内为 t 值，个体聚类。

上述基准回归结果表明，家族企业代际传承抑制企业新质生产力的发展，换言之，相较于未发生代际传承的家族企业，发生代际传承的家族企业新质生产力水平降低。这是由于，新质生产力是区别于依靠大量资源的投入和浪费为代价的生产力发展方式，其依托颠覆性技术创新，实现高效能、高质量发展的生产力形式。技术创新是发展新质生产力的内在要求，而正处于代际传承时期的家族企业往往面临资源的限制、权威的树立和信任的建立等问题约束（惠男男和许永斌，2014；黄珺和胡卫，2020；李健等，2023），从而减少企业创新活动，限制企业新质生产力的发展。此外，代际传承会造成家族企业面临内部融资乏力与外部融资紧张的两难状况，并使企业对金融资产配置倾向上升，实业投资倾向降低，从而加剧企业的融资约束和"空心化"问题，进而抑制新质生产力的发展。因此，本章在6.4.4节进一步分析企业融资约束和企业空心化的机制作用，以进一步检验家族企业代际传承如何抑制新质生产力发展。

6.4.3 稳健性检验

6.4.3.1 倾向得分匹配法

考虑到家族企业选择代际传承并非随机事件，往往发生代际传承的家族企业和未发生代际传承的家族企业存在一定的差异，从而可能存在样本选择偏差所带来的内生性问题。对此，本章采用倾向得分匹配法（PSM）进一步检验代际传承对企业新质生产力影响的稳健性。本章将发生代际传承的家族企业设置为处理组，未发生代际传承的家族企业设置为对照组，并借鉴严若森和赵亚莉（2022）、张涛和袁奋强（2023）的研究，从成立年限（Age）、企业规模（Size）、总资产收益率（ROA）、股权制衡度（EB）、企业成长性（Growth）和资产负债率（LEV）等代表企业特征和治理等方面的因素进行匹配，然后利用匹配后的样本进行回归分析，结果如表6-5第（1）列所示。结果表明，在一定程度上缓解样本选择偏差的内生性问题后，回归结论依然成立。

表 6-5 稳健性检验

变量	(1) NQP	(2) Inherit	(3) NQP	(4) NQP	(5) NQP	(6) NQP	(7) NQP	(8) NQP
Inherit	-0.003*** (-7.26)		-0.025*** (-2.69)	-0.003*** (-10.22)	-0.002*** (-5.29)	-0.003*** (-11.44)	-0.004*** (-10.89)	-0.003*** (-5.53)

续表

变量	(1) NQP	(2) Inherit	(3) NQP	(4) NQP	(5) NQP	(6) NQP	(7) NQP	(8) NQP
Clan		0.030*** (3.91)						
常数项	−0.030*** (−6.03)	−0.956*** (−3.02)	−0.060*** (−4.00)	−0.036*** (−7.96)	−0.033*** (−8.58)	−0.025*** (−6.15)	−0.044*** (−8.34)	−0.025*** (−3.10)
Controls	YES	YES	YES	YES	YES	YES	YES	YES
Year	YES	YES	YES	YES	YES	YES	YES	YES
Industry	YES	YES	YES	YES	YES	YES	YES	YES
样本量	5465	8898	8898	8527	11093	9192	7231	1949
调整后 的 R^2	0.405	0.102	0.200	0.437	0.422	0.389	0.424	0.518

注：*** 表示在 1% 的水平上显著，括号内为 t 值，个体聚类。

6.4.3.2　两阶段最小二乘法

为防止因无法观测到的变量未能纳入模型中，从而造成解释变量与随机扰动项相关的内生性问题，以及可能存在的潜在反向因果关系，本章进一步选择企业注册地级市每百万人拥有家谱数（Clan）作为工具变量，并进行两阶段最小二乘法（2SLS）检验。一般来说，家谱作为数典认祖重要的文献资料，涵盖了家世渊源和宗族事迹等信息，是宗族传承的重要载体（Peng，2004）。地区家谱数越多，体现了宗族文化氛围越浓郁（Zhang，2017；潘越等，2019），家族企业实际控制人越重视传承，从而代际传承的概率越大。同时，地区家谱数很难直接影响企业新质生产力的发展。

回归结果如表 6–5 第（2）列和第（3）列所示，第（2）列为第一阶段回归结果，Clan 的系数在 1% 水平上显著为正，说明所选工具变量与代际传承正相关。第（3）列为第二阶段回归结果，Inherit 的系数显著为负，表明在充分考虑内生性问题后，家族企业代际传承仍然对企业新质生产力具有显著的抑制作用，与本章的基准回归结果一致。此外，Anderson LM 统计量的 p 值远小于 0.01，拒绝"工具变量识别不足"的原假设；Cragg Donald Wald F 统计量为 96.524，远高于 Stock 等（2002）给出的参考临界值 16.38，因此不存在弱工具变量问题，本章选择的工具变量是合理的。

6.4.3.3 变量滞后

为进一步避免解释变量与被解释变量之间可能存在的双向因果关系，本章对代际传承滞后一期（t–1 期）作为解释变量，并重新进行回归分析。结果如表 6–5 第（4）列所示，可以发现在滞后一期后，Inherit 的系数仍在 1% 水平显著为负，原假设成立。

6.4.3.4 替换解释变量的测度方式

参考 Fan 等（2012）、余向前等（2023）的研究，将代际传承设定为当家族企业实际控制人的儿子、女儿、儿媳和女婿担任总经理或董事长时，取值为 1，否则为 0。结果如表 6–5 第（5）列所示，在替换解释变量测度方式后，Inherit 的系数仍在 1% 水平显著为负，结论稳健。

6.4.3.5 调整观测样本

为保证家族企业代际传承对企业新质生产力影响结论的准确性，本章进一步通过多种调整观测样本的方法来进行稳健性检验。首先，调整家族企业界定门槛。本章以实际控制人持股比例 20% 以上重新界定家族企业，结果如表 6–5 第（6）列所示。其次，缩减样本时间。考虑到样本时间跨度过长，容易受外来干扰因素的影响，本章将样本宽度由原来的 2012~2022 年缩减为 2014~2020 年，结果如表 6–5 第（7）列所示。最后，严格要求企业成立时间。考虑到家族企业成立时间较短会对企业的经营、发展及代际传承产生一定的影响，本章将企业成立时间小于或等于 10 年的样本进行剔除，结果如表 6–5 第（8）列所示。由此可知，以上回归结果中，Inherit 的系数均显著为负，表明家族企业代际传承对企业新质生产力仍具有显著的抑制作用，实证结果并未发生实质性变化，这进一步证明了本章结论稳健。

6.4.4 机制分析

6.4.4.1 企业融资约束

本章理论分析部分指出，家族企业代际传承会加剧融资约束问题，从而抑制企业新质生产力的发展，机制分析如表 6–6 所示。

表 6-6　机制分析结果

变量	(1) NQP	(2) FC	(3) NQP	(4) Fin	(5) NQP
Inherit	−0.0031*** (−11.71)	0.0179** (2.29)	−0.0030*** (−11.52)	0.0027* (1.81)	−0.0031*** (−11.65)
FC			−0.0035*** (−9.39)		
Fin					−0.0084*** (−3.54)
常数项	−0.0342*** (−8.80)	1.9902*** (22.44)	−0.0272*** (−6.93)	0.0443** (2.18)	−0.0338*** (−8.69)
Controls	YES	YES	YES	YES	YES
Year	YES	YES	YES	YES	YES
Industry	YES	YES	YES	YES	YES
样本量	11093	11093	11093	11093	11093
调整后的 R^2	0.426	0.361	0.431	0.119	0.427

注：***、**、* 分别表示在 1%、5%、10% 的水平上显著，括号内为 t 值，个体聚类。

新质生产力的发展离不开颠覆性技术创新的助推，而技术创新具有周期长、不确定性高和投入成本多等特点（Hall，2002）。二代继承人进入企业后，通常会花费大量的时间、人力、物力在内部建立权威和在外部争取信任（惠男男和许永斌，2014），家族既有的资金、知识和人力可能无法满足上述需要，家族企业需要通过外部融资渠道来开展创新活动，并引进家族外的人才，但这会加深企业组织结构的复杂化，增强企业对资源和环境的依赖性，弱化家族对企业的控制与影响（黄珺和胡卫，2020），从而致使家族企业面临内部融资乏力与外部融资紧张的两难状况。同时，由于外部投资者对二代继承人的认知有限，很难与其快速的建立长期信任关系，从而要求企业提供更优质的抵押品、附加限制性条款来防范信用风险，进而增加了企业的融资成本和融资难度（Werner et al.，2021；李思飞等，2023）。此外，一些研究表明，代际传承会对家族企业风险承担（许永斌和鲍树琛，2019）、盈利能力（Moreno-Gené &

Gallizo，2021）和业绩（Chiang & Yu，2018）带来一定的负面影响，出于对这些负面影响的预防，二代继承人会将更多的资金投入规避风险的领域，从而使创新活动面临一定的融资约束问题。

表 6-6 第（1）列、第（2）列和第（3）列给出了企业融资约束的中介效应回归结果。由第（2）列可以看出，Inherit 的系数在 1% 水平上显著为正，家族企业代际传承对企业融资约束具有显著的促进作用，表明代际传承加剧了家族企业的融资约束问题。由第（3）列可以看出，Inherit 的系数显著为负且其 t 值的绝对值小于第（1）列 Inherit 的 t 值的绝对值，同时 FC 的系数显著为负，表明融资约束在代际传承影响企业新质生产力中发挥了部分中介作用。上述机制检验表明，家族企业代际传承会加剧企业的融资约束问题，从而抑制家族企业新质生产力的发展。

6.4.4.2　企业空心化

本章理论分析部分指出，家族企业代际传承会加剧企业空心化，从而抑制企业新质生产力的发展。企业新质生产力的发展是长期且持续的过程，这对企业的发展模式、经营效率和生产方式提出了新的要求，企业需要通过引进高效节能的设备、技术的迭代创新等途径来实现，因此发展新质生产力离不开不断的创新投入和实业投资。然而，对于进入传承阶段的家族企业而言，二代继承人面临权威合法性的压力，迫切希望通过"捷径"来创造一定的业绩，从而更倾向金融投资（何理和唐艺桐，2022）。一方面，相较于周期长、不确定性高和风险高的实业投资和技术创新，金融投资可以达成二代继承人快速获利并树立权威的目标（Ye et al.，2022）；另一方面，技术创新的成败与继承人的决策和判断息息相关，而金融投资更易受到市场波动和宏观环境的影响，当取得良好的业绩时，可以将其归功于个人能力，当未达到相应的业绩时，可以将责任归咎于外部因素（杜勇等，2017）。由于企业的资源是有限的，金融投资与实业投资存在替代关系（Tobin，1965），金融资产配置将挤占实业投资的份额，从而加剧企业空心化。

表 6-6 第（1）列、第（4）列和第（5）列给出了企业空心化的中介效应回归结果。由第（4）列可以看出，Inherit 的系数在 1% 水平上显著为正，家族企业代际传承对企业空心化具有显著的促进作用，表明代际传承加剧

了企业空心化的问题。由第（5）列可以看出，Inherit 的系数显著为负，并且其 t 值绝对值小于第（1）列 Inherit 的 t 值绝对值，同时 Fin 的系数显著为负，表明企业空心化在代际传承影响家族企业新质生产力中发挥了部分中介作用。上述机制检验表明，家族企业代际传承会加剧企业空心化，从而抑制企业新质生产力的发展。

6.5　代际传承、家族企业特征与新质生产力

6.5.1　家族企业规模

大规模的企业凭借其雄厚的资金实力和庞大的市场份额，在竞争激烈的商业环境中占据了极其有利的地位。尤其是在某些领域，这些企业已经达到了显著的规模效益，展现出强大的资源整合和成本控制能力（张立和高英智，2015）。在这种背景下，许多企业的二代继承人往往感到相对轻松，他们只需要谨慎而稳妥地经营公司，便能够确保企业的持续稳定发展，立于不败之地。然而，这种相对安逸的状态也可能导致继承人对创新和变革的动力不足。在一个资源丰富且占据市场优势的企业中，管理者可能会倾向维持现状，避免冒险尝试新的业务模式或投资于新技术。这种缺乏进取心的经营策略，虽然在短期内看似稳妥，但从长远来看，可能使企业错失转型和升级的机会，甚至在市场环境发生变化时难以适应。因此，相较于小规模的家族企业，代际传承对企业新质生产力的抑制作用在大规模的家族企业中更明显。本章依据企业规模的中位数，将样本分为小规模企业和大规模企业，并进行分组回归，结果如表 6-7 第（1）列和第（2）列所示。其中，第（1）列为代际传承对小规模家族企业的新质生产力影响的回归结果，第（2）列为代际传承对大规模家族企业的新质生产力影响的回归结果。由此可知，小规模家族企业下，Inherit 的系数为 −0.0028；而大规模家族企业下，Inherit 的系数在 1% 水平上显著为 −0.0032。因此，相较于小规模家族企业，大规模家族企业发生代际传承对新质生产力的抑制作用更明显。

表 6–7 代际传承、家族企业特征与新质生产力

变量	企业规模		家族控制权		家族化方式	
	小 (1)	大 (2)	弱 (3)	强 (4)	直接创办 (5)	间接创办 (6)
Inherit	−0.0028*** (−7.51)	−0.0032*** (−8.51)	−0.0034*** (−7.43)	−0.0027*** (−9.05)	−0.0034*** (−12.26)	−0.0015 (−1.42)
常数项	−0.0717*** (−7.47)	−0.0130* (−1.95)	−0.0570*** (−9.39)	−0.0023 (−0.50)	−0.0358*** (−8.68)	0.0148 (0.95)
Controls	YES	YES	YES	YES	YES	YES
Year	YES	YES	YES	YES	YES	YES
Industry	YES	YES	YES	YES	YES	YES
样本量	5543	5543	5511	5514	10437	614
调整后的 R^2	0.414	0.470	0.463	0.361	0.433	0.509
p 值	0.010***		0.014**		0.001***	

注：***、**、* 分别表示在 1%、5%、10% 的水平上显著，括号内为 t 值，个体聚类。

6.5.2 家族控制权

较强的家族控制权使二代继承者在企业的经营决策过程中能够获得更多来自父辈的支持与指导。这种支持不仅增强了他们在公司内部的权威地位，也减轻了他们在决策时所面临的权威合法性压力（何理和唐艺桐，2022）。因此，二代继承人更有可能在决策时避免短期利益的诱惑，转而关注企业的长期发展和可持续性。而家族控制权较弱的二代继承人，面临更高的权威合法性压力，在此约束下更倾向通过金融资产配置来快速构建自己的权威，促使企业空心化，从而不利于企业新质生产力的发展。因此，家族企业代际传承对企业新质生产力的抑制作用在家族控制权较弱的企业中更明显。本章依据实际控制人拥有控制权比例的中位数，将样本分为弱家族控制权和强家族控制权，并进行分组回归，结果如表 6–7 第（3）列和第（4）列所示。其中，第（3）列为当家族控制权较弱时，代际传承对家族企业的新质生产力影响的回归结果；第（4）列为当家族控制权较强时，代际传承对家族企业的新质生产力影响的回归结果。由此可知，家族控制权较弱时，Inherit 的系数在 1% 水平上显著为 −0.0034；而家族控制权较强

时，Inherit 的系数在 1% 水平上显著为 –0.0027。因此，相较于家族控制权较强的家族企业，家族企业代际传承对企业新质生产力的抑制作用在家族控制权较弱的企业中更明显。

6.5.3 家族化方式

家族化方式一般可以分为两种，一种是企业成立之初就由家族控制，并逐步发展，这类企业的家族化方式为直接创办；另一种企业最初由国家管理，后通过改制和股权转让等方式转变为家族企业，这类企业的家族化方式为间接创办。间接创办的家族企业由于存在国有企业的印记，具备完善的正式制度，行为决策更规范化、理性化，且更加关注企业的长期发展（程晨等，2023），从而更倾向通过技术创新、转型升级等途径发展新质生产力。而直接创办的家族企业，通常缺乏正式制度的约束，其行为决策更依赖个人的权威和主观判断，从而不利于企业新质生产力的发展。因此，当企业是通过直接创办的方式成为家族企业时，代际传承对企业新质生产力的抑制作用更明显。本章依据家族化方式将样本分为直接创办组和间接创办组，并进行分组回归，结果如表 6–7 第（5）列和第（6）列所示。其中，第（5）列为家族化方式为直接创办时，家族企业代际传承对新质生产力影响的回归结果；第（6）列为家族化方式为间接创办时，家族企业代际传承对新质生产力影响的回归结果。由此可知，直接创办的家族企业，其代际传承对新质生产力具有显著的抑制影响；而间接创办的家族企业，其代际传承对新质生产力并无显著作用。这表明，相较于间接创办的家族企业，代际传承对直接创办的家族企业新质生产力的抑制作用更明显，换言之，间接创办的家族企业可以有效缓解代际传承对企业新质生产力发展的抑制作用。

6.6 代际传承、二代继承人特征与新质生产力

Hambrick 和 Mason（1984）首次提出高阶梯队理论，该理论认为，管理者因面临复杂的内外环境，无法认识和掌握所有信息，从而管理者的认

知、感知能力和价值观决定了其行为决策和战略选择，即管理者特征会影响管理者的战略选择，进而影响企业行为。具体而言，高阶梯队理论认为，管理者的个人背景特征会影响他们对战略情境的分析，企业的战略决策实际上反映了高层管理者或企业家的价值观和认知，而这些决策最终会对企业的盈利能力产生重要影响。换言之，在企业的创建与运营过程中，高管的个人背景和特征会影响决策制定，同时，企业的行为选择也能反映出高管的一些特质。因此，本章进一步检验家族企业二代继承人的学历背景、专业技能、海外背景及金融背景等特征对企业新质生产力的影响，借鉴李思飞等（2023）的研究，将样本限定在发生代际传承的家族企业，并分别检验各二代继承人特征对企业新质生产力的直接影响，如表6-8所示。

表6-8　代际传承、二代继承人特征与新质生产力

变量	(1) NQP	(2) NQP	(3) NQP	(4) NQP
Edu	0.0008*** (2.58)			
Exp		0.0014*** (3.18)		
Sea			0.0012*** (2.74)	
FinB				−0.0016*** (−3.13)
常数项	−0.0379*** (−5.24)	−0.0313*** (−5.32)	−0.0268*** (−4.45)	−0.0301*** (−5.18)
Controls	YES	YES	YES	YES
Year	YES	YES	YES	YES
Industry	YES	YES	YES	YES
样本量	2945	3108	3001	3108
调整后的 R^2	0.216	0.244	0.245	0.243

注：*** 表示在1%的水平上显著，括号内为t值，个体聚类。

6.6.1　学历背景

科技创新是一种专业化水平较高且复杂的活动，技术障碍伴随项目的

前期评估、中期研发和后期控制等全过程，这对家族二代继承人的知识储备和认知能力均提出了较高的要求和标准。我国历来有重视教育的传统，一些高学历人才通常会受到社会各界的认可，从而被称为"高才生"。家族企业家尤为关注对二代继承人的培养，二代继承人普遍受过先进的教育、获得过更高的学历。如果说家族一代创始人的知识更多的是从创业和管理实践中习得，那么年轻的二代继承人更多的是通过学历教育进行知识上的储备，这主要包括与企业管理相关的知识和与专业技术相关的知识。学历越高的二代继承人，其系统化学习的时间越长，越具备完善的管理知识、行业发展认识和战略决策判断；同时对创新项目的认知和接收能力越强，从而越有动机通过技术创新手段发展企业新质生产力。因此，二代继承人的学历背景对企业新质生产力的发展具有促进作用。本章直接依据二代继承人的学历构建学历背景指标（Edu），其中，中专及以下赋值为1，大专赋值为2，本科赋值为3，硕士赋值为4，博士赋值为5，回归结果如表6-8第（1）列所示。由此可知，Edu 的系数在1% 水平上显著为0.0008，说明二代继承人的学历背景对企业新质生产力具有积极作用，二代继承人的学历越高，家族企业新质生产力的发展水平则越高。

6.6.2　专业技能

二代继承人拥有专业技能，意味着其拥有更多的专业知识和技术经验，从而可以依靠其专业技能对企业的创新、决策和发展做出更有效的判断（褚杉尔等，2019）。专业技能使二代继承人对经营、管理和技术创新等多方面的决策具有更敏锐的判断，从而更易做出有利于家族企业长期发展的行为。此外，具有相应行业技术经验或专业技能的高管通常对行业内的创新活动具有更敏锐的观察力，一方面，具备相应技术经验的二代高管可以有效监督研发人员和科技创新全过程的发展；另一方面，能够把握相应的发展机遇，从而做出有利于创新成果转化的判断（王瑶，2019）。与此同时，新质生产力是区别于以依靠大量资源的投入和浪费为代价的生产力发展方式，是依托颠覆性技术创新，实现高效能、高质量发展的生产力形式。技术创新是发展新质生产力的内在要求。因此，二代继承人的专业技能对企业新质生产力的发展具有促进作用。本章依据二代继承人是否获得相关专业职称或资格证书构建专业技能指标（Exp），如果获得过则取值为1，否则为0，回归结果如表6-8第（2）列所示。由此可知，Exp 的系数在1%水平上显著为0.0014，说明二代继承人的专业技能对企业新质生产力具有积极作用，二代继承人拥有的专业技能水平越高，家族企业新质生产力的发展水平就越高。

6.6.3 海外背景

拥有海外背景的二代继承人具有广阔的国际视野，同时海外经历使他们对前沿知识、技术具有更深的了解和掌握，从而更有可能在企业内推行先进的管理实践方案和战略发展策略（黄海杰等，2018）。此外，拥有海外背景的二代继任人可以利用海外经历建立一定的关系网络，并通过关系网络从海外机构或企业获取一定的研发资金（杨美玲，2024），也为企业接触到前沿技术提供基础，快速掌握技术更新动态（尹飘扬和李前兵，2020），从而有助于企业通过开展创新活动实现新质生产力水平的提升。家族一代创始人深知教育二代继承人的重要意义，伴随经济全球化的发展，大量家族企业的二代继承人更愿意出国进行深造，已发生代际传承的A股上市家族企业中，41.5%的二代成员具有海外工作或学习经历（朱晓文和吕长江，2019），海外经历甚至被认为二代继承人的"标配"（杨美玲，2024），并且将二代继承人送到国外进行培养有利于培养二代继承人的国际化视野。因此，二代继承人的海外背景对企业新质生产力的发展具有促进作用。本章基于二代继承人是否有海外学习或工作经历构建海外背景指标（Sea），如果有则取值为1，否则为0，回归结果如表6-8第（3）列所示。由此可知，Sea 的系数在1%水平上显著为0.0012，说明二代继承人的海外背景对企业新质生产力具有积极作用，海外的学习或工作经历拓宽了二代继承人的眼界和关系网络，从而更有意愿支持企业新质生产力的发展。

6.6.4 金融背景

前文提及了高阶梯队理论，管理者因面临复杂的内外环境，无法认识和掌握所有信息，从而管理者的认知、感知能力和价值观决定了其行为决策和战略选择，即管理者特征会影响管理者的战略选择，进而影响企业行为。而基于高阶梯队理论更为具体化的是烙印理论，该理论认为，特定阶段的环境特征对个体或组织会产生深远的影响。个体和组织会受到这些环境特征的深刻影响，这种影响将持久地塑造他们的行为，并不容易消退（Marquis & Tilcsik，2013）。金融行业长期与资金"打交道"，该领域的人对金钱有更特殊的理解，并且金融行业的内部竞争较为激烈，加之高强度、高压力、高要求的特征，对个体留下了较为深刻的金融行业工作或学习经历烙印（杜勇等，2019）。

二代继承人的金融背景对企业新质生产力的发展可能存在双重的影响方式。一方面，二代继承人在金融行业的工作经历会形成与金融行业相匹配的"烙印"，从而提升二代继承人对金融投资的倾向（杜勇等，2019）。然而发展新质生产力离不开不断的创新投入和实业投资，金融资产的配置势必会挤出一定的实业投资，从而加剧企业空心化。因此，二代继承人的金融背景对企业新质生产力的发展具有抑制作用。另一方面，具有金融背景的二代继承人可以利用其关系网络搭建有益于家族企业资源获取的便利渠道，加之拥有金融背景的二代继承人更加了解诸如银行等金融机构的信息，从而有利于家族企业获取融资，缓解企业的融资约束压力，为家族企业新质生产力的发展提供更多资源支持。因此，二代继承人的金融背景对企业新质生产力的发展具有促进作用。鉴于二代继承人的金融背景对企业新质生产力发展的作用具有双重性，所以有必要进一步检验处于代际传承阶段的家族企业，二代继承人的金融背景对新质生产力有何影响。

本章借鉴杜勇等（2019）的研究，根据二代继承人是否曾在金融机构任职构建金融背景指标（FinB），如果是则取值为1，否则为0，回归结果如表6-8第（4）列所示。

由表6-8可知，FinB的系数在1%水平上显著为 -0.0016，说明二代继承人的金融背景对企业新质生产力具有抑制作用。二代继承人的金融背景加深了二代继承人对金融投资的倾向，挤出一定的实业投资，从而加剧企业空心化，进而抑制家族企业新质生产力的发展。该研究结论表明，处于代际传承阶段的家族企业，二代继承人的金融背景对企业新质生产力发挥的抑制作用远高于促进作用，从而表现出不利于新质生产力发展的特征。

根据表6-8的结果显示，二代继承人学历背景、二代继承人专业技能、二代继承人海外背景对企业新质生产力的发展均具有促进作用，而二代继承人金融背景对企业新质生产力的发展具有抑制作用。这表明二代继承人学历背景、二代继承人专业技能和二代继承人海外背景会弱化代际传承对家族企业新质生产力的抑制作用，而二代继承人金融背景会加剧代际传承对家族企业新质生产力的抑制作用。

6.7 本章小节

代际传承是家族企业成长和持续发展必然要面对的问题。与此同时，加快形成新质生产力是实现我国经济高质量发展的内在要求，也是实现中国式现代化的根本动力。鉴于此，本章以2012~2022年中国A股上市家族企业数据为样本，实证检验了家族代际传承对企业新质生产力的影响及内在机制。主要得出如下结论：①家族企业代际传承会显著抑制企业新质生产力的发展。②家族企业代际传承通过加剧融资约束和企业空心化问题抑制企业新质生产力的发展。③从家族企业特征角度来看，家族企业规模较大、控制权较弱、家族化方式为直接创办的，代际传承对企业新质生产力的影响作用更为明显，即代际传承对企业新质生产力的抑制作用更为明显。④二代继承人特征对新质生产力具有多样化的影响，二代继承人学历背景、专业技能和海外背景有助于缓解企业新质生产力的下降。然而，二代继承人的金融背景强化了代际传承对家族企业新质生产力的抑制作用。

基于上述结论，本章提出如下启示：

第一，新质生产力是通过关键技术颠覆性突破、生产要素创新配置、产业深度升级转型途径，摆脱传统仅依赖资本和劳动资源大量投入推动经济增长的方式，具有高科技、高效能、高质量等特征的先进生产力形式。因此，对于我国家族企业而言，需要充分认识发展新质生产力的意义、作用和价值，明确发展新质生产力的有效途径，制定发展新质生产力的路线图，引导企业家以发展新质生产力为首要任务，并提高企业家对子女的培养意识，特别是针对教育、专业技能和海外实践等方面。

第二，家族企业代际传承是企业实现长期持续发展必然要经历的过程，而在短期内，代际传承会对家族企业带来一定的"阵痛"，政府与其他利益相关者应在这一特殊阶段给予家族企业一定的帮助和支持。一方面，相关部门应为家族企业传承发展提供稳定的保障措施，促进家族企业顺利完成代际传承，释放家族企业的发展活力。另一方面，社会界需正确认识家族企业对我国经济发展的重要作用，直面家族企业在发展过程中遇到的问题与挑战，给予二代企业家更多信任和支持，从而促使二代企业家更快树立自身的权威。

第三，新质生产力是科技创新在其中发挥主导作用的生产力，从而离不开长期高额的投入成本，而正处于代际传承时期的家族企业往往面临资源的限制、权威的树立和信任的建立等问题约束，从而加剧企业融资约束和企业空心化程度。因此，对于步入传承阶段的企业家而言，应当进一步完善公司治理结构，合理规划资金安排，提升企业信息透明度，缓解企业财务约束，并树立企业长远发展目标，遏制短期投机行为，以实业发展为主要前提，最大限度地降低代际传承对家族企业新质生产力发展的不利影响，进而实现企业的可持续发展。

第四，对于政府部门而言，应当处理好政府与市场的关系，构建良好的营商环境，提升金融服务实体的能力，及时出台信贷扶持等相关政策，为家族企业推进新质生产力的发展提供必要的金融支持，帮助企业实现技术创新和转型升级，特别是要根据企业的不同特征制定相应的扶持政策，为家族企业发挥自身优势、释放更多新质生产力保驾护航。

第 7 章

结语

7.1　结论

　　家族企业的成长、创新与可持续发展至关重要。习近平总书记多次指出，民营经济是社会主义市场经济发展的重要成果，是推动社会主义市场经济发展的重要力量，是推进供给侧结构性改革、推动高质量发展、建设现代化经济体系的重要主体。民营经济贡献了 60% 的 GDP、70% 的专利、80% 的新增就业，占我国公司总数的 90%。统计数据表明，这些民营企业中 80% 将演化为家族企业，而当下的家族企业有 70% 面临代际传承问题。大部分家族企业已经进入了换代的关键时期，代际传承成为现阶段我国家族企业面临的巨大考验。因此，家族企业如何顺利完成代际传承、打破"富不过三代"的怪圈、实现"基业长青"，是当下家族企业领域的研究者和实践者共同关注的话题。与此同时，伴随数字技术的不断进步、环境问题的日益加剧、生产力形式的转变及经济全球化所带来的市场竞争更为激烈，这对家族企业生存和发展提出了更高的要求，家族企业有必要通过战略变革来实现自身的长期发展。然而，家族企业的转型升级必然会使大批企业面临"阵痛"，甚至破产。因此，我国家族企业正面临传承与转型的双重变革压力，而这两种变革间还可能存在一定的内在联系。

　　本书聚焦当下我国家族企业面临最迫切的话题即接班与创新，以"代际传承与战略变革"为研究内容，分析我国家族企业代际传承问题与战略变革的内在联系。首先，本书介绍了家族企业代际传承与战略变革的研究背景，提出研究问题，并分析研究问题的理论意义与现实意义。其次，本书围绕研究主题，对涉及的家族企业、代际传承、绿色治理、企业创新、新质生产力、企业并购和数字化转型等概念进行界定，并从经济学、管理学和社会学的角度出发，分别介绍了社会情感财富理论、代理成本理论、权威理论、高阶梯队理论、制度经济学理论、利益相关者理论与内生增长理论，为本书的研究提供理论支撑。在此之后，本书对围绕家族企业代际传承和企业战略变革的相关文献进行梳理和评述，一方面，从家族企业代际传承影响因素、家族企业代际传承模式、家族企业代际传承过程和家族企业代际传承经济后果对家族企业代际传承的文献进行回顾与讨论；另一方面，从企业战略变革的内涵、家族企业战略变革的动机、企业绿色治理、企业创新效率、新质生产力、数字化转型对企业战略变革的文献进行回顾与讨论。最后，本书探讨家族企业代际传承与绿色治理、家族企业代际传承与创新效率、家族企业代际传承与新质生产力、家族企业代际传承与数字化转型的关系，并结合家族企业内外部环境、企业治理、二代特征与经历等多个角度进行详细的分析。本书的主要结论包括以下几个方面：

第一，本书实证分析了家族企业代际传承对企业绿色治理的影响。研究发现，相较于未发生代际传承的家族企业，发生代际传承的家族企业的绿色治理水平显著提升。经过倾向得分匹配法、重新构建被解释变量和调整观测样本等多种稳健性检验方法检验后，结论依然成立。此外，高管环保意识和社会责任承担是代际传承影响企业绿色治理重要的内在机制。家族企业代际传承通过提升高管环保意识和企业社会责任承担水平促进企业绿色治理的水平。进一步分析发现，代际传承对家族企业绿色治理的促进效果受正式制度和非正式制度的影响。一方面，较低的环境规制程度和较低的行业竞争程度，有利于发挥家族企业代际传承的积极作用。另一方面，浓厚的儒家文化氛围和较高的媒体关注程度，有助于推动代际传承对家族企业绿色治理的促进作用。

第二，本书从创新投入、创新产出和创新效率三个方面，实证分析了家族企业代际传承对企业创新的影响。研究发现，家族企业处于代际传承阶段时，其创新投入、创新产出和创新效率均在一定程度上有所降低。经过平行趋势、安慰剂和倾向得分匹配法等稳健性检验方法检验后，结论依然成立。此外，二代继承人的海外背景和教育背景弱化了代际传承对企业创新活动产生的负面作用。而二代继承人的专业技能仅从创新产出和创新效率两个方面改善代际传承的抑制性作用。本章进一步将制度环境纳入代际传承与家族企业创新效率的研究中，发现知识产权保护和市场化程度均有助于促进处于代际传承中的家族企业进行创新投入，但对于创新产出和创新效率并无直接联系。

第三，本书基于新质生产力的定义与内涵构建了企业层面新质生产力指标，实证分析家族企业代际传承对企业新质生产力的影响及内在机制。研究发现，家族企业处于代际传承阶段时，其新质生产力水平在一定程度上有所降低。而融资约束和企业空心化加剧了上述效应。进一步分析发现，当家族企业规模较大、家族控制权较弱、家族化方式为直接创办及二代继承人具有金融背景时，代际传承对家族企业新质生产力的抑制作用更为明显，而二代继承人学历背景、专业技能和海外背景会弱化代际传承对家族企业新质生产力的抑制作用。

第四，本书利用多期 DID 模型实证分析家族企业代际传承对企业数字化转型的影响。研究发现，相较于未发生代际传承的家族企业，发生代际传承的家族企业的数字化转型水平显著下降。经过平行趋势检验、安慰剂检验、倾向得分匹配法、更换数字化转型的测度方式、更换家族企业代际传承的测度方式和其他多种稳健性检验方法后，结论依然成立。此外，风险承担和研发支出是代际传承影响家族企业数字化转型重要的内在机制。家族企业代际传承通过降低企业风险承担水平和减少企业研发支出，从而抑制企业数字化转型。进一步分析发现，家族企业代际传承对数字化转型的抑制作用受外部环境和内部环境的影响。一方面，较高的金融发展环境、较高的信息化水平和较高的商业信任环境有利于缓解代际传承对家族企业数字化转型的负面影响，而较低的金融发展环境、较低的信息化水平和较低的商业信任环境加深了家族企业代际传承对企业数字化转型的抑制作用。另一方面，较大的薪酬差距、间接创办的家族企业和较高的企业声誉有利于减少代际传承对家族企业数字化转型的负面影响，而较小的薪酬差距、直接创办的家族企业和较低的企业声誉增加了代际传承对家族企业数字化转型的抑制作用。

7.2 对策

第一，绿色治理是基于可持续发展理念，强调人与自然和谐共生，通过政府、社会公众和企业的共同努力，实现环境保护、经济可持续发展。对于家族企业而言，绿色治理更是提高企业声誉和树立优质的企业形象的有利途径，是推动企业持续发展的必然选择，也是家族企业实现"基业长青"的重要战略。因此，对于我国家族企业而言，需要充分理解绿色治理的意义、作用和价值，明确开展绿色治理活动的有效途径，制定详细的绿色发展战略，并有效调动家族企业内部成员积极执行。同时，引导家族企业决策者在关注经济效益的同时，注重环保意识的提升和社会责任的履行，推动家族企业持续且高质量的发展。与此同时，应当积极培养家族企业内高管的环保意识和社会责任承担意识。高管作为企业进行环境治理活动的制定者、决策者和执行者，对于环境保护的认知和意识必然会影响企业绿色治理的持续性与长期性。同时，积极承担社会责任是一种追求长期利益的行为，有利于与其他利益相关者关系的维持，也有助于积累相关社会资本，从而为企业开展绿色治理活动提供必要的保障与支持。因此，家族企业通过一定的奖惩机制、教育培养等方式，积极培养高管的环保意识和社会责任承担意识，从而为家族企业的绿色治理赋能增效，实现家族企业的可持续发展。

第二，创新活动是企业获得竞争优势的有利途径，是推动企业持续发展的必然选择，也是家族企业实现"基业长青"的重要战略。因此，对于我国家族企业而言，需要充分认识技术创新的意义、作用和价值，明确开展创新活动的有效途径，制定详细的创新成果转化决策和路线图，有效调动家族企业内部成员执行创新决策。处于代际传承时期的家族企业往往面临资源的限制、权威的树立和信任的建立等问题约束，从而造成创新意愿的下降和创新成果转化的不理想。因此，对于步入传承阶段的企业家而言，应当进一步完善公司治理结构，合理规划资金安排，树立企业的长远发展目标，以创新发展为主要前提，并最大限度地降低代际传承对创新全过程的不利影响，进而实现企业的可持续发展。同时，一代企业家应关注二代继承人的行为特征，注重对二代继承人的多方面培养，以满足企业创新发展的需求。

第三，新质生产力是通过关键技术颠覆性突破、生产要素创新配置、产业深度升级转型途径，摆脱传统仅依赖资本和劳动资源大量投入推动经济增长的方式，具有高科技、高效能、高质量等特征的先进生产力形式。因此，对于我国家族企业而言，需要充分认识发展新质生产力的意义、作用和价值，明确发展新质生产力的有效途径，制定发展新质生产力的路线图，引导企业家以发展新质生产力为首要任务，并提高企业家对子女的培养意识，特别是教育、专业技能和海外实践等方面。同时，新质生产力是科技创新在其中发挥主导作用的生产力，从而离不开长期高额的投入成本，而正处于代际传承时期的家族企业往往面临资源的限制、权威的树立和信任的建立等问题约束，从而加剧企业融资约束和企业空心化程度。因此，对于步入传承阶段的企业家而言，应当进一步完善公司治理结构，合理规划资金安排，提升企业信息透明度，缓解企业财务约束，并树立企业长远发展目标，遏制短期投机行为，以实业发展为主要前提，最大限度地降低代际传承对企业新质生产力发展的不利影响，进而实现企业的可持续发展。

第四，在数字经济背景下，企业积极实施数字化转型不仅是时代发展的要求，也是实现高质量发展的关键。然而，数字化转型是一项周期长、成本高、不确定性强的投资活动，处于代际传承阶段的家族企业其风险承担水平较低和研发支出较少，从而缺乏驱动数字化转型的动力。因此，对于我国家族企业而言，需要充分认识数字化转型的意义和价值，制定详细的发展战略，并有效调动家族企业内部成员积极执行。同时，家族企业在规划数字化转型战略时要避免激进，循序渐进地接受并开展与自身内部环境相匹配的数字技术，从而降低数字化转型的风险与成本，提高企业实施数字化转型的可行性。对于处于代际传承阶段的家族企业应当进一步完善公司治理结构，合理规划资金安排，增强抵抗风险的能力，并树立企业长远发展目标，遏制短期投机行为，以技术研发和突破为主要目的，最大限度地降低代际传承对企业数字化转型的不利影响，进而实现企业的可持续发展。此外,家族企业应优化薪酬管理体系,并重视企业形象的建立,积极发挥薪酬激励效果和声誉机制对企业数字化转型的驱动作用。

第五,代际传承是家族企业区别于非家族企业的重要特征,也是家族企业实现长期持续发展必然要经历的过程。在短期内,代际传承引起的组织结构变动,会使二代继承人面临权威的树立和控制权的掌握等多样性问题,为家族企业带来一定的"阵痛",从而使家族企业在短期内面临创新效率不足、新质生产力发展不理想、数字化转型不积极等问题。因此,政府与其他利益相关者应在这一特殊阶段给予家族企业一定的帮助和支持,正确认识家族企业对我国经济发展的重要作用,直面家族企业在代际传承过程中遇到的问题与挑战,给予二代企业家更多信任和支持,从而加快二代企业家自身权威的建立。同时,相关部门应为家族企业传承发展提供稳定的保障措施,促进家族企业顺利完成传承,释放家族企业的发展活力,以推动家族企业对经济社会的发展持续助力。

第六,对于政府部门而言,一是应当处理好政府与市场的关系,建立良好的知识产权保护体系,防范企业技术专利的侵权风险,保障企业创新转型活动可以顺利开展和平稳进行。二是加快市场化进程,构建良好的营商环境,增强企业对交易规则的遵守程度,推动地区公平竞争,切实保障各种所有制经济依法平等使用生产要素,并及时出台信贷扶持等相关政策,为家族企业创新发展提供必要的外部环境和资源扶持,从而使企业更高效地开展技术创新、推进数字化发展。三是提升金融服务实体的能力,及时出台信贷扶持等相关政策,为家族企业推进新质生产力的发展提供必要的金融支持,帮助企业实现技术创新和转型升级,特别是要根据企业的不同特征制定相应的扶持政策,为家族企业发挥自身优势、释放更多新质生产力保驾护航。四是应为家族企业的长期发展提供稳定的制度建设保障和安全预期,关注家族企业的发展动态与困难,并给予关怀和帮助,推动家族企业高质量发展。五是应关注金融服务实体的能力和相应基础设施的建设,为家族企业推进数字化转型提供必要的金融支持和制度保障,并充分考虑相应政策的适度性,帮助企业顺利度过数字化转型带来的"阵痛期"。此外,政府在政策制定时,应因地制宜并充分考虑政策的力度,在本书"家族企业代际传承与绿色治理"部分中可以发现,较强的环境规制程度并非能达到节能减排的目标,合适的环境规制更有利于家族企业进行绿色治理活动。因此，政府部门在切实落实相应政策时，应充分考虑政策的适度性，以达到有效治理的目的。

第七，充分发挥非正式制度的补偿作用，补齐正式制度的短板，为家族企业战略变革发展提供重要的外部力量。一是发挥媒体的协同治理作用，建立政府、公众、媒体和企业的多元共治体系。随着媒体对家族企业关注程度的提升，家族企业内部高管会更加看重企业自身在社会公众中的形象，尤其是在代际传承这一特殊时期，声誉机制促使家族企业高管关注社会身份，增强代际传承阶段家族企业从事绿色治理的意愿。同时，媒体关注作为一种法律和行政强制力之外的外部治理机制，具有引导公众认知的特殊优势，从而影响企业的行为决策。因此，媒体的公司治理作用应得到充分重视，充分发挥媒体的协同治理作用，建立政府、公众、媒体和企业的多元共治体系，帮助家族企业顺利实现代际传承并推动企业战略变革发展。二是政府部门和社会公众应积极发扬传统文化，通过加强文化宣传来增加家族企业发展的积极性。高层梯队理论认为，管理者的认知、感知能力和价值观决定了其行为决策和战略选择，而企业家的个体认知和价值偏好受其成长环境和文化氛围的影响，所以地区文化对家族企业的行为决策具有重要的影响。本书发现，儒家文化强调"天人合一"的思想，这种生态理念会通过代代相传和教育等方式，对家族企业高管的价值导向产生影响，在受到正规制度约束的同时，也会在儒家文化的生态文明理念的潜移默化下，使家族企业积极投入绿色发展中，并积极开展绿色治理活动。因此，政府部门和社会公众应积极发扬优秀的传统文化，通过加强文化宣传来增加家族企业对社会、环境和发展的关注，推动家族企业长期、健康发展。三是政府部门和社会公众应共同建立诚实守信的商业环境，强化企业间的信任关系，营造良好的社会互信氛围。商业信任环境较高的地区，个体之间的信赖度增加，有利于家族成员和非家族成员间的合作，从而促使其他人对处于代际传承阶段的二代继承人给予更多的关怀和帮助。因此，政府部门和社会公众应共同建立诚实守信的商业环境，强化企业间的交流合作意愿，促进社会信任关系的建立，从而营造更好的社会互信氛围。

第八，对于家族企业的相关研究者而言，在研究家族企业问题时，应兼顾家族企业人物特征、内部环境特征和外部环境特征，充分分析不同条件下，家族企业的行为差异，避免因较为单一地分析家族企业而造成一定的误区，并影响最终的判断结果。此外，代际传承的问题更多样和复杂，研究者应从多视角、多场景、多阶段分析因代际传承带来的家族企业经济行为与战略选择。动态、多样化的分析家族企业有利于正确的认识家族企业行为，从而可以更加有效、准确地制定家族企业管理策略。

第九，对于步入代际传承阶段的家族企业而言，应着眼长远发展，系统制定科学的传承规划，从树立正确的传承观到落实具体的执行工作，多维度推进传承的有效开展。首先，应进一步完善公司治理结构，合理规划资金安排，增强信息透明度与抗风险能力，同时缓解财务约束，避免短期投机行为，确保以实业发展、技术研发和创新突破为核心目标，为企业未来发展奠定坚实基础。其次，应重视高管团队的培养与优化，通过奖惩机制、教育培训等手段，强化其环保意识和社会责任感，积极履行社会责任，以绿色治理与社会资本积累推动企业可持续发展。此外，一代企业家需关注二代继承人的全面培养，包括海外学习、学历提升和专业技能培训，增强其管理能力与创新意识，以满足企业数字化转型与创新发展的需求。最后，通过优化薪酬管理体系和企业形象建设，发挥薪酬激励与声誉机制的作用，进一步驱动企业迈向高质量、可持续的代际传承与发展路径。

7.3　展望

本书聚焦当下我国家族企业面临最迫切的话题即接班与创新，以"代际传承与战略变革"为研究内容。首先，对家族企业代际传承与战略变革的相关文献进行梳理和评述，提出研究背景和研究目的，并对相关概念与理论进行界定与探讨。其次，分别考察了二代继承人接班过程中的绿色治理、创新效率、新质生产力、数字化转型等重要战略变革决策影响因素与经济后果，并从内外部环境、企业治理、二代继承人培养等多方面提出推动家族企业转型发展的方案。最后，本书对上述研究进行总结，并提出相应建议。研究结果对更好地理解家族企业代际传承规律、完善家族企业传承方案、制定家族企业战略变革政策具有重要的理论价值和实践意义。但本书仍存在一定的不足与局限。

第一，本书的数据样本主要来源于 CSMAR 数据库、CNRDS 数据库和企业年报等，并且通过了多种方式对样本数据进行了处理，但是部分家族企业数据仍存在缺失或误报的可能，导致研究结果可能存在一定的误差。尽管本书采用了替换变量、更改计量模型和更改样本等多种稳健性检验方法及内生性问题处理方式，但数据的系统性偏差在一定程度上仍有可能对结果的可靠性产生影响。因此，未来的研究可以在计量方法上和数据处理上进一步完善，以更有效的方式降低潜在误差影响。

第二，受限于数据可得性问题，本书重点考察了中国 A 股上市家族企业代际传承与战略变革的问题，但尚未对非上市家族企业和中小型家族企业等其他类型的家族企业数据进行分析，以及未对国内和国外家族企业代际传承进行对比分析，因此样本带有一定的局限性。后期研究可以将样本扩展到非上市、中小型家族企业，并探究国内和国外家族企业代际传承的异同之处，从而得到更为丰富、更为完善的家族企业代际传承研究结果。

第三，由于篇幅限制，本书仅考察了数字化转型、创新效率、绿色治理，新质生产力四种典型的具体战略变革方式，并未对其他类型的战略变革途径进行考察，后续研究可以从家族企业生产、销售等转型渠道进行扩展研究，丰富家族企业代际传承与战略变革的经验分析。

第四，本书聚焦当下我国家族企业面临的最迫切话题即接班与创新，以家族企业代际传承与战略变革为主要研究内容，并结合内外部环境、企业治理、家族化方式、二代培养经历等多方面提出推动家族企业转型发展的方案，但除内外部环境、企业治理、家族化方式和二代培养经历等这类典型因素外，家族企业代际传承与战略变革的关系很可能受到二代性格、企业文化和理念等多种其他复杂且难以直接构建指标衡量的因素的影响。因此，未来研究可以充分考虑二代性格、企业文化和理念等多种其他因素，并立足家族企业和二代继承人的异质性特征方面，进行更为综合和具体的实证研究。

REFERENCES

参考文献

［ 1 ］ Acemoglu D. La Crisi Del 2008: Prime Lezioni Per La Scienza Economica ［ J ］. Equilibri, 2009,8(1): 29–44.

［ 2 ］ Ahrens J P, Calabrò A, Huybrechts J, et al. The Enigma of the Family Successor–Firm Performance Relationship: A Methodological Reflection and Reconciliation Attempt ［ J ］. Entrepreneurship Theory and Practice, 2019, 43(3): 437–474.

［ 3 ］ Aiello F, Mannarino L, Pupo V. Innovation and Productivity in Family Firms: Evidence from a Sample of European Firms ［ J ］. Economics of Innovation and New Technology, 2020, 29(4): 394–416.

［ 4 ］ Andriopoulos C, Lewis M W. Exploitation–Exploration Tensions and Organizational Ambidexterity: Managing Paradoxes of Innovation ［ J ］. Organization Science, 2009,20(4): 696–717.

［ 5 ］ Astrachan J H, Klein S B, Smyrnios K X. The F–PEC Scale of Family Influence: A Proposal for Solving the Family Business Definition Problem ［ J ］. Family Business Review, 2002,15(1): 45–58.

［ 6 ］ Astrachan J H, Shanker M C. Family Businesses' Contribution to the U. S. Economy: A Closer Look ［ J ］. Family Business Review, 2010,16(3): 211–219.

［ 7 ］ Baker T L, Hunt T G, Andrews M C. Promoting Ethical Behavior and Organizational Citizenship Behaviors: The Influence of Corporate Ethical Values ［ J ］. Journal of Business Research, 2006,59(7): 849–857.

［ 8 ］ Bammens Y, Hünermund P. Nonfinancial Considerations in Eco–Innovation Decisions: The Role of Family Ownership and Reputation Concerns ［ J ］. Journal of Product Innovation Management, 2020,37(5): 431–453.

［ 9 ］ Barach J A, Ganitsky J B. Successful Succession in Family Business ［ J ］. Family Business Review, 1995,8(2): 131–155.

[10] Beckhard R, Dyer W G. Managing Continuity in the Family–Owned Business [J]. Organizational Dynamics, 1983,12(1): 5–12.

[11] Bennedsen M, Nielsen K M, Pérez–González F, et al. Inside the Family Firm: The Role of Families in Succession Decisions and Performance [J]. The Quarterly Journal of Economics, 2007,122(2): 647–691.

[12] Berger A, Udell G. Collateral, Loan Quality and Bank Risk [J]. Journal of Monetary Economics, 1990,25(1): 21–42.

[13] Berle A A, Means C G. The Modern Corporation and Private Property [M]. New York: Commerce Clearing House, 1932.

[14] Berrone P, Cruz C, Gómez–Mejía L R, et al. Socioemotional Wealth and Corporate Responses to Institutional Pressures: Do Family–Controlled Firms Pollute Less? [J]. Administrative Science Quarterly, 2010,55(1): 82–113.

[15] Berrone P, Cruz C, Gómez–Mejía L R. Socioemotional Wealth in Family Firms: Theoretical Dimensions, Assessment Approaches, and Agenda for Future Research [J]. Family Business Review, 2012,25(3): 258–279.

[16] Bertrand M, Duflo E, Mullainathan S. How Much Should We Trust Differences–in–Differences Estimates? [J]. The Quarterly Journal of Economics, 2004,119(1): 249–275.

[17] Bertrand M, Johnson S, Samphantharak K, et al. Mixing Family with Business: A Study of Thai Business Groups and the Families behind Them [J]. Journal of Finance Economics, 2008,88(3): 466–498.

[18] Birley S. Succession in the Family Firm: The Inheritors View [J]. Journal of Small Business Management, 1986,24(7): 36–43.

[19] Brigham K H, Lumpkin G T, Payne G T, et al. Researching Long–Term Orientation: A Validation Study and Recommendations for Future Research [J]. Family Business Review, 2014,27(1): 72–88.

[20] Bronzini R, Piselli P. The Impact of R&D Subsidies on Firm Innovation [J]. Research Policy, 2016,45(2): 442–457.

[21] Buckley P J, Casson M. The Internalization Theory of the Multinational Enterprise: Past, Present and Future [J]. British Journal of Management, 2019, 31(2): 239–252.

［22］Burkart M, Panunzi F, Shleifer A. Family Firms［J］. The Journal of Finance, 2003,58(5): 2167–2202.

［23］Cabrera–Suárez M K, de la Cruz Déniz–Déniz M, Martín–Santana J D. Familiness and Market Orientation: A Stakeholder Approach［J］. Journal of Family Business Strategy, 2011,2(1): 34–42.

［24］Calabrò A, Minichilli A, Amore M D, et al. The Courage to Choose! Primogeniture and Leadership Succession in Family Firms［J］. Strategic Management Journal, 2018, 39(7): 2014–2035.

［25］Campbell J L. Why Would Corporations Behave in Socially Responsible Ways? An Institutional Theory of Corporate Social Responsibility［J］. The Academy of Management Review, 2007,32(3): 946–967.

［26］Campopiano G, Calabrò A, Basco R. The "Most Wanted": The Role of Family Strategic Resources and Family Involvement in CEO Succession Intention［J］. Family Business Review, 2020, 33(3): 284–309.

［27］Canada. Key Small Business Statistics［EB/OL］.［2011–08–28］. www. ic. gc. ca/sbstatistics.

［28］Cao J, Cumming D, Wang X. One–Child Policy and Family Firms in China［J］. Journal of Corporate Finance, 2015(33): 317–329.

［29］Cao K, Jiang W, Jin L, et al. Does Confucian Culture Reduce Firms' Pollution Emissions［J］. Corporate Social Responsibility and Environmental Management, 2024,31(3): 1838–1852.

［30］Carpenter M A. The Price of Change: The Role of CEO Compensation in Strategic Variation and Deviation from Industry Strategy Norms［J］. Journal of Management, 2000, 26(6): 1179–1198.

［31］Cesinger B, Hughes M, Mensching H, et al. A Socioemotional Wealth Perspective on How Collaboration Intensity, Trust, and International Market Knowledge Affect Family Firms' Multinationality［J］. Journal of World Business, 2016,51(4): 586–599.

［32］Chang S J, Shim J. When Does Transitioning from Family to Professional Management Improve Firm Performance?［J］. Strategic Management Journal, 2015, 36(9): 1297–1316.

［33］Chen W R, Miller K D. Situational and Institutional Determinants of Firms' R&D Search Intensity ［J］. Strategic Management Journal, 2007,28(4): 369–381.

［34］Chiang H, Yu H J. Succession and Corporate Performance: The Appropriate Successor in Family Firms ［J］. Investment Management & Financial Innovations, 2018,15(1): 58.

［35］Chrisman J J, Patel P C. Variations in R&D Investments of Family and Nonfamily Firms: Behavioral Agency and Myopic Loss Aversion Perspectives ［J］. Academy of Management Journal, 2012,55(4): 976–997.

［36］Churchill N C, Hatten K J. Non–Market Based Transfers of Wealth and Power: A Research Framework for Family Business ［J］. American Journal of Small Business, 1987,11(3): 51–64.

［37］Corbett A C. Learning Asymmetries and the Discovery of Entrepreneurial Opportunities ［J］. Journal of Business Venturing, 2007,22(1): 97–118.

［38］Cucculelli M, Micucci G. Family Succession and Firm Performance: Evidence from Italian Family Firms ［J］. Journal of Corporate Finance, 2008, 14(1): 17–31.

［39］Dai Y. Taking your Company Global: The Effect of Returnee Managers on Overseas Customers ［J］. China Finance Review International, 2019,9(1): 51–72.

［40］Davis P S, Harveston P D. The Influence of Family on the Family Business Succession Process: A Multi–Generational Perspective ［J］. Entrepreneurship Theory and Practice, 1998,22(3): 311–323.

［41］De Massis A, Frattini F, Majocchi A, et al. Family Firms in the Global Economy: Toward a Deeper Understanding of Internationalization Determinants, Processes, and Outcomes ［J］. Global Strategy Journal, 2018, 8(1): 3–21.

［42］Dekker J, Hasso T. Environmental Performance Focus in Private Family Firms: The Role of Social Embeddedness ［J］. Journal of Business Ethics, 2016,136: 293–309.

［43］Demir F. Financial Liberalization, Private Investment and Portfolio Choice: Financialization of Real Sectors in Emerging Markets ［J］. Journal of

Development Economics, 2009,88(2): 314-324.

［44］DiMaggio P J, Powell W W. The Iron Cage Revisited: Institutional Isomorphism and Collective Rationality in Organizational Fields［J］. American Sociological Review, 1983,48(2): 147-160.

［45］Dong Z, Li H. The Impact of Confucianism on the Efficiency of Enterprises Green Innovation［J］. Finance Research Letters, 2023(58): 104233.

［46］Drozdow N. What is Continuity?［J］. Family Business Review, 1998,11(4): 337-347.

［47］Du X. Does Confucianism Reduce Minority Shareholder Expropriation? Evidence from China［J］. Journal of Business Ethics, 2015(132): 661-716.

［48］Dumas C, Dupuis J P, Richer F, et al. Factors That Influence the Next Generation's Decision to Take Over the Family Farm［J］. Family Business Review, 1995,8(2): 99-120.

［49］Duran P, Kammerlander N, Van Essen M, et al. Doing More with Less: Innovation Input and Output in Family Firms［J］. Academy of Management Journal, 2016,59(4): 1224-1264.

［50］Dyer W G, Handler W. Entrepreneurship and Family Business: Exploring the Connections［J］. Entrepreneurship Theory and Practice, 1994,19(1): 71-83.

［51］Fan J P H, Jian M, Yeh Y H. Succession: The Roles of Specialized Assets and Transfer Costs［R］. 2008.

［52］Fan J P, Wong T J, Zhang T. Founder Succession and Accounting Properties［J］. Contemporary Accounting Research, 2012,29(1): 283-311.

［53］Fang H C, Memili E, Chrisman J J, et al. Narrow-Framing and Risk Preferences in Family and Non-Family Firms［J］. Journal of Management Studies, 2021,58(1): 201-235.

［54］Fernandez-Vidal J, Perotti F A, Gonzalez R, et al. Managing Digital Transformation: The View from the Top［J］. Journal of Business Research, 2022(152): 29-41.

［55］Fitzgerald M, Kruschwitz N, Bonnet D, et al. Embracing Digital Technology: A New Strategic Imperative［J］. MIT Sloan Management Review, 2014,55(2): 1-12.

［56］Francis J, Huang A H, Rajgopal S, et al. CEO Reputation and Earnings Quality［J］. Contemporary Accounting Research, 2008,25(1): 109–147.

［57］Gagné M, Marwick C, Brun de Pontet S, et al. Family Business Succession: What's Motivation Got to Do with It?［J］. Family Business Review, 2021, 34(2): 154–167.

［58］Gershoff A D, Frels J K. What Makes It Green? The Role of Centrality of Green Attributes in Evaluations of the Greenness of Products［J］. Journal of Marketing, 2015,79(1): 97–110.

［59］Ginsberg A. Measuring and Modeling Changes in Strategy: Theoretical Foundation and Empirical Direction［J］. Strategic Management Journal, 1988,9(6): 559–575.

［60］Gkypali A, Arvanitis S, Tsekouras K. Absorptive Capacity, Exporting Activities, Innovation Openness and Innovation Performance: A SEM Approach Towards a Unifying Framework［J］. Technological Forecasting and Social Change, 2018,132(C): 143–155.

［61］Gómez–Mejía L R, Cruz C, Berrone P, et al. The Bind That Ties: Socioemotional Wealth Preservation in Family Firms［J］. The Academy of Management Annals, 2011,5(1): 653–707.

［62］Gómez–Mejía L R, Haynes K T, Núñez–Nickel M, et al. Socioemotional Wealth and Business Risks in Family–controlled Firms: Evidence from Spanish Olive oil Mills［J］. Administrative Science Quarterly, 2007, 52(1): 106–137.

［63］Gómez–Mejía L R, Patel P C, Zellweger T M. In the Horns of the Dilemma: Socioemotional Wealth, Financial Wealth, and Acquisitions in Family Firms［J］. Journal of Management, 2018,44(4): 1369–1397.

［64］Guiso L, Sapienza P, Zingales L. Cultural Biases in Economic Exchange?［J］. The Quarterly Journal of Economics, 2009,124(3): 1095–1131.

［65］Hall B H. The Financing of Research and Development［J］. Oxford Review of Economic Policy, 2002,18(1): 35–51.

［66］Hambrick D C, Mason P A. Upper Echelons: The Organization as a Reflection of Its Top Managers［J］. Academy of Management Review, 1984,9(2), 193–206.

［67］Hambrick D C. Upper Echelons Theory: An Update［J］. Academy of Management Review, 2007,32(2): 334–343.

［68］Handler W C. Succession in Family Firms: A Mutual Role Adjustment Between Entrepreneur and Next–generation Family Members［J］. Entrepreneurship Theory and Practice, 1990, 15(1): 37–52.

［69］Harford J. What Drives Merger Waves?［J］. Journal of Financial Economics, 2005,77(3): 529–560.

［70］He F, Yan Y, Hao J, et al. Retail Investor Attention and Corporate Green Innovation: Evidence from China［J］. Energy Economics, 2022(115): 106308.

［71］He J J, Tian X. The Dark Side of Analyst Coverage: The Case of Innovation［J］. Journal of Financial Economics, 2013,109(3), 856–878.

［72］Hou X, Yang R, Liu C. Confucian Culture and Informal Household Financing: Evidence from China's Counties［J］. Borsa Istanbul Review, 2022, 22(5): 1005–1019.

［73］Huang C, Zheng W. CEO Regulatory Focus, Analysts' Optimism Bias, and Firm Strategic Change: Evidence from Chinese–Listed Companies［J］. Frontiers in Psychology, 2022(13): 813920.

［74］Huang L, Chen A. Family Business Succession and Corporate ESG Behavior［J］. Finance Research Letters, 2024(60): 104901.

［75］Huang M, Li M, Huang C. Confucianism Culture and Green Innovation: Evidence from Chinese Industrial Firms［J］. Corporate Social Responsibility and Environmental Management, 2024, 31(5): 4862–4877.

［76］Jayantilal S, Jorge S F, Palacios T M B. First Mover Advantage on Family Firm Succession［J］. International Journal of Applied Management Science, 2019,11(3): 243–254.

［77］Jie G, Jiahui L. Media Attention, Green Technology Innovation and Industrial Enterprises' Sustainable Development: The Moderating Effect of Environmental Regulation［J］. Economic Analysis and Policy, 2023(79): 873–889.

［78］John K, Litov L, Yeung B. Corporate Governance and Risk–Taking［J］.

The Journal of Finance, 2008,63(4): 1679–1728.

［79］Kassinis G, Vafeas N. Stakeholder Pressures and Environmental Performance［J］. Academy of Management Journal, 2006,49(1): 145–159.

［80］Kellemanns W F, Eddleston K A, Zellweger T M. Extending the Socioemotional Wealth Perspective: A Look at the Dark［J］. Entrepreneurship Theory and Practice, 2012,36(6): 1175–1182.

［81］Kim S J, Bae J, Kang S. The Cross–Cutting Pursuit of Family Values: When and How Do Family Firms Engage in Corporate Environmental Responsibility［J］. Corporate Social Responsibility and Environmental Management, 2024,31(4): 2749–2769.

［82］Klomp L, Van Leeuwen G. Linking Innovation and Firm Performance: A New Approach［J］. International Journal of the Economics of Business, 2001,8(3): 343–364.

［83］Kohn M L, Schooler C. Work and Personality: An Inquiry into the Impact of Social Stratification［J］. Social Forces, 1986,64(7): 1079–1080.

［84］Lee K S, Lim G H, Lim W S. Family Business Succession: Appropriation Risk and Choice of Successor［J］. Academy of Management Review, 2003,28 (4): 657–666.

［85］Li L, Liu L. New Quality Productivity and Chinese Modernization: Analysis Based on the Perspective of Scientific and Technological Innovation［J］. International Journal of Social Sciences and Public Administration, 2024,2(2): 192–196.

［86］Li L, Su F, Zhang W, et al. Digital Transformation by SME Entrepreneurs: A Capability Perspective［J］. Information Systems Journal, 2018,28(6): 1129–1157.

［87］Li W, Xu X, Long Z. Confucian Culture and Trade Credit: Evidence from Chinese Listed Companies［J］. Research in International Business and Finance, 2020(53): 101232.

［88］Lian G, Xu A, Zhu Y. Substantive Green Innovation or Symbolic Green Innovation? The Impact of ER on Enterprise Green Innovation Based on the Dual Moderating Effects［J］. Journal of Innovation & Knowledge, 2022,7(3): 100203.

［89］Lin B, Ma R. How Does Digital Finance Influence Green Technology Innovation in China? Evidence from the Financing Constraints Perspective［J］. Journal of Environmental Management, 2022(320): 115833.

［90］Lin Y, Fu X, Fu X. Varieties in State Capitalism and Corporate Innovation: Evidence from an Emerging Economy［J］. Journal of Corporate Finance, 2021(67): 101919.

［91］Liu D, Wang K, Liu J. Can Social Trust Foster Green Innovation?［J］. Finance Research Letters, 2024(66): 105644.

［92］Liu D. Can Fintech Promote SME Innovation?［J］. Applied Economics Letters, 2024(3): 1–6.

［93］Longenecker J G, Schoen J E. Management Succession in the Family Business［J］. Journal of Small Business Management, 1978,16(3): 1–6.

［94］Luo Y, Salman M, Lu Z. Heterogeneous Impacts of Environmental Regulations and Foreign Direct Investment on Green Innovation Across Different Regions in China［J］. Science of the Total Environment, 2021(759): 143744.

［95］Mannheim K. The Problem of Generations［J］. Childhood: Critical Concepts in Sociology, 2005(3): 273–285.

［96］Marquis C, Tilcsik A. Imprinting: Toward a Multilevel Theory［J］. Academy of Management Annals, 2013,7(1): 195–245.

［97］Matzler K, Veider V, Hautz J, et al. The Impact of Family Ownership, Management, and Governance on Innovation［J］. Journal of Product Innovation Management, 2015,32(3): 319–333.

［98］Menguc B, Auh S, Ozanne L. The Interactive Effect of Internal and External Factors on a Proactive Environmental Strategy and Its Influence on a Firm's Performance［J］. Journal of Business Ethics, 2010(94): 279–298.

［99］Miller D, Le Breton-Miller I. Deconstructing Socioemotional Wealth ［J］. Entrepreneurship Theory and Practice, 2014, 38(4): 713–720.

［100］Miller D, Le Breton-Miller I. Governance, Social Identity, and Entrepreneurial Orientation in Closely Held Public Companies［J］. Entrepreneurship Theory and Practice, 2011,35(5): 1051–1076.

［101］Mintzberg H. Patterns in Strategy Formation［J］. Management Science, 1978,24(9): 934–948.

［102］Moreno–Gené J, Gallizo J L. Intergenerational Differences in Family Business Management and Their Influence on Business Profitability［J］. Sustainability, 2021,13(12): 6979.

［103］Morris J P, Fox P J, Zhu Y. Modeling Low Reynolds Number Incompressible Flows Using SPH［J］. Journal of Computational Physics, 1997, 136(1): 214–226.

［104］Nardella G, Surdu I, Brammer S. What Happens Abroad, Stays Abroad? Exploring How Corporate Social Irresponsibility in Domestic and International Markets Influences Corporate Reputation［J］. Journal of World Business, 2023,58(4): 101420.

［105］North D. Institutions, Institutional Change and Economic Performance ［M］. Cambridge: Cambridge University Press, 1990.

［106］Peng Y. Kinship Networks and Entrepreneurs in China's Transitional Economy［J］. American Journal of Sociology, 2004,109(5): 1045–1074.

［107］Riley A, Burke P J. Identities and Self–Verification in the Small Group［J］. Social Psychology Quterly, 1995, 58(2): 61–73.

［108］Roh T, Lee K, Yang J Y. How Do Intellectual Property Rights and Government Support Drive a Firm's Green Innovation? The Mediating Role of Open Innovation［J］. Journal of Cleaner Production, 2021(317): 128422.

［109］Royer S, Simons R, Boyd B, et al. Promoting Family: A Contingency Model of Family Business Succession［J］. Family Business Review, 2008, 21(1): 15–30.

［110］Santiago A L. The Family in Family Business: Case of the in–Laws in Philippine Businesses［J］. Family Business Review, 2011, 24(4): 343–361.

［111］Scott W R. Institutions and Organizations［M］. California: Sage Publications, 2013.

［112］Steier L. Next–Generation Entrepreneurs and Succession: An Exploratory Study of Modes and Means of Managing Social Capital［J］. Family Business Review, 2001,14(3): 259–276.

［113］Stock J H, Wright J H, Yogo M. A Survey of Weak Instruments and Weak Identification in Generalized Method of Moments［J］. Journal of Business & Economic Statistics, 2002,20(4): 518–529.

［114］Tan H, Wang Z. The Impact of Confucian Culture on the Cost of Equity Capital: The Moderating Role of Marketization Process［J］. International Review of Economics & Finance, 2023(86): 112–126.

［115］Tobin J. Money and Economic Growth［J］. Econometrica, 1965,33(4): 671–684.

［116］Upton N, Vinton K, Seaman S, et al. Research Note: Family Business Consultants—Who We Are, What We Do, and How We Do It［J］. Family Business Review, 1993,6(3): 301–311.

［117］Vial G. Understanding Digital Transformation: A Review and a Research Agenda［J］. The Journal of Strategic Information Systems, 2019, 28(2): 118–144.

［118］Warner K S, Wäger M. Building Dynamic Capabilities for Digital Transformation: An Ongoing Process of Strategic Renewal［J］. Long Range Planning, 2019,52(3): 326–349.

［119］Werner A, Schell S, Haunschild L. How Does a Succession Influence Investment Decisions, Credit Financing and Business Performance in Small and Medium–Sized Family Firms?［J］. International Entrepreneurship and Management Journal, 2021,17(1): 423–446.

［120］Weston F J, Mulherin J H, Mitchell M. Takeovers, Restructuring, and Corporate Governance［M］. New Jersey: Prentice Hall, 2004.

［121］Whited T M, Wu G. Financial Constraints Risk［J］. The Review of Financial Studies, 2006,19(2): 531–559.

［122］Williams Jr R I, Mullane J. Family Leadership Succession and Firm Performance: The Moderating Effect of Tacit Idiosyncratic Firm Knowledge［J］. Knowledge and Process Management, 2019, 26(1): 32–40.

［123］Williamson O E. The Economic Institutions of Capitalism［M］. New York: Free Press, 1985.

［124］Williamson O E. The New Institutional Economics: Taking Stock,

Looking Ahead［J］. Journal of Economic Literature, 2000,38(3): 595–613.

［125］Xu N, Yuan Q, Jiang X, et al. Founder's Political Connections, Second Generation Involvement, and Family Firm Performance: Evidence from China［J］. Journal of Corporate Finance, 2015,33(16): 243–259.

［126］Yan Y, Wang M, Hu G, et al. Does Confucian Culture Affect Shadow Banking Activities? Evidence from Chinese Listed Companies［J］. Research in International Business and Finance, 2024(68): 102191.

［127］Yan Y, Xu X, Lai J. Does Confucian Culture Influence Corporate R&D Investment? Evidence from Chinese Private Firms［J］. Finance Research Letters, 2021(40): 101719.

［128］Ye S, Wang W, Li Y, et al. The Intergenerational Succession and Financialization of Chinese Family Enterprises: Considering the Influence of Heirs' Growing Experience［J］. Frontiers in Psychology, 2022(13): 1004997.

［129］Zellweger T M, Nason R S, Nordqvist M, et al. Why do Family Firms Strive for Nonfinancial Goals? An Organizational Identity Perspective［J］. Entrepreneurship Theory and Practice, 2013,37(2): 229–248.

［130］Zhang C. Culture and the Economy: Clan, Entrepreneurship, and Development of the Private Sector in China［R］. 2017.

［131］Zhang Y, Rajagopalan N. Once an Outsider, Always an Outsider? CEO Origin, Strategic Change, and Firm Performance［J］. Strategic Management Journal, 2010, 31(3): 334–346.

［132］Zhang Y. The Presence of a Separate COO/President and its Impact on Strategic Change and CEO Dismissal［J］. Strategic Management Journal, 2006, 27(3): 283–300.

［133］Zhu X, Asimakopoulos S, Kim J. Financial Development and Innovation- Led Growth: Is Too Much Finance Better?［J］. Journal of International Money and Finance, 2020(1): 20–63.

［134］毕立华，张俭，杨志强，等. 家族涉入程度、环境不确定性与技术创新［J］. 南方经济, 2018(5): 85–103.

［135］蔡庆丰，陈熠辉，吴杰. 家族企业二代的成长经历影响并购行为吗：基于我国上市家族企业的发现［J］. 南开管理评论, 2019(1): 139–150.

［136］蔡庆丰，田霖，郭俊峰．民营企业家的影响力与企业的异地并购：基于中小板企业实际控制人政治关联层级的实证发现［J］.中国工业经济，2017(3): 156–173.

［137］曹栋，王欢，李汶蔚，等.履行社会责任会提升上市公司创新投入吗？——基于乡村建设的视角［J］.财经理论与实践，2023(4): 98–105.

［138］曾诗阳.民营企业创新创造活力迸发［N］.经济日报，2022–07–08(01).

［139］车德欣，向海凌，吴非.税收激励能否赋能企业绿色治理？［J］.经济与管理研究，2023(9): 3–21.

［140］陈德球，徐婷.家族二代何以成为企业创新的推动者？——家族传承异质性对企业创新影响研究［J］.外国经济与管理，2023(9): 79–96.

［141］陈家田，周婉婉.家族企业异质性对 CEO 薪酬的影响研究：基于模糊集定性比较分析［J］.安徽大学学报（哲社版），2024(3): 146–155.

［142］陈剑，黄朔，刘运辉.从赋能到使能：数字化环境下的企业运营管理［J］.管理世界，2020(2): 117–128, 222.

［143］陈凌，应丽芬.代际传承：家族企业继任管理和创新［J］.管理世界，2003(6): 89–97, 155–156.

［144］陈凌.信息特征、交易成本和家族式组织［J］.经济研究，1998(7): 28–34.

［145］陈昱晗，李天群.交通与通信发达度、企业周期与并购行为［J］.财会通讯，2024(1): 81–85.

［146］陈煜文，万幼清.家族企业代际传承、二代继承人异质性与 ESG 绩效［J］.武汉理工大学学报（社会科学版），2023(2): 92–100.

［147］陈元，贺小刚，徐世豪.家族控制与企业数字化转型［J］.经济管理，2023(5): 99–115.

［148］程博，熊婷，潘飞.信任文化、薪酬差距与公司创新［J］.科研管理，2020,(2): 239–247.

［149］程博，许宇鹏，李小亮.公共压力、企业国际化与企业环境治理［J］.统计研究，2018(9): 54–66.

［150］程晨，张素各，刘贯春.家族企业形成方式、风险偏好与对外直接投资［J］.经济问题，2023(3): 58–67.

［151］程晨.家族企业代际传承：创新精神的延续抑或断裂？［J］.管理评论，2018(6): 81-92.

［152］程跃，段钰.财政补贴政策对企业创新绩效的影响研究：基于资源获取能力的实证思考［J］.工业技术经济，2022(7): 104-112.

［153］储小平.职业经理与家族企业的成长［J］.管理世界，2002(4): 100-108+147.

［154］褚杉尔，高长春，高晗.企业家社会资本、融资约束与文化创意企业创新绩效［J］.财经论丛，2019(10): 53-63.

［155］崔广慧，姜英兵.环境规制对企业环境治理行为的影响：基于新《环保法》的准自然实验［J］.经济管理，2019(10): 54-72.

［156］崔秀梅，王敬勇，王萌.环保投资、CEO海外经历与企业价值：增值抑或减值？——基于烙印理论视角的分析［J］.审计与经济研究，2021(5): 86-94.

［157］达潭枫，刘德宇.金融科技、融资约束与民营企业创新投入：基于A股上市公司数据的分析［J］.哈尔滨商业大学学报（社会科学版），2023(1): 3-17.

［158］丁志华，陈鹏超，王亚维.基于代际传承视角的绿色消费意愿实证研究［J］.管理评论，2022(6): 173-182.

［159］窦军生，贾生华."家业"何以长青？——企业家个体层面家族企业代际传承要素的识别［J］.管理世界，2008(9): 105-117.

［160］窦军生，李生校，邬家瑛."家和"真能"万事"兴吗？——基于企业家默会知识代际转移视角的一个实证检验［J］.管理世界，2009(1): 108-120.

［161］杜善重，李卓.家族认同与企业战略变革：来自中国家族上市公司的经验证据［J］.当代财经，2021(9): 78-91.

［162］杜勇，谢瑾，陈建英.CEO金融背景与实体企业金融化［J］.中国工业经济，2019(5): 136-154.

［163］杜勇，张欢，陈建英.金融化对实体企业未来主业发展的影响：促进还是抑制［J］.中国工业经济，2017(12): 113-131.

［164］段军山，庄旭东.金融投资行为与企业技术创新：动机分析与经验证据［J］.中国工业经济，2021(1): 155-173.

［165］范良聪，刘璐，张新超．社会身份与第三方的偏倚：一个实验研究［J］.管理世界，2016(4)：70-80.

［166］方晓霞，李晓华．颠覆性创新、场景驱动与新质生产力发展［J］.改革，2024(4)：31-40.

［167］方雨婷．家族企业代际传承对碳绩效影响研究［D］.大连：大连海事大学，2023.

［168］房诗雨，肖贵蓉．家族企业的代际冲突与权力传承：基于扎根理论的案例研究［J］.管理案例研究与评论，2022(2)：143-157.

［169］冯海龙．企业战略变革的定义比较、测量述评及量表开发：兼对笔者原战略变革定义的修正与操作化［J］.管理学报，2010(4)：499-508.

［170］付萍．家族企业二代涉入与企业跨业并购行为的关系研究：基于企业绩效的中介效应分析［D］.成都：四川大学，2021.

［171］傅绍正，刘扬．社会信任影响企业创新的作用路径研究［J］.北京工商大学学报（社会科学版），2021(4)：67-77.

［172］高杨，黄明东．高管教育背景、风险偏好与企业社会责任［J］.统计与决策，2023(10)：183-188.

［173］顾芳睿，李清．利率市场化改革对企业数字化转型的影响［J］.改革，2024(7)：111-127.

［174］郭超．子承父业还是开拓新机：二代接班者价值观偏离与家族企业转型创业［J］.中山大学学报（社会科学版），2013(2)：189-198.

［175］郭萍，陈凌．华人家族企业如何基业长青？——第五届"创业与家族企业成长"国际研讨会侧记［J］.管理世界，2010(1)：152-156.

［176］郭韬，张亚会，刘洪德．企业家背景特征对创业企业技术能力的影响：创新关注的中介作用［J］.科技进步与对策，2018(8)：143-148.

［177］郭晓川，付馨蕊，李鹏程．高层管理者认知、开放式创新与企业数字化转型：基于高新技术企业的实证研究［J］.科学管理研究，2024(3)：66-75.

［178］郭鑫.高管团队权力和薪酬不平等对企业战略变革的影响研究［D］.长春：吉林大学，2023.

［179］韩超，郭庆．企业规模、市场竞争与企业数字化转型：熊彼特假说的再考察［J］.工业技术经济，2024,43(7)：33-41.

［180］韩峰，黄敏，姜竹青．企业数字化、网络地位与污染减排［J/OL］．世界经济，2024(2): 204-232［2024-07-27］. http://doi.org/10.19985/j.cnki.cassjwe.2024.02.008.

［181］韩国高，郭晓杰．政务服务信息化能驱动企业数字化转型吗？［J］．产业经济评论，2024(4): 167-188.

［182］韩文龙，张瑞生，赵峰．新质生产力水平测算与中国经济增长新动能［J］．数量经济技术经济研究，2024(6): 5-25.

［183］韩先锋，惠宁，宋文飞．信息化能提高中国工业部门技术创新效率吗［J］．中国工业经济，2014(12): 70-82.

［184］韩祥宗，杨泽宇．资源配置导向战略与企业创新：企业国家重点实验室的角色［J］．现代管理科学，2022(3): 83-91.

［185］何理，唐艺桐．家族企业代际传承、金融化及业绩［J］．财经科学，2022(10): 1-15.

［186］何丽敏，刘海波，许可．知识产权保护对高技术企业创新投入的影响研究：新技术和新产品的中介作用［J］．科技管理研究，2021(15): 170-177.

［187］何晓斌，陈笑，成功．"权"与"利"的力量：民营企业创始人传承意愿形成的核心因素［J］．商业经济与管理，2014(6): 43-54.

［188］何轩．家族企业战略创业与战略绩效：基于中小型家族企业的本土化实证研究［J］．中山大学学报（社会科学版），2010(4): 198-208.

［189］何玉梅，罗巧．环境规制、技术创新与工业全要素生产率：对"强波特假说"的再检验［J］．软科学，2018(4): 20-25.

［190］贺小刚，朱丽娜，王博霖，等．家族控制与对外合作：基于中国民营上市公司的实证研究［J］．管理学季刊，2016(3): 32-59, 144.

［191］侯林岐，蔡书凯，马卫刚，等．政府绿色采购如何提升企业绿色创新持续性［J］．科技进步与对策，2025, 42(4): 110-120.

［192］胡志亮，尤碧莹，郑明贵．战略差异与企业创新：基于行业竞争的机制分析［J］．投资研究，2023(12): 83-103.

［193］黄方玉．家族企业代际传承进程、公司治理与创新投入研究［D］．镇江：江苏大学，2023.

［194］黄福广，刘臻煊，李西文，等．业绩承诺签订对新创企业战略

变革的影响研究［J］．管理学报，2022,19(5): 646-655.

［195］黄海杰，吕长江，朱晓文．二代介入与企业创新：来自中国家族上市公司的证据［J］．南开管理评论，2018(1): 6-16.

［196］黄恒，齐保垒．企业信息披露的绿色创新效应研究：基于环境、社会和治理的视角［J］．产业经济研究，2024(1): 71-84.

［197］黄珺，胡卫．家族企业代际传承对技术创新的影响［J］．软科学，2020(12): 8-13, 27.

［198］惠男男，许永斌．代际传承与控制家族股权稀释：社会情感财富理论视角［J］．现代财经（天津财经大学学报），2014(11): 71-81.

［199］贾若祥，王继源，窦红涛．以新质生产力推动区域高质量发展［J］．改革，2024(3): 38-47.

［200］江鑫，胡文涛．税收激励对企业绿色创新的影响研究：基于环境规制与融资约束的视角［J/OL］．经济学报，1-29［2024-07-18］. http://kns.cnki.net/kcms/detail/10.1175.F.20240715.1800.002.html.

［201］姜富伟，张杉，丁慧，等．董事会性别多元化、绿色技术创新与企业绿色转型［J/OL］．金融评论，2024(2): 75-96, 156-157［2024-07-25］. http://kns.cnki.net/kcms/detail/11.5865.F.20240723.1435.018.html.

［202］姜锡明，许晨曦．环境规制、公司治理与企业环保投资［J］．财会月刊，2015(27): 9-13.

［203］姜勇，修国义．企业战略转型的本质及其影响因素分析［J］．科技与管理，2007(2): 51-53.

［204］蒋丹阳．家族企业代际传承过程中战略变革及其绩效研究：以新希望六和为例［D］．蚌埠：安徽财经大学，2023.

［205］蒋永穆，乔张媛．新质生产力：逻辑、内涵及路径［J］．社会科学研究，2024(1): 10-18, 211.

［206］焦方义，杜瑄．论数字经济推动新质生产力形成的路径［J］．工业技术经济，2024(3): 3-13, 161.

［207］金祥荣，余立智．控制权市场缺失与民营家族制企业成长中的产权障碍［J］．中国农村经济，2002(8): 30-35.

［208］金祥义，张文菲．绿色金融与企业污染治理［J］．财经研究，2024(1): 34-48.

［209］金一禾 . 代际传承、战略转型与企业绩效：基于沪深 A 股主板家族企业的经验证据［D］. 杭州：浙江财经大学，2015.

［210］鞠晓生，卢荻，虞义华 . 融资约束、营运资本管理与企业创新可持续性［J］. 经济研究，2013(1): 4–16.

［211］克林·盖尔西克 . 家庭企业的繁衍：家庭企业的生命周期［M］. 北京：经济日报出版社，1998.

［212］孔东民，徐茗丽，孔高文 . 企业内部薪酬差距与创新［J］. 经济研究，2017(10): 144–157.

［213］邝嫦娥，刘江月，李文意 . 数智融合赋能与制造业企业绿色转型［J］. 当代财经，2024(5): 114–127.

［214］李波，梁双陆 . 信息通信技术、信息化密度与地区产业增长：基于中国工业数据的经验研究［J］. 山西财经大学学报，2017(9): 58–71.

［215］李婵，葛京，游海 . 制度工作视角下家族企业代际传承过程中权威转换机制的案例研究［J］. 管理学报，2021(8): 1128–1137.

［216］李菲菲，马若微，黄解宇 . 数字金融、产权性质与企业创新：基于创新异质性视角［J］. 技术经济与管理研究，2022(3): 27–33.

［217］李健，丁皓，潘镇 . 媒体关注会提升代际传承阶段家族企业的创新效率吗？［J］. 财经论丛，2024(2): 80–90.

［218］李健，谢依欣，刘海建 . 代际传承与家族企业创新：基于社会情感财富理论的研究［J］. 武汉大学学报 (哲学社会科学版)，2023(4): 153–166.

［219］李俊成，彭俞超，杨璐 . 非正式制度、儒家文化与企业绿色创新［J］. 武汉大学学报 (哲学社会科学版)，2023(5): 125–135.

［220］李蕾 . 家族企业的代际传承［J］. 经济理论与经济管理，2003(8): 45–48.

［221］李鹏升，陈艳莹 . 环境规制、企业议价能力和绿色全要素生产率［J］. 财贸经济，2019(11): 144–160.

［222］李琦，刘力钢，邵剑兵 . 数字化转型、供应链集成与企业绩效：企业家精神的调节效应［J］. 经济管理，2021(10): 5–23.

［223］李前兵，颜光华，丁栋虹 . 家族企业引入职业经理后的内部治理模式与企业绩效：来自中小家族企业的证据［J］. 经济科学，2006(2):

54-63.

［224］李青原，田晨阳，唐建新，等．公司横向并购动机：效率理论还是市场势力理论：来自汇源果汁与可口可乐的案例研究［J］.会计研究，2011(5): 58-64, 96.

［225］李青原，肖泽华．异质性环境规制工具与企业绿色创新激励：来自上市企业绿色专利的证据［J］.经济研究，2020(9): 192-208.

［226］李善民，曾昭灶，王彩萍，等．上市公司并购绩效及其影响因素研究［J］.世界经济，2004(9): 60-67.

［227］李善民，毛雅娟，赵晶晶．高管持股、高管的私有收益与公司的并购行为［J］.管理科学，2009(6): 2-12.

［228］李善民，赵晶晶，刘英．行业机会、政治关联与多元化并购［J］.中大管理研究，2009(4): 1-17.

［229］李善民，周小春．公司特征、行业特征和并购战略类型的实证研究［J］.管理世界，2007(3): 130-137.

［230］李诗，蒋骄亮，吴超鹏．家族主义文化与企业并购行为：来自家族上市公司的证据［J］.会计研究，2022(1): 144-157.

［231］李寿喜．产权、代理成本和代理效率［J］.经济研究，2007(1): 102-113.

［232］李思飞，李鑫，王赛，等．家族企业代际传承与数字化转型：激励还是抑制？［J］.管理世界，2023(6): 171-191.

［233］李欣，朱洪钰，胡远．长期导向促进家族企业绿色创新的实证检验［J］.财会月刊，2023(13): 40-48.

［234］李新春，韩剑，李炜文．传承还是另创领地？——家族企业二代继承的权威合法性建构［J］.管理世界，2015(6): 110-124, 187-188.

［235］李新春，贺小刚，邹立凯．家族企业研究：理论进展与未来展望［J］.管理世界，2020(11): 207-229.

［236］李鑫，魏姗．海外并购能否促进企业绿色创新水平提升？［J］.外国经济与管理，2024(3): 106-121.

［237］李亚兵，夏月，赵振．高管绿色认知对重污染行业企业绩效的影响：一个有调节的中介效应模型［J］.科技进步与对策，2023(7): 113-123.

［238］李艳双，李欣，朱丽娜，等 . 企业家精神驱动家族企业区域转型的影响机理剖析［J］. 财会月刊，2022(4): 119–127.

［239］李豫湘，李丽 . 基于行业生命周期的企业并购动因、类型和并购绩效实证研究［J］. 商业经济研究，2015(25): 90–93.

［240］李源，王阳，罗浩泉，等 . 研发费用加计扣除政策改革促进了民营企业创新吗：基于 2018 年政策调整的实证研究［J］. 南方经济，2022(7): 87–102.

［241］李增泉，余谦，王晓坤 . 掏空、支持与并购重组：来自我国上市公司的经验证据［J］. 经济研究，2005(1): 95–105.

［242］李政，崔慧永 . 基于历史唯物主义视域的新质生产力：内涵、形成条件与有效路径［J］. 重庆大学学报（社会科学版），2024(1): 129–144.

［243］李倬，李元齐 . 外资股东涉入对家族企业创新的影响［J］. 企业经济，2024(3): 39–49.

［244］林洲钰，陈超红 . 儒家文化对企业数字化转型的影响研究［J］. 当代经济科学，2024(5): 105–117.

［245］刘白璐，吕长江 . 基于长期价值导向的并购行为研究：以我国家族企业为证据［J］. 会计研究，2018(6): 47–53.

［246］刘德宇，王珂凡 . 营商环境对企业新质生产力的影响机制研究［J］. 金融与经济，2024(8): 85–94.

［247］刘建江，程杰，杨琴，等 . 产业政策如何推动制造业企业数字化转型［J］. 财经理论与实践，2024(4): 119–126.

［248］刘靖宇，余莉娜，杨轩宇 . 数字普惠金融、数字化转型与中小企业高质量发展［J］. 统计与决策，2023(18): 154–158.

［249］刘丽娟，任玉强，韩丽萍 . 高管环保认知与企业 ESG 表现：基于企业绿色发展的视角［J］. 会计之友，2024(1): 100–108.

［250］刘淑春，闫津臣，张思雪，等 . 企业管理数字化变革能提升投入产出效率吗［J］. 管理世界，2021(5): 170–190+13.

［251］刘伟 . 企业高管教育背景对研发投入的影响研究：基于产品市场竞争与高科技行业的分析［J］. 财会通讯，2024(10): 73–78.

［252］刘星，苏春，邵欢 . 代际传承与家族董事席位超额控制［J］. 经济研究，2021(12): 111–129.

［253］刘烨，魏欣莉，乔磊．企业人力资本结构对国际并购绩效的影响：基于企业家教育背景的调节作用［J］．东北大学学报（自然科学版），2022(3): 440-447.

［254］刘子旭，王满．代际传承背景下家族企业继任二代创新投入水平研究：基于差序格局视角［J］．商业经济与管理，2021(12): 80-96.

［255］卢江，郭子昂，王煜萍．新质生产力发展水平、区域差异与提升路径［J］．重庆大学学报（社会科学版），2024(3): 1-17.

［256］鲁晓东，连玉君．中国工业企业全要素生产率估计：1999~2007［J］．经济学（季刊），2012(2): 541-558.

［257］罗进辉，刘玥，彭晨宸．代际传承对家族企业金融投资的影响研究［J］．会计研究，2023(2): 96-111.

［258］罗进辉，彭晨宸，刘玥．代际传承与家族企业多元化经营［J］．南开管理评论，2022(5): 96-108.

［259］罗爽，肖韵．数字经济核心产业集聚赋能新质生产力发展：理论机制与实证检验［J］．新疆社会科学，2024(2): 29-40, 148.

［260］吕静．企业数字化转型与财务风险缓释：来自中国上市公司的经验证据［J］．金融发展研究，2024(7): 77-86.

［261］吕铁．传统产业数字化转型的趋向与路径［J］．人民论坛·学术前沿，2019(18): 13-19.

［262］马骏，黄志霖，何轩．家族企业如何兼顾长期导向和短期目标：基于企业家精神配置视角［J］．南开管理评论，2020(6): 124-135.

［263］马克斯·韦伯．经济与社会（上卷）［M］．北京：商务印书馆，1997.

［264］马丽波，付文京．产权契约与家族企业治理演进［J］．中国工业经济，2006(5): 120-126.

［265］马勇，尹李峰，吕琳．货币政策、财政补贴与企业创新［J］．会计研究，2022(2): 56-69.

［266］毛建辉，张蕊，管超．数字经济、财政分权与企业创新［J］．西南民族大学学报（人文社会科学版），2022(8): 118-129.

［267］毛捷，郭玉清，曹婧，等．融资平台债务与环境污染治理［J］．管理世界，2022(10): 96-118.

［268］宁靓，李纪琛．财税政策对企业技术创新的激励效应［J］．经济问题，2019(11)：38-45.

［269］牛彪，于翔，丁亚楠，等．高管薪酬差距对企业数字化转型的影响研究［J］．管理学报，2024(7)：982-991.

［270］潘艺，张金昌．数字金融对企业数字化转型的影响和机制研究：来自中国 A 股制造业上市企业的经验证据［J］．工业技术经济，2023(3)：63-72.

［271］潘越，翁若宇，纪翔阁，等．宗族文化与家族企业治理的血缘情结［J］．管理世界，2019(7)：116-135, 203-204.

［272］彭花，贺正楚，张雪琳．企业家精神和工匠精神对企业创新绩效的影响［J］．中国软科学，2022(3)：112-123.

［273］彭绪庶．新质生产力的形成逻辑、发展路径与关键着力点［J］．经济纵横，2024(3)：23-30.

［274］蒲清平，向往．新质生产力的内涵特征、内在逻辑和实现途径：推进中国式现代化的新动能［J］．新疆师范大学学报（哲学社会科学版），2024(1)：77-85.

［275］戚聿东，蔡呈伟．数字化对制造业企业绩效的多重影响及其机理研究［J］．学习与探索，2020(7)：108-119.

［276］切斯特·巴纳德．组织与管理［M］．北京：中国人民大学出版社，2009.

［277］任海云．股权结构与企业 R&D 投入关系的实证研究：基于 A 股制造业上市公司的数据分析［J］．中国软科学，2010(5)：126-135.

［278］任宇新，吴艳，伍喆．金融集聚、产学研合作与新质生产力［J］．财经理论与实践，2024(3)：27-34.

［279］沈灏．转型经济环境下社会资本和组织学习对企业战略变化的影响：基于国有企业和民营企业的对比分析［J］．经济管理，2017(6)：69-85.

［280］沈坤荣，孙文杰．市场竞争、技术溢出与内资企业 R&D 效率：基于行业层面的实证研究［J］．管理世界，2009(1)：38-48, 187-188.

［281］沈艺峰，陈述．中国传统家族文化与企业可持续发展：以企业家子女结构为视角［J］．厦门大学学报（哲学社会科学版），2020(1)：94-106.

［282］石建中，何梦茹．政府补贴下平台赋能中小企业数字化转型的演化策略研究［J］．南开经济研究，2024(7)：22-43．

［283］单春霞，周文洁，耿紫珍．环境规制、绿色技术创新与可持续发展：被调节的中介效应分析［J］．经济问题，2024(8)：95-102．

［284］宋佳，张金昌，潘艺．ESG 发展对企业新质生产力影响的研究：来自中国 A 股上市企业的经验证据［J］．当代经济管理，2024(6)：1-11．

［285］宋建波，卢思诺．高管海外背景与企业数字化转型：数字化转型背后的"文化黑箱"［J］．财会通讯，2024(14)：30-35，165．

［286］宋丽红，何婉诗，梁强．家族传承与企业创新：基于 fsQCA 的组态研究［J］．科研管理，2024,(10)：92-101．

［287］宋增基，曲宏懿，黄爽．子女情况与企业创新投资：基于中国家族上市公司的实证研究［J］．山西财经大学学报，2024(2)：84-96．

［288］苏冬蔚，连莉莉．绿色信贷是否影响重污染企业的投融资行为？［J］．金融研究，2018(12)：123-137．

［289］苏启林，欧晓明．西方家族企业理论研究现状［J］．外国经济与管理，2002(12)：6-12．

［290］苏涛永，郁雨竹．中国制造企业供应链整合对企业环境绩效的影响研究［J］．社会科学辑刊，2023(6)：183-190．

［291］孙秀峰，宋泉昆，冯浩天．家族企业企业家隐性知识的代际传承：基于跨代创业视角的多案例研究［J］．管理案例研究与评论，2017(1)：20-33．

［292］汤萱，高星，赵天齐，等．高管团队异质性与企业数字化转型［J］．中国软科学，2022(10)：83-98．

［293］唐勇军，李鹏．董事会特征、环境规制与制造业企业绿色发展：基于 2012～2016 年制造业企业面板数据的实证分析［J］．经济经纬，2019(3)：73-80．

［294］万良勇，胡璟．网络位置、独立董事治理与公司并购：来自中国上市公司的经验证据［J］．南开管理评论，2014(2)：64-73．

［295］万良勇，梁婵娟，饶静．上市公司并购决策的行业同群效应研究［J］．南开管理评论，2016(3)：40-50．

［296］汪芳，汪梓瑜，赵玉林，等．数字经济发展减少了环境污染

吗？——兼议环境规制的调节效应与门槛效应［J］. 生态经济，2024(7): 166-173.

［297］汪祥耀，金一禾. 家族企业代际传承及二代推动战略转型的绩效研究［J］. 财经论丛，2015(11): 61-70.

［298］王春燕，褚心，朱磊. 非国有股东治理对国企创新的影响研究：基于混合所有制改革的证据［J］. 证券市场导报，2020(11): 23-32.

［299］王福胜，王也，刘仕煜. 网络媒体报道对盈余管理的影响研究：基于投资者异常关注视角的考察［J］. 南开管理评论，2021(5): 116-129.

［300］王国顺，唐健雄. 企业战略变革能力的整合构架剖析［J］. 预测，2008(3): 23-28.

［301］王宏鸣，孙鹏博，郭慧芳. 数字金融如何赋能企业数字化转型？：来自中国上市公司的经验证据［J］. 财经论丛，2022(10): 3-13.

［302］王积田，唐必聪，田博傲. 董事高管责任保险与企业数字化转型［J］. 税务与经济，2024(4): 63-72.

［303］王珏，王荣基. 新质生产力：指标构建与时空演进［J］. 西安财经大学学报，2024(1): 31-47.

［304］王林川. 代际传承、治理结构变动与企业绩效研究［D］. 合肥：合肥工业大学，2022.

［305］王琳璘，廉永辉，董捷. ESG 表现对企业价值的影响机制研究［J］. 证券市场导报，2022(5): 23-34.

［306］王奇，吴秋明. 家族企业 DNA 模型：基于扎根理论的五个百年家族企业分析［J］. 管理案例研究与评论，2020(6): 631-645.

［307］王宛秋，聂雨薇. 纵向一体化、市场化程度差异与并购绩效［J］. 国际商务 (对外经济贸易大学学报)，2016(3): 150-160.

［308］王小鲁，胡李鹏，樊纲. 中国分省份市场化指数报告 (2021)［M］. 北京：社会科学文献出版社，2021.

［309］王砚羽，谢伟，乔元波，等. 隐形的手：政治基因对企业并购控制倾向的影响：基于中国上市公司数据的实证分析［J］. 管理世界，2014(8): 102-114, 133.

［310］王扬眉，梁果，王海波. 家族企业继承人创业图式生成与迭代：基于烙印理论的多案例研究［J］. 管理世界，2021(4): 198-216.

［311］王扬眉，叶仕峰．家族性资源战略传承：从适应性到选择性组合创业：一个纵向案例研究［J］．南方经济，2018(10): 49–68.

［312］王瑶．企业所得税优惠政策对创新活动的影响研究：基于我国创业板上市公司的经验数据［J］．公共经济与政策研究，2019(1): 54–74.

［313］魏建，李世杰．不确定性感知与企业绿色技术创新：基于区域与企业异质性视角的分析［J］．重庆大学学报（社会科学版），2024(1): 33–52.

［314］吴春天，钱爱民．家族代际传承与企业投资效率：控制权视角的分析［J］．财经论丛，2023(8): 36–46.

［315］吴非，胡慧芷，林慧妍，等．企业数字化转型与资本市场表现：来自股票流动性的经验证据［J］．管理世界，2021(7): 130–144, 10.

［316］吴炯．家族企业剩余控制权传承的地位、时机与路径：基于海鑫、谢瑞麟和方太的多案例研究［J］．中国工业经济，2016(4): 110–126.

［317］吴梦云，朱俞青，朱佳立，等．二代涉入影响家族企业 ESG 表现吗［J］．会计研究，2023(10): 115–128.

［318］吴延兵．中国哪种所有制类型企业最具创新性？［J］．世界经济，2012(6): 3–29.

［319］肖红军，阳镇，凌鸿程．企业社会责任具有绿色创新效应吗［J］．经济学动态，2022(8): 117–132.

［320］谢红军，吕雪．负责任的国际投资：ESG 与中国 OFDI［J］．经济研究，2022(3): 83–99.

［321］谢佩君，黄珺，肖文辉．二代参与管理是否抑制了家族企业绿色创新？［J］．审计与经济研究，2024(2): 107–116.

［322］谢佩君．家族企业代际传承对企业绿色创新的影响及其绩效研究［D］．长沙：湖南大学，2023.

［323］熊婷，程博，潘飞．CEO 权力、产品市场竞争与公司研发投入［J］．山西财经大学学报，2016(5): 56–68.

［324］徐宁．营商环境推动了民营企业数字化转型吗［J］．现代经济探讨，2024(7): 74–88, 101.

［325］徐睿哲，马英杰．家族企业代际传递促进了企业创新吗？——来自创业板市场的经验证据［J］．技术经济，2020(10): 80–86.

［326］徐郑锋.家族控制，公司治理与企业价值［D］.广州：暨南大学，2008.

［327］许爱玉.基于企业家能力的企业转型研究：以浙商为例［J］.管理世界，2010(6)：184-185.

［328］许静静，吕长江.家族企业高管性质与盈余质量：来自中国上市公司的证据［J］.管理世界，2011(1)：112-120.

［329］许永斌，鲍树琛.代际传承对家族企业风险承担的影响［J］.商业经济与管理，2019(3)：50-60.

［330］许宇鹏，徐龙炳.代际传承与家族企业并购行为：基于传承多阶段演进视角［J］.财经研究，2023(7)：138-152，168.

［331］闫超栋，马静，李俊鹏.信息化是否促进了中国工业转型升级？——基于省际和门限特征的实证分析［J］.南京财经大学学报，2022(3)：98-108.

［332］严若森，钱向阳，肖莎，等.家族涉入的异质性对企业研发投入的影响研究：市场化程度与政治关联的调节作用［J］.中国软科学，2019(11)：129-138.

［333］严若森，赵亚莉.二代涉入与家族企业投资效率［J］.中南财经政法大学学报，2022(2)：3-15.

［334］杨百里.家族企业代际传承及其经济行为研究［D］.重庆：重庆大学，2021.

［335］杨蓓蓓，李健.社会信任提高企业双元创新了吗［J］.财会月刊，2023(6)：46-53.

［336］杨涵，锁箭.数字化转型与家族企业传承期绩效表现：来自上市公司年报文本分析的经验证据［J］.华东经济管理，2023(7)：81-91.

［337］杨美玲.家族企业二代继承对企业创新的影响研究［J］.财会通讯，2024(2)：69-73.

［338］杨绮君.代际传承对家族企业创新绩效的影响研究：以新希望集团为例［D］.徐州：中国矿业大学，2022.

［339］杨薇，徐茗丽，孔东民.企业内部薪酬差距与盈余管理［J］.中山大学学报（社会科学版），2019(1)：177-187.

［340］杨学儒，窦军生，梁强，等.新时期中国民营（家族）企业的传

承与创新创业问题［J］.南方经济，2017(8): 1-7.

［341］杨玉秀.代际传承视角下家族企业社会资本的结构优化［J］.哈尔滨商业大学学报（社会科学版），2021(5): 86-95.

［342］姚东，余鹏翼.家族企业控制权转移与并购决策问题研究［J］.会计之友，2017(14): 47-51.

［343］姚树洁，张小倩.新质生产力的时代内涵、战略价值与实现路径［J］.重庆大学学报（社会科学版），2024(1): 112-128.

［344］姚益龙，刘巨松，刘冬妍.要素市场发展差异、产权性质与异地并购绩效［J］.南开管理评论，2014(5): 102-111.

［345］叶劲松，庞仕平，钟昌标.高管海外背景与企业跨国并购行为：来自中国的经验证据［J］.世界经济研究，2024(7): 91-105, 135-136.

［346］易露霞，吴非，徐斯旸.企业数字化转型的业绩驱动效应研究［J］.证券市场导报，2021(8): 15-25, 69.

［347］尹飘扬，李前兵.家族二代特征对家族企业创新的影响：基于二代人口结构和教育状况及身份特征的视角［J］.技术经济与管理研究，2020(11): 61-66.

［348］应焕红.代际冲突：家族企业传承困境及解决路径［J］.现代经济探讨，2009(4): 16-20.

［349］于海云，赵增耀，李晓钟，等.创新动机对民营企业创新绩效的作用及机制研究：自我决定理论的调节中介模型［J］.预测，2015(2): 7-13.

［350］于树江，王茹雪，李艳双.社会情感财富与家族企业战略变革：基于制度环境的调节作用［J］.财会通讯，2021(8): 81-85.

［351］于晓东，李宇萍，刘刚."去家族化"如何影响家族企业战略？：基于跨国并购视角的动态分析［J］.管理评论，2020(3): 238-251.

［352］余典范，王超，陈磊.政府补助、产业链协同与企业数字化［J］.经济管理，2022(5): 63-82.

［353］余明桂，钟慧洁，范蕊.民营化、融资约束与企业创新：来自中国工业企业的证据［J］.金融研究，2019(4): 75-91.

［354］余向前，王永翔，叶赟.代际传承与家族企业国际化［J］.经济与管理，2023(5): 84-93.

［355］余向前，张正堂，张一力．企业家隐性知识、交接班意愿与家族企业代际传承［J］.管理世界，2013(11): 77–88, 188.

［356］袁淳，肖土盛，耿春晓，等．数字化转型与企业分工：专业化还是纵向一体化［J］.中国工业经济，2021(9): 137–155.

［357］张彩平，刘发龙，谭德明．市场激励型环境规制会推动企业战略变革吗？——基于碳排放权交易市场的研究［J］.生态经济，2024(11): 23–30.

［358］张成思，郑宁．中国实体企业金融化：货币扩张、资本逐利还是风险规避？［J］.金融研究，2020(9): 1–19.

［359］张敦力，李四海．社会信任、政治关系与民营企业银行贷款［J］.会计研究，2012(8): 17–24, 96.

［360］张广婷，杜铭钰，张劲松．海外并购如何推动中国企业技术创新［J］.复旦学报（社会科学版），2023(4): 170–178.

［361］张俭，何爱玲．家族涉入与企业创新：基于涉入维度的理论探讨［J］.财会月刊，2020(4): 117–123.

［362］张昆贤，陈晓蓉．谁在推动数字化？——一项基于高阶理论和烙印理论视角的经验研究［J］.经济与管理研究，2021(10): 68–87.

［363］张立，高英智．公司规模、营销战略风格与家族企业业绩［J］.经济经纬，2015(3): 120–125.

［364］张林，蒲清平．新质生产力的内涵特征、理论创新与价值意蕴［J］.重庆大学学报（社会科学版），2023(6): 137–148.

［365］张林．新质生产力与中国式现代化的动力［J］.经济学家，2024(3): 15–24.

［366］张苏，朱媛．人口老龄化、数字化转型与新质生产力发展［J］.北京工商大学学报（社会科学版），2024(3): 28–39.

［367］张涛，袁奋强．家族企业代际传承与股价崩盘风险［J］.统计与信息论坛，2023(10): 102–114.

［368］张同斌，张琦，范庆泉．政府环境规制下的企业治理动机与公众参与外部性研究［J］.中国人口·资源与环境，2017(2): 36–43.

［369］张秀娥，王卫，于泳波．数智化转型对企业新质生产力的影响研究［J］.科学学研究，［2024–05–21］网络首发 1–19［2024–12–20］.

http://doi.org/10.16192/j. cnki.1003– 2053.202405/8.003.

［370］张颖慧，李思仪 . 数字化转型对企业价值的影响及提升机制［J］. 会计之友，2024(16): 128–136.

［371］张志宏，费贵贤 . 控股权性质、市场化进程与企业并购模式选择［J］. 中南财经政法大学学报，2010(5): 122–128.

［372］赵宸宇，王文春，李雪松 . 数字化转型如何影响企业全要素生产率［J］. 财贸经济，2021(7): 114–129.

［373］赵丹妮，易露霞，祝佳 . 金融集聚对企业数字化转型的空间非均匀效应［J］. 郑州大学学报 (哲学社会科学版), 2024(3): 87–94, 143–144.

［374］赵杜悦，宋保胜，刘淼，等 . 企业金融化分析与创新投入调节效应：基于 2015 ～ 2021 年沪深 A 股传统制造业上市公司的经验证据［J］. 管理学刊，2024(2): 140–158.

［375］赵国庆，李俊廷 . 企业数字化转型是否赋能企业新质生产力发展？——基于中国上市企业的微观证据［J］. 产业经济评论，2024(4): 23–24.

［376］赵鹏，朱叶楠，赵丽 . 国家级大数据综合试验区与新质生产力：基于 230 个城市的经验证据［J］. 重庆大学学报（社会科学版），2024(4): 62–78.

［377］赵瑞君 . 利益相关者视角下中国家族企业权力传承研究［D］. 沈阳：辽宁大学，2015.

［378］甄红线，王玺，方红星 . 知识产权行政保护与企业数字化转型［J］. 经济研究，2023(11): 62–79.

［379］郑湘娟 . 民营企业家自主创新心智模式比较研究［M］. 宁波：宁波出版社，2010.

［380］钟廷勇，黄亦博，孙芳城 . 数字普惠金融与绿色技术创新：红利还是鸿沟［J］. 金融经济学研究，2022(3): 131–145.

［381］周绍妮，文海涛 . 基于产业演进、并购动机的并购绩效评价体系研究［J］. 会计研究，2013(10): 75–82, 97.

［382］周文，许凌云 . 论新质生产力：内涵特征与重要着力点［J］. 改革，2023(10): 1–13.

［383］周雨婷 . 家族企业代际传承对环保投资的影响：基于 A 股重污染行业的实证研究［D］. 上海：上海财经大学，2022.

［384］周志方，赖宇，易玄，等．控股家族涉入能促进企业履行环境责任吗？——基于中国 A 股上市公司的证据［J］.南京审计大学学报，2020(6)：37-46.

［385］朱富显，李瑞雪，徐晓莉，等．中国新质生产力指标构建与时空演进［J］.工业技术经济，2024(3)：44-53.

［386］朱沆，Eric Kushins，周影辉．社会情感财富抑制了中国家族企业的创新投入吗？［J］.管理世界，2016(3)：99-114.

［387］朱俊，叶一军．动态环境下的企业战略转型研究［J］.武汉理工大学学报，2004(6)：62-65.

［388］朱丽娜，贺小刚，张正元．家族控制、经济期望与企业绿色责任的关系研究：来自中国上市公司的经验数据［J］.管理科学学报，2022(4)：107-126.

［389］朱丽娜．数字化转型、企业 ESG 责任表现和创新绩效［J］.技术经济与管理研究，2024(7)：146-152.

［390］朱琳，江轩宇，伊志宏，等．经营杠杆影响企业创新吗［J］.南开管理评论，2021(6)：163-175.

［391］朱晓文，吕长江．家族企业代际传承：海外培养还是国内培养？［J］.经济研究，2019(1)：68-84.

［392］祝振铎，李新春，叶文平．"扶上马、送一程"：家族企业代际传承中的战略变革与父爱主义［J］.管理世界，2018(11)：65-79，196.

［393］祝振铎，李新春，赵勇．父子共治与创新决策：中国家族企业代际传承中的父爱主义与深谋远虑效应［J］.管理世界，2021(9)：191-207+232.

［394］邹志勇，辛沛祝，晁玉方，等．高管绿色认知、企业绿色行为对企业绿色绩效的影响研究：基于山东轻工业企业数据的实证分析［J］.华东经济管理，2019(12)：35-41.